U0103265

史學與文獻(二)

東吳大學歷史學系主編

臺灣 學生書局 印行

序　言

　　去（一九九七）年六月七日東吳大學歷史學系舉辦全國第一屆
「史學與文獻學學術研討會」，當時邀請到校內外的學者專家共九
人，發表學術專題報告。會後各方面大多給予正面的肯定；並鼓勵
結集各論文，予以彙整付梓。承蒙台灣學生書局《中國書目季刊》
主編陳仕華先生不棄，主動建議以優惠方式幫忙出版，感激莫名。
本年三月《史學與文獻》論文集便由是得以順利面世；並隨即分別
寄請當時與會之專家學者指正。

　　東吳大學歷史學系同仁深感歷史學與文獻學之研議探討方興未
艾，因此上學期系務會議便作出本學年度繼續籌辦第二屆研討會之
決議；籌委會亦隨即組成。在劉家駒、蔣武雄及李聖光等教授熱心
幫忙下，邀稿過程可說相當順利。各論文的講評人亦一一如期產
生。最難得的是故宮博物院副院長昌彼得先生及政治大學歷史系杜
維運教授於上次第一屆研討會之後，本屆研討會再接再勵，慨允百
忙中仍撥冗充當主持人。如眾所周知，昌杜二先生分別係當前國內
文獻學界及史學界之宗師祭酒。得蒙惠允主持會議，主辦單位深感
榮幸。第三位主持人孫同勛先生在國內美國史研究具有崇高地位，
俯允主持會議並充當講評人，更使本次研討會增光不少。

　　本次會議承蒙劉源俊校長蒞臨致辭勗勉，並獲教育部顧問室惠
予補助部份經費，感激不盡。又得以下諸位師長及貴賓惠贈花籃致

賀：校長劉源俊、教務長兼文學院院長蔡明哲、生務長兼音樂系主任張己任、外語學院院長謝志偉、德文系主任林聰敏、哲學系主任陳錦鴻、會計系主任馬君梅、臨溪社區發展協會理事長李燦光先生等，茲一併深致謝忱。

按是次研討會發表論文共九篇。主講人及講評人對相關主題皆有深入研究。會議過程討論熱絡。會後並由主辦單位設宴款待所有與會者。觥籌交錯，賓主盡歡。本次研討會得以成功舉辦，必須要感謝助教涂麗娟小姐。涂小姐四月一日離職他往之後，庶務便轉由秘書溫秀芬小姐獨力承擔。溫小姐任勞任怨，服務精神可嘉。涂小姐亦數度返校協助，並隨時提供寶貴意見，研討會籌備工作由是得以順利完成。

回顧三年系主任任內先後舉辦過三次全國性學術研討會，一次全國性校史編纂座談會。大型學術活動之頻繁，前所未有。個人不敢說對東吳大學歷史學系有若何重大的貢獻，但自問三年來兢兢業業，凡事莫不全力以赴。本次研討會自亦不敢輕忽懈怠。他如《東吳歷史學報》編審制度化，課程規劃多元化及制度化，以至秘書、助教聘用權之交由全體老師共同決定；系務會議以至系務會議下任何一個委員會或小組會議召開前必儘量提供完整之會議資料，會後必有會議紀錄（且經過確認程序），系辦公費收支明細例經系務會議討論審查等等都是三年任內無日不硜硜自守，並自我期許必須貫徹落實之工作方針及目標。待人誠，處事敬，先公後私，遇事不躲閃，不逃避，自問三年如一日。然而，修養未到家，遇事偶失諸浮躁，以至怨艾氣餒，仍不可免。此則個人涵養不夠，而仍有待努力

改進者。最後必須感謝系上各同仁給予我三年服務的機會，諸事多所包容，並感謝共同打拼的各夥伴，像本次研討會得以順利舉行，就是我們共同打拼奮鬥的成果。

黃 兆 強

於東吳大學歷史學系辦公室

一九九八年七月七日

盧溝橋事變紀念日

史學與文獻㈡

目　　錄

黨史會藏《特種檔案》的介紹與運用

高 純 淑
中國國民黨中央委員會黨史委員會專門委員

一、前 言

　　中國國民黨中央黨史委員會（以下簡稱「黨史會」）於民國十九年（一九三〇）五月一日在南京成立，職司革命文獻、文物之徵集與典藏；抗戰期間（一九三六—一九四五）遷駐重慶，勝利後遷返南京。三十八年（一九四九）戡亂形勢逆轉，將全部史料轉運來臺，庋藏於南投縣之草屯荔園；六十八年（一九七九）六月，再遷移至陽明山陽明書屋。

　　六十八年來，黨史會自南京、重慶、廣州、臺灣，幾經播遷，庋藏史料，完整無缺；並廣事蒐求徵購，以豐富庫藏，至今收藏檔案總數在三百萬件以上，為研究孫中山先生思想及中國國民黨史最重要的資料來源。

　　黨史會所庋藏史料的內容，主要可分一般史料、黨務會議紀錄及組織專檔、特種檔案、圖書期刊及視聽資料、照片等五類，❶一

---

❶　詳細內容請參閱劉維開：〈中國國民黨中央委員會黨史委員會藏會議史料的內

般史料最早開放研究人員參閱，並刊布於《革命文獻》叢書及《近代中國》雙月刊，廣為學術界所運用。但對黨史會浩瀚的史料而言，一般史料只是一小部份而已。民國八十年（一九九一）九月，黨史會首度將史料開放的範圍，擴大至民國十六年（一九二七），學者可以參閱部份的黨務會議紀錄及組織專檔。至民國八十三年（一九九四），為慶祝中國國民黨建黨一百週年，黨史會報請中央核定，將史料開放的範圍擴大至民國五十年（一九六二），並於是年六月一日起實施。最近黨史會計劃依循美國等先進國家檔案管理辦法，將期滿三十年的史料，逐年開放，以嘉惠研究者。史料的開放，豐富了學者研究的內容，近年來前往黨史會參閱黨務會議紀錄及組織專檔的學者甚多，研究成果也相當可觀。❷ 相對而言，較很少人調閱《特種檔案》，予以運用，殊為可惜。正值東吳大學歷史學系舉辦「第二屆史學與文獻學學術研討會」，承蒙邀請，特草撰此文，略作介紹。

黨史會藏《特種檔案》主要是抗戰期間及戰後，中國國民黨中央秘書處及地方、海外黨務檔案，包括中央訓練團卷、中央及各省黨務工作計劃、教育部特種檔案、財政部特種檔案、外交部特種檔案、中央及地方黨政工作報告與黨務概況、青年黨有關資料、海外

容與運用〉，中華檔案暨資訊微縮管理學會編：《海峽兩岸檔案暨微縮學術交流會（一九九六）論文集》（臺北：國史館，民國八十五年十一月四日出版），頁九七—九九；高純淑：〈中國國民黨中央黨史會《五部檔》簡介〉，《近代中國史研究通訊》第十四期（臺北：中央研究院近代史研究所，民國八十一年九月出版），頁一三三—一三五。

❷ 請參閱劉維開：〈中國國民黨中央委員會黨史委員會藏會議史料的內容與運用〉，頁一〇八—一一一。

黨務、有關各地奸僞卷、戰時中外關係卷、有關越南各種檔案、馬
來亞各種檔案、中印關係資料、有關緬甸（泰國）檔案、泰國資
料、韓國資料、臺灣資料、琉球及新加坡資料、菲律賓資料、南洋
僑務、港澳工作卷、糧食部特種黨檔案、憲政會檔案、三民主義青
年團資料、黨團統一卷、國民大會資料、總裁官邸會報暨批回各種
簽呈、青年部訓練工作計劃、中央與地方黨部黨務概況、中央秘書
處檔案、國民參政會資料、各種法令規章卷、東北黨務幹部會議卷
等三十三類。

　　此三十三類史料係中央秘書處於民國五十年二月五日移送黨史
會典藏，編目之初，以一部分爲調查統計局所蒐集的情報資料，故
名《特種檔案》，粗看似雜亂無章；實際上，爲研究抗戰時期中國
國民黨黨務及國民政府政務的重要參考史料。本文擬簡單介紹其內
容大要，及目前運用情形，並試提出未來研究的可能發展空間。

二、《特種檔案》內容介紹

　　黨史會藏《特種檔案》共有三十三類，依性質分類可分爲：一、行
政院各部會檔案：包括教育部特種檔案、財政部特種檔案、外交部
特種檔案、糧食部特種檔案等四類；二、中國國民黨中央及地方黨
部檔案：包括中央及各省黨務工作計劃、中央及地方黨政工作報告
與黨務概況、中央與地方黨部黨務概況、有關各地奸僞卷、中央秘
書處檔案、青年部訓練工作計劃、中央訓練團卷、三民主義青年團
資料、黨團統一卷等九類；三、海外及特別黨部檔案：包括海外黨
務、有關越南各種檔案、馬來亞各種檔案、中印關係資料、有關緬

甸（泰國）檔案、泰國資料、韓國資料、臺灣資料、琉球及新嘉坡資
料、菲律賓資料、南洋僑務、港澳工作卷、東北黨務幹部會議卷等
十三類；四、其他：包括青年黨有關資料、戰時中外關係
卷、國民參政會資料、憲政會檔案、國民大會資料、總裁官邸會報
暨批回各種簽呈、各種法令規章卷等七類。

㈠行政院各部會檔案

1.教育部特種檔案

共有三十二宗，史料內容雖涵蓋民國二十八年至三十六年，
惟多是戰時防止中共在學校活動，戰後處理各地學生風潮的文
件。

2.財政部特種檔案

共有一○五宗，大體是民國二十八年至三十六年，財政部秘密
派駐各地監察人員的情報資料，情報內容針對中共活動，如報告中
共戰時物資管理、征收糧稅等措施，軍隊（第十八集團軍、新四
軍）的活動，及戰後中共破壞經濟、交通等情形。

3.外交部特種檔案

共有三十二宗，內容主要是外交部接獲海外各地的情報資料，
包括國際宣傳、國際組織、黨務活動、共黨活動等。

4.糧食部特種檔案

史料數量極少，僅有一宗。

㈡中國國民黨中央及地方黨部檔案

1.中央及各省黨務工作計劃

共有六十二宗，大體是中國國民黨中央各單位及各省級黨部民國三十二年度工作計劃、工作預算等。

2.中央及地方黨政工作報告與黨務概況

共有一一○宗，大體是中國國民黨中央秘書處對中央政務機關的考察報告，各省級黨部、特別黨部黨務工作報告，及各省審計處工作報告。

3.中央與地方黨部黨務概況

共有二十四宗，屬於中央黨部的有第五屆中央執行委員會一至六次全體會議提案登記簿、函電登記簿等，屬於地方黨部的有海外、軍隊等各級黨部的人員名冊，最為重要。

4.有關各地奸僞卷

共有四十四宗，大體是調查統計局駐淪陷區各地及邊地負責人呈報有關日軍、僞組織與中共活動的情報，其中有三卷爲戰後學生「反內戰」的專案。

5.中央秘書處檔案

數量最多。共有五四三宗，內容龐雜，時間從民國二十八年至三十七年，大多是中央執行委員會秘書長吳鐵城或中央秘書處上總裁簽呈，及與政府各機關、所屬各地方黨部甚或私人往來的函電，涉及的問題相當廣泛，有人事、經費、海外僑務、地方黨務等等資料。

6.青年部訓練工作計劃

共分九宗，主要是青年部三十七度訓練工作計劃，及學校黨員小組訓練、黨務幹部講習會、工作會議、春節聯誼會、夏令會等實施辦法。

7.中央訓練團卷

資料很少，僅有中央訓練團黨政訓練班第二期第一六隊學員履歷冊，及黨政高級班第一期畢業學員考核表等兩宗。

8.三民主義青年團資料

共有二十一宗，包括三青團購置、興建房舍等資料，及學校黨務資料，如夏令營、童子軍等。

9.黨團統一卷

共分黨團工作會報、黨與團關係卷、參政會第四屆三次大會黨團幹事會卷、黨團統一組織文件、黨團部集中辦公卷、黨團會報卷等六宗。

㈢海外及特別黨部檔案

1.海外黨務

共有七宗，名為「海外黨務」，其實內容是以美國黨務為主，加強在美宣傳、號召洪門致公堂及中和堂等。

2.有關越南各種檔案

簡稱〈越南特檔〉，共有三十四宗，包括我國與越南、有關越南情報卷（九卷）、越南阮海臣阮萍三卷、葉公超凌其翰有關越南問題之意見、陳國礎對越南問題建議案、我國援助越南獨立之方針與步驟、有關越南國民黨卷、越南革命同盟會卷、越南黨派活動卷、越南憲法及黨派合作卷、越南民主黨卷、法國與越南卷、組織華僑義勇隊及動員團組織大綱卷、越南工作經費卷、我方越南人事卷、越南國民黨卷、安南共和國國府籌委會卷、越共卷、越南胡志明案、越南獨立方案及地方情報卷、越南問題會報第十七次會議紀

錄等。

3.馬來亞各種檔案

共有馬來亞情報卷、馬來亞褒獎卷、馬來亞雜卷、我與英商談特務合作卷、馬來亞人事卷、馬來亞工作報告、馬來亞僑務卷等七宗。

4.中印關係資料

共有中印關係卷、印度情報卷、我方撥款補助印度日報卷、印度僑務、駐印總支部沙文馨凌風互毆卷、救濟流落印度新疆人民卷、中印工人衝突、印特工訓練班卷、在印共匪活動情報卷、留印中國海員戰工隊卷、留印中國海員組訓卷、留印中國海員戰工隊結束卷、留印中國海員戰時工作隊工作報告及指示、留印中國海員戰工隊雜卷、留印中國海員戰工隊總隊長林立與張彼得等互毆案、印度肇事海員案、留印中國海員戰工隊人事卷、留印中國海員工會黨部組織卷、留印中國海員戰工隊經費卷、印度社會黨發起亞洲社會黨會議卷、印度社會黨邀請參加世界社會黨派會議卷等二十一宗。

5.有關緬甸（泰國）檔案

共有緬甸雜卷、對緬甸工作之人事、對緬甸工作之經費、緬甸電訊設施、對緬甸之宣傳、緬甸工作報告及計劃、緬甸情報（二宗）、緬甸共產黨、緬甸黨派、中緬文化協會、緬甸僑胞服務團、緬甸國民外交實施方案、緬甸僑務、緬甸黨務、本黨駐緬辦事處與緬甸國防部戰時合作辦法、緬甸參考資料、陳洪海致吳鐵城函函送在緬工作報告等十八宗。原名為〈有關緬甸泰國檔案〉，實際上全是緬甸資料。

6.泰國資料

共有暹羅排華事案、泰國壓迫華僑及邢森洲入泰卷、泰國工作卷、泰國情報卷、泰國代表團來渝卷、招待泰國人員卷、中共在暹羅活動情形卷、泰國「中國人報」卷、泰國游擊隊卷、褒獎在泰國人員工作卷、泰國雜卷、我方派往泰國人事卷、泰國敵情卷、泰國塞吉安專案、泰國僑務、中泰外交關係卷、泰國問題座談會、泰國工作報告、泰國黨務卷等十九宗。

7.韓國資料

簡稱〈韓國特檔〉，共有二十七宗：扶植韓國復國運動卷、有關韓國問題卷、閔石麟報告有關韓國資料卷、有關韓國臨時政府卷、韓國臨時政府借款卷、韓國臨時政府情報卷、韓國各黨派情報卷、新韓民主黨卷、韓國獨立黨卷、各地韓僑動態卷、韓國民族革命黨卷、邵毓麟、汪榮生駐韓聯絡卷、總裁接見韓領袖卷、韓國僑務有關文卷、關於韓國臨時政府人員返國文件卷、韓僑卷、韓國軍事訓練班、韓國光復軍卷、韓國雜卷、發給韓僑證明書及護照卷、韓國議會情報卷、韓國國內消息卷、韓國各種混合情報卷、韓國與共匪情報、招待韓國革命同志、李承晚抵華卷、日本投降後韓國問題卷。

8.臺灣資料

簡稱〈臺灣特檔〉，共有臺灣革命同盟會活動卷（二宗）、柯臺山建議收復臺灣及黨務活動卷、臺灣善後問題、臺灣聯繫卷、臺灣問題卷、臺灣問題參考資料等七宗。大體是民國二十九年至三十五年間中國國民黨中央執行委員會秘書處處理與臺灣有關的文書檔案，其內容包括臺灣革命同盟會史料、中央直屬臺灣黨部史料、臺灣光復規劃史料、日本統治下臺灣情報資料、中央設計局臺灣調

查委員會資料、臺籍志士有關論述等，是臺灣光復前後中國國民黨中央及國民政府的運作臺灣光復運動情形及臺灣人在內地活動記錄，有助於瞭解中央對臺政策的形成，及臺灣光復後政治派系的淵源。❸

9.琉球及新加坡資料

共分琉球問題、新加坡事件案、自太平洋戰事後新加坡工作情形案等三宗。

10.菲律賓資料

共分菲律賓黨務卷、菲島排華案、菲律賓共產活動卷、旅菲僑胞組織義勇隊、增進中菲國民外交卷等三卷。

11.南洋僑務

共分南洋僑務、南洋淪陷區工作綱領卷、南洋新聞界人員撤渝請求工作卷、南洋東江華僑回國服務團卷等四宗。

12.港澳工作卷

共分港澳工作卷、香港戰地情報卷、港僑殺敵先鋒隊卷等三宗，為調查統計局駐港人員蒐集的情報資料及工作報告。

13.東北黨務幹部會議卷

簡稱〈東北特檔〉，大體是民國三十年至三十一年間中國國民黨中央執行委員會秘書處處理與東北有關的文書檔案，其內容包括

---

❸ 關於〈臺灣特檔〉的詳細內容，請參閱蔡相煇：〈中國國民黨中央委員會黨史委員會臺灣特檔之史料及運用〉，《中國現代史專題研究報告》第十六輯（臺北：中華民國史料研究中心，民國八十三年十二月出版），頁三八八—四三四。此次討論會張瑞成所撰提〈從「臺灣特檔」看臺籍志士在大陸的抗日復臺工作〉一文，想必對此一主題有進一步的闡述。

東北敵後工作、東北黨務工作、東北四省黨務最高幹部組織及會議、調整東北黨政人民團體、東北四省抗敵人民團體、東北四省抗敵協會、東北人事、營救東北趙景龍、東北難民救濟、天津方面發有關東北情報、東北四省抗敵協會人選及組織等十一宗。有助於瞭解(1)抗戰時期中國國民黨在淪陷區的東北黨務工作，(2)中國國民黨中央在重慶組織東北四省抗敵協會、東北黨務幹部會議，調和重整東北各團體。(3)2東北人士對東北復員接收的看法。

(四)其 他

1.青年黨有關資料

共有五宗，大致是戰時青年黨在四川活動的報告，及戰後青年黨要求國大代表名額、撥敵偽房產辦文化事業等情報資料。

2.戰時中外關係卷

共有三宗，包括戰時中英關係、中法關係及中美英蘇四國工會聯合會等三部份的資料。

3.國民參政會資料

國民參政會，為抗戰期間最高的民意機構，係根據抗戰建國綱領而設立，民國二十七年（一九三八）七月六日在漢口揭幕，後遷重慶，勝利後再移南京，到三十七年三月二十八日結束，歷時九年八個月又二十三天，總共四屆，舉行大會十三次。

《特種檔案》中的〈國民參政會資料〉共有四十六宗，包括國民參政會組織條例、各次大會提案原文，及參政員名冊、各省臨時參議員專卷等。

4.憲政會檔案

共有憲政實施促進會文件、憲政分組名單、憲政問題、憲法草案審議委員會卷、憲政實施促進會等四宗。

5. 國民大會資料

共有國民大會籌備委員會文件卷、國民大會籌備委員會文件卷選舉小組討論事項、國民大會選舉文件、國民人會各省代表候選人名冊、國民大會後本黨內外形勢檢討報告、國民大會代表名單、國民大會民社黨候選人及當選名單、國民大會代表補送提名單卷、國民大會代表遴選名單、國民大會實錄委員會卷、國民大會文件卷等十一宗。

6. 總裁官邸會報暨批回各種簽呈

共有四十三宗,除有一宗是總裁官邸會報資料,一宗是朱家驊辭兼各職呈稿件,其餘四十一宗都是民國二十七年至二十九年間總裁批回的簽呈,其內容大致可分成三類:一、多數是秘書長（吳鐵城）呈報中央常會重要決議案,請總裁核定;二、轉呈各地黨務幹部的報告,如陳樹人報告海外部及海外僑務,陳公博報告四川黨務;三、奉總裁指示調查的結果,如呈報中央委員子弟服兵役情形,梁漱溟、黃炎培組織統一建國同志會。

7. 各種法令規章卷

共有二十四宗,大體是國民政府內政、外交、教育、農礦、鐵道等部會的各項法規。

從上述的介紹可知,《特種檔案》三十三類資料中,數量多寡懸殊,〈中央秘書處檔案〉多達五四三宗,〈糧食部檔案〉少至只有一宗。其重要性不一,完全要視研究主題而定,有的類別可以作為研究一個或更多的主題的主要史料,如上述海外及特別黨部檔案

中的〈臺灣特檔〉、〈東北特檔〉等,有的僅能供作輔助史料而已。

三、《特種檔案》的運用情形

黨史會於民國八十三年六月一日正式開放《特種檔案》之前,即有會內研究人員先行運用,或從事專題研究,或編印史料專輯;正式開放之後,更有一些國內外學者前往參閱。其中以〈臺灣特檔〉、〈東北特檔〉、〈越南特檔〉、〈韓國特檔〉、〈港澳工作卷〉等檔案,目前運用較廣,研究成果較多。

(一)臺灣特檔

首先運用〈臺灣特檔〉從事學術研究者為李雲漢教授,於民國六十年六月,由幼獅書局出版《國民革命與臺灣光復的歷史淵源》一書,其書第三章〈臺灣志士在祖國的奮鬥〉所使用的史料及出自〈臺灣特檔〉。本書雖為通論性著作,全文只五萬餘字,但出版後為其後研究同類主題所必參考的書籍,如曾親自參與臺灣光復運動,並擔任中央直屬臺灣黨部書記長(並一度代理主任委員)的林忠,於民國七十二年出版《臺灣光復前後史料概述》一書時,即將本書列為重要參考書籍。

第二位運用〈臺灣特檔〉者為呂芳上教授。民國六十年十月,呂芳上先是發表了一篇〈抗戰時期在祖國的臺灣光復運動〉❹,繼而在民國六十二年四月二十五日,於中華民國史料研究中心第二十

---

❹ 《新知雜誌》第一年第五號(臺北:新知雜誌社,民國六十年十月一日出版),頁二一一二八。

八次學術討論會，以〈臺灣革命同盟會與臺灣光復運動〉爲題，提出報告。❺其後又有〈抗戰時期在大陸的臺灣抗日團體及其活動〉❻、〈蔣中正先生與臺灣光復〉❼等兩篇文章發表。李、呂兩位教授當時均任職於黨史會，故得以較早運用此批史料，其他學者似尚未有直接使用的記錄。

多年以來黨史會爲了提昇中國現代史研究風氣，大量將庫藏原始史料刊布，以嘉惠史學研究者。民國七十年起出版的《中華民國重要史料初編——對日抗戰時期》，分緒編、作戰經過、戰時外交、戰時建設、中共活動眞相、傀儡組織、戰後中國等七編，共二十六冊，大量刊布《大溪檔案》以及其他相關史料，帶動抗戰史的研究風氣，即爲一顯著的例子。

民國七十九年六月黨史會連續出版張瑞成主編的中國現代史史料叢編第二至四集——《臺籍志士在祖國的復臺努力》、《抗戰時期收復臺灣之重要言論》、《光復臺灣之籌劃與受降接收》等三冊，即是將〈臺灣特檔〉大部分史料，連同黨史會藏《國防最高委員會檔案》、中央研究院近代史研究所藏《朱家驊檔案》，及總統府機要室、臺灣接收委員會日產接收委員會、臺灣警備總部相關史料，按各類主題，一一刊布。

---

❺ 報告全文見《中華民國現代史專題研究報告》第三輯（臺北：中華民國史料研究中心，民國六十二年九月出版），頁二五六—二九九。

❻ 《近代中國》雙月刊第四十九期（臺北：近代中國雜誌社，民國七十四年十月三十一日出版），頁一一一—二五。

❼ 《蔣中正先生與現代中國學術討論集》第五冊（臺北：近代中國出版社，民國七十五年十二月三十一日出版），頁四〇—六六。

〈臺灣特檔〉刊布之後，復值當前學界對臺灣史事研究的熱潮，運用〈臺灣特檔〉資料，完成的研究論文不少，例如蔡相煇的〈中央訓練團臺灣幹部訓練班初探〉❸、洪喜美的〈光復前後中國國民黨臺灣黨務的發展（一九四〇—一九四七）〉❾、筆者的〈抗戰時期的中國國民黨臺灣黨務—臺灣黨部的成立與發展〉❿、張瑞成的〈臺籍志士與國民政府復臺工作之籌劃—從開羅宣言談起〉⓫。

(二)東北特檔

筆者研究戰後東北接收問題，為瞭解戰時國民政府對接收東北的規劃情形，調閱〈東北特檔〉，先後完成〈東北四省抗敵協會組織經過〉⓬、〈九一八事變後中國國民黨的東北黨務〉⓭、〈戰後中國政府接收東北之經緯〉⓮、〈抗戰勝利後國民政府接收東北的部署〉⓯等論文。

---

❸ 見《國父建黨一百周年學術討論集》第四冊（臺北：近代中國出版社，民國八十四年三月二十九日出版），頁二一八—二四五。

❾ 見《中華民國史專題論文集：第三屆討論會》（臺北：國史館，民國八十五年三月初版），頁一〇〇九—一〇四二。

❿ 見《中華軍史學會會刊》第三期（臺北：中華軍史學會，民國八十六年十二月出版），上冊，頁三九—五九。

⓫ 發表於民國八十六年七月十八日至二十日「紀念七七抗戰六十週年學術研討會」（臺北：中國歷史學會與中國近代史學會合辦）。

⓬ 見《近代中國》雙月刊第八十一期（臺北：近代中國雜誌社，民國八十年二月二十八日出版），頁八九—一〇一。

⓭ 見：中華民國史專題第一屆討論會秘書處編，《中華民國史專題論文集—第一屆討論會》（臺北：國史館，民國八十一年十二月出版），頁六二九—六五〇。

⓮ 私立中國文化大學史學研究所博士論文，民國八十二年六月通過，五三〇頁。

⓯ 中華民國史專題第三屆討論會秘書處編《中華民國史專題論文集—第三屆討論會》（臺北：國史館，民國八十五年三月出版），頁六三九—六六一。

目前中國文化大學史學系副教授陳立文正以〈東北特檔〉為主材料，從事研究；黨史會也有於近期內整理刊布的計劃。

㈢韓國特檔

最早運用〈韓國特檔〉的是范廷傑先生，陸續寫了〈伊藤亡韓及安重根行刺〉、〈韓國臨時政府成立於上海始末記〉、〈韓國臨時政府大統領李承晚中國去來〉、〈在中國東北的韓國獨立軍〉、〈韓國臨時政府初期的政治與外交〉、〈韓國政府領導中心的更替〉、〈彈擊日皇不中血染虹口公園〉、〈蔣委員長培育韓國革命軍事幹部〉、〈蔣委員長協建韓國光復軍〉、〈韓國在華革命武力之統一〉等十篇文章，於《傳記文學》發表。第二個是胡春惠教授，完成了《韓國獨立運動在中國》❶一書；中央研究院近代史研究所出版的《國民政府與韓國獨立運動史料》，主要以《朱家驊檔案》為主，也蒐羅部份〈韓國特檔〉。

㈣越南特檔

蔣永敬教授首先運用〈越南特檔〉，完成了《胡志明在中國──一位越南民主主義偽裝者》❶一書。

㈤港澳工作卷

目前黨史會總幹事劉維開正運用〈港澳工作卷〉，撰寫一篇有關戰時中國情報人員在香港活動的論文。

---

❶　臺北：中華民國史料研究中心，民國六十五年三月初版，三九二頁。
❶　臺北：傳記文學出版社，民國六十一年三月一日初版，二九二頁。

四、結　語

　　黨史會所庋藏的《特種檔案》為中央秘書處所移送，誠為研究抗戰期間及戰後初期中國國民黨史的重要參考資料；中央研究院近代史研究所保管的《朱家驊檔案》，主要是朱家驊個人的檔案，其中約有四分之一是擔任中國國民黨中央組織部長時的文書檔案，內容亦相當豐富，兩者史料足以相輔相成，使抗戰期間中國國民黨史的研究，在「文獻足徵」的情形下，呈現出真實而具體的一面。

　　檔案可以提供歷史研究最基本的素材，近代中國歷經戰亂，檔案散佚甚多，學者常常苦無原始檔案可資運用。《特種檔案》雖僅為中國國民黨中央秘書處的檔案，但是抗戰時期的中國，係以黨領政，中央秘書處往來文件所涉及的事情，範圍非常廣，以此觀之，《特種檔案》的史料價值，不應僅限於國民黨黨史的研究，尚可補充民國史研究的不足：一、就區域史研究而言：《特種檔案》中有相當多的史料，可以提供區域史研究的素材，除了有東北及臺灣地區的專檔外，其餘諸如教育部、財政部、外交部、糧食部及地方黨部的各種報告等，材料遍及全中國。二、就中外關係史研究而言：《特種檔案》的史料來自韓國、港澳、越南、馬來亞、印度、緬甸、泰國、琉球、新加坡、菲律賓、美國等地區與國家，雖然以黨務及僑務為主，還有相當的資料涉及與當地政府、政黨的聯繫等等，可以作為中外關係史研究的佐證。三、就其他專題研究而言：以個人管見，《特種檔案》尚可作為許多專題研究的輔助材料，例如研究戰後學潮，可參考〈教育部特種檔案〉，研究國民參政會、

國民大會、青年黨、中共活動、漢奸活動等，都可以找到部分的參考資料。

附錄：《特種檔案》目錄分類統計表

＊承蒙黨史會林宗杰總幹事提供資料，謹此致謝。

類別	史　料　名　稱	宗數	本數	件數	時間
001	中央訓練團卷	2	3		
002	中央及各省黨務工作計畫	62	118	308	
003	教育部特種檔案	32	35	750	28-36
004	財政部特種檔	105	104	2,261	28-36
005	外交部特種檔案	32	41		
006	中央及地方黨政工作報告與黨務概況	110	155	974	21-35
007	青年黨有關資料	5	5	47	29-37
008	海外黨務	7	3	453	27-34
009	有關各地奸偽卷	44	54		
010	戰時中外關係	3	7		
011	有關越南各種檔案	34	47		
012	馬來亞各種檔案	7	7		
013	中印關係資料	21	43		
014	有關緬甸（泰國）檔案	18	18		
015	泰國資料	19	35		
016	韓國資料	27	38		
017	臺灣資料	7	16		29-35
018	琉球及新加坡資料	3	6		
019	菲律賓資料	3	5		
020	南洋僑務	4	6		
021	港澳工作卷	3	8		
022	糧食部特種檔案	1	3		
023	憲政會檔案	4	8		
024	三民主義青年團資料	21	36		
025	黨團統一卷	6	35		
026	國民大會資料	11	25		
027	總統官邸會報暨批回各種簽呈	43	63	.	27-29
028	青年部訓練工作計畫	9	9		
029	中央與地方黨部黨務概況	24	39		
030	中央秘書處檔案	543	526		28-37
031	國民參政會資料	46	83		
032	各種法令規章案	24	24		
033	東北黨務幹部會議卷	11	15	649	31-33

說明：有若干類尚未整理出詳細目錄，無法統計其件數，故從缺。

評　論

卓遵宏

　　主席、主講人、各位女士、各位先生：

　　首先謝謝主辦單位的邀請，擔任高純淑教授論文的評論人。惟事實上，我不是個適宜的評論人，我雖然有機會接觸《特種檔案》，但除了〈財政部特種檔案〉外，我沒有真正運用過這批檔案；反之，高小姐是以《特種檔案》為主架構而完成博士論文，並且連續以〈東北特檔〉、〈台灣特檔〉為素材，在國內幾個重要的學術研討會上發表論文，其對《特種檔案》的認識與運用，是有目共睹的。我怕這個評論成了霧裡看花，隔鞋搔癢，還請高小姐與各位先進多予指教。

　　我認為這篇論文的第一個優點，是內容與本次大會的雙主題：「史學與文獻學」都能密切接合，本文、註釋與附表，約近一萬字，是一篇中規中矩的討論會論文。第二：由這批檔案名稱「特種」，就知道這不是早經公開，為大家熟悉使用的史料。到目前為止，參閱的人大都限於黨史會成員（至少由運用而發表專著、論文的全屬之）。今天高小姐藉本次研討會而將黨史會的特藏資料公諸於世，揭開其神秘面紗，相信不止今日與會或他日閱讀論文集學者都將受益，而且也讓該檔案的史料價值充分發揮，謂之貢獻良多，當不為過。

　　第三：本文組織架構，簡明完整，對檔案內容的介紹，恰到好處，對該檔的運用情形也甚熟稔。如不是平日對該檔投下很大的關

注，不易搜集得如此完備。文中一再提及該檔與中央研究院近代史研究所典藏的《朱家驊檔案》，內容相近，可以相輔相成，此絃外之音有助讀者來日之運用。文末附有該檔案分類統計表，一目瞭然，是很有用的資料，可指引初學者方便入門。全文文筆流暢，條理清晰，讀來暢快，益增本文的可讀性。

本文近乎完美，沒有嚴重的錯誤或曲解。但大家總期望評論人能找出毛病，不虛研討之名。因此我只好吹毛求疵，找出一些商榷。第一、筆誤，頁二行倒數六，台北：「國史館」，應爲「中華檔案暨資訊微縮管理學會」。頁四行三，十三「宗」，應爲「類」。頁九行二十，註❸「中央委員會」，應爲「中央黨史委員會」。第二、遺漏：頁十二行八，李雲漢最早運用〈台灣特檔〉的論文是〈抗戰期間台灣革命同盟會的組織與活動〉，《東方雜誌》復刊四卷五期，民國五十九年十一月。頁十二行十八，呂芳上最早運用〈台灣特檔〉的論文是〈抗戰時期在祖國的台灣光復運動〉，《新知雜誌》一年五號，民國六十年十月。頁十五行四，最早運用〈韓國特檔〉的是范廷傑，他最早的論文是〈伊藤亡韓及安重根行刺〉，《傳記文學》，二六卷五期，民國六十四年五月，此後他連續在《傳記文學》上再發表了十篇論文，最後一篇是〈韓國在華革命武力之統一〉，二九卷一期，時爲六十五年七月。另外一本專書現已付梓可一併討論，是王良卿的《三民主義青年團與中國國民黨關係研究（一九三八～一九四九）》，他是以政大史研所碩士論文爲底本，補充了《特種檔案》中的〈三民主義青年團資料〉和〈黨國統一卷〉而成，這本書是黨史會以外的研究者運用《特種檔案》的第一本專著，代表該檔案已公諸一般學術界，故應提一提。

　　第三、期望：頁三～十二，《特種檔案》內容介紹，依次介紹該檔三十三類內涵，其中有九類列出檔案涵蓋的時間，其餘二十四類則闕起迄時時間，時段的標出，有助於讀者取材前要否調閱的參考。因此建議將其補足，也可補於附表中。第四、建議：結語一段六行只指出《特種檔案》為研究黨史的重要參考資料。其實就其內容看來，其史料價值相當寬廣，至少具有一、輔助民國史事研究資料的不足；二、提供區域研究的素材；三、作為中外關係史研究的佐證。揭示該檔案更多的功能，可發揮其史料價值。

　　整體言之，本文是一篇相當具水準的論文，上述建議謹供參考，是否妥當，還請大家指正。謝謝！

從「臺灣特檔」看臺籍志士在大陸的抗日復臺工作

張 瑞 成

國立勤益工商專校共同科副教授

壹、前言──簡述臺籍志士參與抗日復臺運動的歷史

㈠臺籍志士組織團體進行抗日復臺運動

　　清光緒二十年（一八九四），中日爆發甲午戰爭，次年滿清戰敗與日本簽訂「馬關條約」，臺灣及澎湖列島因而淪為日本五十年的殖民統治，其間島民藉武裝、文化、政治等方式來抗日，最後臺人更發揮了高度的民族情操，輾轉抵達中國為抗日復臺而奮鬥。第一次世界大戰（一九一四～一九一八）後，日本亟欲以臺灣為其「南圖北進」的基地，乃對臺民採取懷柔政策，臺人則改行所謂「非武力抗爭」，在島內外組織團體，展開各式各樣的反日活動。在島內進行政治與社會運動的團體，其抗爭路線及訴求重點雖各有異，然其奮力不懈的付出，則乃是對祖國的一份眷念之情，其具體表現有：要求恢復漢文教學及廢除「渡華旅券制度」等；在日本東京留學的臺灣學生喜歡與祖國的知識份子接近，並且組織了「聲應會」（後來改

稱「新民會」)、「東寧學會」等團體,意在設法與祖國取得聯繫,
內心都滋長著擁護祖國進圖光復臺灣的自覺與希望。抗日態度最堅
決、行動最積極者,則以各種方式潛往祖國大陸,他們在大陸有的
求學、有的經商或行醫,都會自動組織團體從事抗日復臺活動,類
似的團體先後有北京臺灣青年會、韓臺革命同志會、上海臺灣青年
會、廈門臺灣尚志會、閩南臺灣學生聯合會、廈門中國臺灣同志會、中
臺同志社(南京)、廣東臺灣革命青年會、臺灣民主黨等組織,儘管
他們對外名稱各異,所採取的策略及步調不一,份子或甚複雜,但
其共同目標則都希望在祖國的庇翼下,努力以赴使臺灣能早日脫離
異族的桎梏。凡是因此而渡海抵達祖國大陸者,統稱之爲「臺籍志
士」,他們一方面貢獻自身的力量,致力於中國的復興大業;一方
面更寄望於中國強大之後,能收復臺灣。

　　民國二十年(一九三一),日本發動「瀋陽事變」強佔東北建立
僞「滿洲國」,並逐步向華北蠶食,而對臺灣反日運動的壓迫也日
益加緊,臺灣抗日志士見島內的活動空間有限,乃另謀發展,因此
有人從事島內地下活動,也有人想借助中國反帝國主義運動之力達
成解放臺灣的目標。❶民國二十六年(一九三七)抗戰軍興,有志之
士深切覺悟到抗日戰爭關係整個中華民族的生死存亡問題,也關係
臺灣的命運與前途,於是臺胞返抵中國組織團體參加抗日活動者日
益增多,足跡遍及全國,至民國二十七、八年間主要有浙江的「臺
灣獨立革命黨」、福州的「臺灣抗日復土同盟」、華南的「臺灣民
主革命總同盟」、「臺灣青年革命黨」、「臺灣國民革命黨」

---

❶　謝春木 (南光) :〈臺灣人之要求〉 (臺灣新民報社,1931年),頁94;

等❷。上述以爭取臺灣光復爲目的的團體，初因各自發展缺乏統一
領導，使得力量爲之分散，迨至中央對臺政策漸趨明朗之後，散處
各地的臺籍志士才有聯合抗日之共識。於是在翁俊明、劉啓光等人
的協力奔走下，「臺灣獨立革命黨」與「臺灣民主革命總同盟」於
民國二十九年　（一九四〇）　三月二十九日正式結成「臺灣革命團體
聯合會」，誓以協助祖國抗戰，推翻日本帝國主義在臺灣的統治爲
宗旨❸；同年七月，陳友欽、柯台山分別主持的「臺灣青年革命
黨」與「臺灣國民革命黨」亦宣言加入；十一月上旬，張邦傑領導
的「臺灣革命黨」也響應號召率眾歸隊，至此「臺灣革命團體聯合
會」在結納臺灣抗日復臺團體的努力當中，獲得初步整合成功；但
是在「共同定策，分頭執行」的精神下，整體工作上仍然顯現不出
具體有力的效應，因而渴望得到中國國民黨中央的指導與協助，以
達成統一且富革命政黨精神的組織。正當此時，中國國民黨中央執
行委員會與成立不久的三民主義青年團中央幹事會均主張藉助大陸
現有的臺灣抗日團體，設法將這些團體與中央發展成統屬關係。❹
「臺灣革命團體聯合會」乃於是年底正式推派翁俊明爲代表晉謁中
國國民黨中央黨部負責人，請求協助。臺籍志士隨即聚集重慶會

轉引何義麟〈被遺忘的半山　—謝南光〉（上），《臺灣史料研究》半年刊第
三號　（臺北：財團法人吳三連台灣史料基金會，1994.2），頁157。

❷　呂芳上：〈抗戰時期在大陸的臺灣抗日團體及其活動〉，載《近代中國》雙月
刊第四十九期　（臺北：近代中國出版社，1985.19），頁11-15。

❸　劉啓光：〈臺灣革命團體聯合會的誕生〉，《臺灣先鋒》第二期（1940.5.5），
頁22-34。

❹　陳三井：〈翁俊明與臺灣黨部成立的一段經緯〉，《中華民國史料研究中心十
週年紀念論文集》（臺北：中華民國史料研究中心，1979.11.24），頁561。

商，經過劉啓光的奔走，終於獲得中國國民黨中央組織部部長朱家驊居中策劃，同意在中央組織部的領導之下合組爲「臺灣革命同盟會」，於民國三十年（一九四一）二月十日在重慶正式成立，確定其組織宗旨爲：「本會在中國國民黨領導下，以集中一切臺灣革命力量，打倒日本帝國主義，光復臺灣，與祖國協力建立三民主義新中國。」❺此爲中國國民黨整合臺灣抗日團體的具體成果。

㈡中國黨政機關的對臺策略

此一期間，正值中國國民革命運動大展的時代，在孫中山與蔣中正先後領導下，自始即非常關切臺灣的前途。但民國創建以來，先有袁世凱破壞民元約法，後有軍閥亂政，致使國家長期處於分裂狀態。而當北伐成功國家統一甫現契機之際，軍閥餘威再起挑戰中央威信，中共盤據贛南乘機四處暴動，強鄰日本亦步步近逼，眞可謂內憂外患接踵而來。國民政府隨即在「先安內再攘外」政策下進行艱鉅的國家建設工作，自無法投注更多心力於臺灣，故戰前中國與臺灣的關係，誠如孫科所言：「在中國抗戰發動以前，客觀的有利時期還沒有到，而中國也沒有力量。所以我們雖有滿腔熱血要援助臺灣光復運動，還是心有餘而力不足。」❻維持一種不即不離的狀態。民國二十六年抗戰軍興，臺灣戰略地位益形重要，蔣委員長

---

❺　〈臺灣革命同盟會會章〉第二條，參引張瑞成編《臺籍志士在祖國的復臺努力》（臺北：中國國民黨中央黨史委員會，1990.6.30），頁110。

❻　孫科：〈解放已在目前了—民國三十一年四月五日在重慶臺灣光復運動宣傳大會上講詞〉，參見《臺灣問題言論集》（重慶：臺灣革命同盟會，1942），第一集，頁12-14。

於次年四月一日中國國民黨臨時全國代表大會第四次大會報告〈對日抗戰與本黨前途〉中，嚴正申明了收復臺灣的決心。❼

　　民國二十九年三月二十九日，汪精衛依附日本在南京成立偽政權，敵我形勢頓時發生變化，蔣委員長乃於次日致電中國國民黨中央組織部長朱家驊、教育部長陳立夫及軍事委員會國際問題研究所主任王芄生，電文略謂：

> 汪逆傀儡登場在即，我方對倭亟宜加大打擊，贊助日本、臺灣、朝鮮的各項革命運動，使其鼓動敵國人民群起革命，如罷工等等，以騷擾敵之後方，減其侵略勢力。即希兄等負責約同日、韓、臺在渝革命之首領會同籌劃推動為要。❽

朱家驊、陳立夫等人接到蔣委員長電文之後，乃立即展開籌備工作。首先由朱家驊於四月二日召開會議，積極研商進行步驟，出席人員有陳立夫、王芄生、賀衷寒（字君山，軍事委員會政治部第一廳長）、康澤（字兆民，三民主義青年團中央團部處長）、徐可均（中國國民黨中央調查統計局）、李超英等人，會中決定迅速成立國民黨臺灣黨部，有關之決議文如下：

> ……第三、臺灣本我轄地，茲擬迅速成立本黨黨部，為工作便利計，暫用化名，查有前在政治部（軍事委員會）供職之劉

---

❼　蔣中正：〈對日抗戰與本黨前途〉，見林泉編：《中國國民黨臨時全國代表大會史料專輯》（上）（臺北：中國國民黨中央黨史委員會，1991），頁373-388。

❽　〈國民政府軍事委員會侍祕渝字第一六四號代電〉，民國二十九年三月三十日，《朱家驊先生檔案》，臺北：中央研究院近代史研究所藏。

啓光，原係臺灣籍，當約其談話，俟議有具體辦法，再呈請
核定經費及負責人員。❾

會後朱家驊即與劉啓光共商大計，劉建議成立「中國國民黨中央組
織部直屬臺灣黨部籌備處」，提出中央常務委員會討論通過，並即
簽呈蔣總裁批可。❿中國國民黨隨即於九月間正式核准設立「中央
直屬臺灣黨部籌備處」，派翁俊明爲籌備處主任，這是臺灣有公開
統一黨務領導機構的開始。此後，臺灣黨部的發展歷經重慶籌備、
香港設處、泰和訓練、永安遷駐等階段。其組織任務，以策動居留
大陸各地及海外富有民族意識之臺灣同胞奮起抗日，建立並發展臺
灣島內黨務組織，啓發被迫在日閥軍中服役之臺籍青年民族覺醒，
期盼其起義來歸爲目的。臺灣黨部尙有計劃的編印《臺灣問題參考
資料》，並隨時對其附屬組織及同志，頒發宣傳指示。

　　民國三十年（一九四一）十二月九日，國民政府正式對日宣
戰，並昭告中外：「所有一切條約協定合同，有涉及中日間之關係
者，一律廢止。」⓫據此，清光緒二十一年（一八九五）與日本所簽
訂的「馬關條約」當即廢棄，臺、澎亦自然恢復爲中國領土。民國
三十一年（一九四二）十一月三日，外交部長宋子文於記者會上再度
聲明，戰後中國恢復領土以甲午戰爭前之狀態爲目標。⓬民國三十
二年十二月一日，中、美、英三國領袖共同發表「開羅會議宣

---

❾　〈朱家驊呈復遵辦推動日、韓、臺革命運動情形〉，《朱家驊先生檔案》。

❿　司馬思眞：〈中國國民黨與臺灣　—追記光復前的臺灣黨務〉，臺北《中央日
　　報》，1949.10.25。

⓫　中國國民黨臺灣省執行委員會編印，《臺灣黨務》（出版時地不詳），頁4–5。

⓬　〈國民政府對日宣戰文〉，參見張瑞成編《抗戰時期收復臺灣之重要言論》
　　（臺北：中國國民黨中央黨史委員會，1990.6.30），頁3。

言」，明白宣告臺灣、澎湖戰後歸還中華民國，於是臺灣戰後恢復
為中國領土乃得到國際間的確認，同時爾後如何規劃收復臺、澎則
成為中國人的重要課題。

(三)開羅會議後國民政府積極建制準備接收臺灣

「開羅會議宣言」發表後，國民政府確信臺灣光復將為期不遠，乃
積極籌備建制事宜。❸首於民國三十三年（一九四四）四月十七日在
戰時國家最高決策機關——「國防最高委員會」之下的「中央設計
局」內設置「臺灣調查委員會」，從事調查臺灣實際狀況，做為將
來收復臺灣的籌備機構。「臺灣調查委員會」自成立至民國三十四
年（一九四五）十月底會務結束❹，為期約一年半左右，其主要工作
歸納有：(1)擬訂「臺灣接管計畫綱要」；(2)編輯臺灣概況；(3)翻譯
臺灣法令；(4)繪製臺澎地圖；(5)與中央設計局秘書處、主管組及留
渝臺灣志士召開座談會，交換接收及復員意見，並討論具體問題，
將所得結論容納於「臺灣接管計畫綱要」之中；(6)培訓接管臺灣之
各類行政幹部。❺

收復臺灣，除了事先的調查準備工作以外，行政人員的訓練也

---

❸ 有關「開羅會議宣言」發表後國民政府積極籌備建制事宜，請參考拙作：〈臺
籍志士與國民政府復臺工作之籌劃 —從開羅宣言談起 〉，《紀念七七抗戰六
十週年學術討論會論文》（臺北：中國歷史學會·中國近代史學會主辦，1997.7.
18-20）。

❹ 〈臺灣調查委員會致中央設計局秘書處報告會務結束日期函〉，民國三十四年
十月二十九日，見張瑞成編《光復臺灣之籌劃與受降接收》（臺北：中國國民
黨中央黨史委員會，1990.6.30），頁160。

❺ 〈中央設計局臺灣調查委員會三十三年度重要工作項目報告〉，見張瑞成編
《光復臺灣之籌劃與受降接收》，頁52-53。

極為重要。為健全行政體系儲備優秀幹部,乃在中央訓練團舉辦
「臺灣行政幹部訓練班」,招收學員一百二十人,分民政、工商、
交通、財務、金融、農林、漁牧、教育、司法等八組加以訓練,為
期四個月(自民國三十三年十二月始業至三十四年四月結業)。另委由四聯總
處之銀行訓練班,招考國內外專科以上學校畢業生四十人名,接受
專業訓練,儲備為銀行業務人員。此外,又於中央警校之臺幹班儲
訓了九百多名警員。❻

　　民國三十四年八月十四日,日本宣告無條件投降,翌日盟國正
式宣布受降,中國政府於同月二十八日經國防最高委員會常務委員
會議決議「特任陳儀為臺灣省行政長官」,以國紀第五六六二七號
公函,請國民政府明令發表;❼國民政府迅於當日正式發布此項人
事任命案,❽並隨即於九月一日在重慶成立「臺灣省行政長官公
署」與「臺灣省警備總司令部」臨時辦公處,積極從事接收臺灣的
佈署;在通過「臺灣省行政長官公署組織條例」(九月二十日公
布)、「臺灣省警備總司令部組織規程及編制表」(九月十日軍事委員
會頒發)之後,鑒於實際需要,陳儀乃於同月二十八日在重慶聯合成
立上述兩個機構的「臺灣前進指揮所」,命行政長官公署秘書長葛
敬恩為主任,率領中美雙方軍政人員各四十餘人,於十月五日先行
飛抵臺北,作為接收臺灣的先遣人員,對於臺灣的軍事、政治、經
濟以及教育文化等作實地調查,並通知各有關單位造報人員及財產

---

❻　參閱臺灣省文獻會編《臺灣省通志稿》,光復志,第四章,頁15-26。

❼　見《國防最高委員會檔案》,臺北:中國國民黨中央黨史委員會藏。檔號:防
　　003/3362。

❽　參閱1945.8.29《國民政府公報》。

清冊，準備國軍登陸交接等事宜。而正式接收隊單位，包括直屬各機關駐臺人員、臺灣省行政長官公署、臺灣省警備總司令部人員以及國軍第七十軍，於十月十七日開抵臺灣，登陸基隆。二十四日，臺灣省行政長官陳儀搭機飛抵臺北，先行抵臺之前站人員都到松山機場歡迎，原日本臺灣總督安藤利吉亦到機場迎接。次日，陳儀在臺北公會堂（今中山堂）主持正式受降典禮。

至此，整個接收籌備業務暫告一段落，而緊接著則是更加煩瑣的接收復員工作。實際作業於十一月一日正式展開，至翌年四月底，歷時約半年，才初步完成。

貳、「臺灣特檔」內容簡介

所謂「臺灣特檔」，全稱應該叫做「臺灣特種檔案」，這個檔案的庋藏單位是中國國民黨中央黨史委員會，檔號「特一七」。主要是收錄中國國民黨中央執行委員會秘書處處理自民國三十年八月太平洋戰爭爆發前夕至三十四年十一月底，有關籌劃臺灣光復等事務之文書檔案。全檔分為七個目一四七號次，但由於該檔案仍保留當年舊有公文卷宗之形式，沒有按照時間次序或資料特性詳加整理分類，甚至有若干資料重複出現在不同的目次之上，因此嚴格來說這一個檔案應該祇六個目一三四號次。惟每一號次之內容數量多寡不一，有的是單純的工作報告、計畫草案、書報或函電；有的則是為處理某一事件而收納了相關單位間往來之諸多公文書或附件等。

關於「臺灣特種檔案」的內容，任教於國立空中大學的蔡相煇教授在〈中國國民黨中央黨史委員會臺灣特檔之史料及運用〉❶一

文中，曾依序將每一號次做過簡介；並就資料特性大略分為七類[20]，茲根據如此分類詳加說明如下：

㈠臺灣革命同盟會史料：包括組織規章、成員名冊、會務報告、計畫草案以及人事問題等，約有七十個號次的資料與臺灣革命同盟會有關，為數最多，幾乎占整個檔案的半數以上。

㈡中國國民黨直屬臺灣黨部史料：包括業務報告、計畫草案、人事問題以及所編印的「臺灣問題參考資料」（共十輯）等，約有三十多個號次。

㈢有關臺灣光復規劃史料：此類資料以臺灣革命同盟會、中國國民黨直屬臺灣黨部等單位名義或以臺籍志士個人名義提出，大多附錄於呈案之後。

㈣有關日本統治下的臺灣情報資料：此類資料為數不少，主要是臺灣革命同盟會、中國國民黨直屬臺灣黨部或若干臺籍志士以個人名義，向中國國民黨中央執行委員會所提出。

㈤國防最高委員會中央設計局臺灣調查委員會之有關資料：總計祇有六個號次，內容為：臺灣調查委員會一年來工作狀況、臺灣調查委員會黨政軍聯席會第一次會議記錄、中央設計局臺灣調查委員會主任委員陳儀擬呈蔣委員長之「臺灣接管計劃綱要草案」十六目八十二條以及該草案送國防最高委員會秘書長王寵惠之修正條文十一條；另外兩件是籲請臺灣調查委員會主任委員陳儀儘量選

---

⑲ 蔡相輝：〈中國國民黨中央黨史委員會臺灣特檔之史料及運用〉，發表於1993.12.17「臺灣光復初期史料研討會」（臺北：中華民國史料研究中心主辦）。

⑳ 同前註，頁39-40。

派明悉臺情人員參與接收行列之建議案。㉑

㈥中國國民黨中央執行委員會與各機關往來之公文書:「臺灣特檔」原係中國國民黨中央執行委員會秘書處與各有關單位往來所經辦之公文書,這些單位主要包括臺灣革命同盟會、中國國民黨直屬臺灣黨部、國防最高委員會、軍事委員會政治部(國際問題研究所、臺灣義勇隊)以及中央執行委員會內其他有關部門(組織部、調查統計局)等,因此可見到當時承辦人員的擬辦意見以及秘書長吳鐵城之批示。

㈦其他有關臺籍志士之論述:在檔案資料中曾以所屬單位多人聯名或以個人名義的方式,在報紙或刊物上發表過文章的臺籍志士,有謝南光(春木)、李友邦、宋斐如、柯台山(賜生)、張邦傑(錫鈴)、丘念台(琼)、翁俊明、劉啓光(本名侯朝宗)、黃朝琴、李萬居、林嘯鯤、謝東閔等人。

參、「臺灣特檔」中臺籍志士相關資料解析

在「臺灣特檔」有關文件中,曾經出現之臺籍志士有謝南光、李友邦、宋斐如、柯台山、柯康德、張邦傑、丘念台、翁俊明、劉啓光、黃朝琴、林忠、李萬居、林嘯鯤、謝東閔等人。茲舉其中資料較爲豐富且具體有參考價值者:謝南光、張邦傑、丘念台、柯台山等四人,解析如后。

㉑ 分別參見「臺灣特檔」,檔號:特17/5-13、特17/5-15、特17/5-14、特17/5-16、特17/1-2.12及特17/1-2.13。

㈠「臺灣特檔」與謝南光有關之檔案資料

謝南光（1902－1969），本名謝春木，生於日據時代的臺中州北斗郡沙山庄（今彰化縣芳苑鄉）㉒；畢業於臺北師範學校，並曾肄業日本東京文理大學師範專科（東京高等師範學校，即今筑波大學之前身）。民國二十年底，從基隆搭船經福州流亡到上海，不久創「華聯通訊社」，自任社長。民國二十六年抗戰爆發後，則前往南京、香港及廣州等地從事情報工作；次年九月十八日，思想左傾的「臺灣民族革命總同盟」在廣東成立，謝南光被推選爲總同盟的主席。㉓民國二十九年前後加入由王芃生（1893-1846，湖南醴陵人）所主持的「國際問題研究所」（歸國民政府軍事委員會政治部管轄），擔任少將組長，負責華南地區敵僞情報之蒐集工作，並任福建省政府參事㉔。民國三十年二月十日「臺灣革命同盟會」在重慶正式成立，初期該會領導方式採主席團制，謝南光與李友邦、張邦傑共爲主席團主席，並設南、北執行部，分由張邦傑、李友邦主持㉕；次年三月，「臺灣革命同盟會」召開第二屆會員代表大會，進行組織架構重整，決議取消主席團制及南北執行部，改設常務委員會負責領導，選出謝南光

㉒ 參見：何義麟〈被遺忘的半山 ——謝南光（上）〉，載於《台灣史料研究》第三號，頁154。

㉓ 同前註，頁160-161；並參見謝南光〈中國抗戰與臺灣革命〉，載「中國青年」月刊第一卷第四號，1939.10.20，頁19-20。

㉔ 詳見「臺灣特檔」〈臺灣革命同盟會幹部名冊〉之簡歷，檔號：特17/2-2.18。或參見張瑞成編：《臺籍志士在祖國的復臺努力》（臺北：中國國民黨中央黨史委員會，1990.6.30），頁149。

㉕ 參見：林忠〈臺灣光復前後史料概述〉（臺北：皇極出版社，1983.10），頁21-22。

與李友邦、宋斐如三人爲第一屆常務委員，主持會務；㉖至民國三
十二年十一月底，「臺灣革命同盟會」爲更進一步強化組織，再召
開第三屆會員代表大會，會中由李友邦與林嘯鯤代表提案取消常務
委員制度，改爲主任委員制，經大會討論通過，隨後謝南光獲選爲
主任委員，㉗積極推動「臺灣革命同盟會」之會務， 一直到抗戰勝
利。

「臺灣特檔」與有關謝南光之檔案大約有三十八個號次，其中
十四個號次屬於附件形式。茲就其內容性質簡要分三類說明如下：

(1)臺灣革命同盟會有關之會務報告。計有三件十七個檔號：

1.「臺灣革命同盟會報告書」：係臺灣革命同盟會於民國三
十一年三月第二次會員代表大會召開後，呈報中國國民黨
中央執行委員會秘書長吳鐵城之報告書及九個附件，共十
個檔號。其中報告書內容分臺灣島內情勢、工作概述、檢
討與建議等三項。其餘附件一爲「臺灣革命同盟幹部名
冊」（含總會幹部名冊與各分會概況以及幹部名單）；附件二爲「
臺灣革命同盟會會章」；附件三爲「臺灣通訊小組」；附
件四爲「臺灣革命同盟會招待陪都文化界及各報記者餐會
紀實」；附件五爲「臺灣革命同盟會第二屆大會宣言」；
附件六爲「民國三十一年六月十七日重慶中央日報臺灣光
復運動紀念特輯」；附件七爲「新臺灣畫報創刊號」（臺

㉖　同㉔張瑞成編：《臺籍志士在祖國的復臺努力》，頁151。

㉗　詳見「臺灣特檔」〈臺灣革命同盟會第三屆代表大會報告書〉，檔號：特17/6
　　-10。或參見張瑞成編：《臺籍志士在祖國的復臺努力》，頁188。

灣革命同盟會的機關報）；附件八爲「臺灣革命同盟會行動隊襲擊廈門敵僞損失重大消息」；附件九爲「臺灣交通形勢圖」。㉘

2. 「臺灣革命同盟會第三屆會員代表大會報告書」：係臺灣革命同盟會於民國三十二年十一月下旬第三次會員代表大會召開後，呈報中國國民黨中央執行委員會秘書長吳鐵城之會議記錄及四個附件，共六個檔號。會議記錄包括開會期間、開會地點、出席代表、主席記錄、報告事項、討論事項、選舉、執行委員會各部門之職務分擔以及監察委員會各部門之職務分擔等九項，最值得注意的是討論事項當中總共提出十九個議案，而由李友邦與林嘯鯤代表所提之提案三，提出重新改革機構八項要綱，第一項即爲取消常務委員制度，改爲主任委員制，對往後臺灣革命同盟會的組織運作影響最大。其餘附件一爲「臺灣收復運動改進辦法要綱」；附件二爲「在內地之臺灣工作問題」與「臺灣島內工作改進辦法」；附件三爲「臺灣革命同盟會會章（民國三十二年十一月修訂）」；附件四爲「臺灣革命同盟會第三屆代表大會宣言」。㉙

㉘ 詳如「臺灣特檔」，檔號：特17/2-2.16；特17/2-2.18；特17/2-2.19；特17/2-2.20；特17/2-2.21；特17/2-2.22；特17/2-2.23；特17/2-2.24；特17/2-2.25；特17/2-2.26。可參見張瑞成編「臺灣志士在祖國的復臺努力」，頁139-163。

㉙ 詳如「臺灣特檔」，檔號：特17/6-10；特17/6-11；特17/6-12；特17/6-13；特17/6-14；特17/6-15。可參見張瑞成編「臺灣志士在祖國的復臺努力」，頁187-218。

3.「臺灣革命同盟會常務委員會為該會決議成立『協助收復臺灣工作委員會』致中國國民黨中央執行委員會請予核備函」，臺灣革命同盟會常務委員會於民國三十四年八月三十一日抗戰勝利後召開全體臨時會員大會，大會決議設立「臺灣革命同盟會協助收復臺灣工作委員會」；隨後召集委員會第一次會議，決議工作委員會下設軍事、政治、經濟、文化等四組，各組推舉專人分擔辦理，並派代表攜文與各有關機關接洽。❸⓪

(2)有關收復臺灣之情報及建議案。此類資料甚豐，舉例如下：

1.民國三十一年四月，與另二位常務委員李友邦、宋斐如聯名函呈蔣總裁，懇請設立台灣省政府以利臺灣光復革命工作。❸①

2.民國三十二年九月二十一日，與李友邦、宋斐如聯名呈送吳鐵城秘書長，轉呈蔣委員長，「建議在福建省訓團設立臺灣行政幹部訓練班以利收復臺灣」函及附件「臺灣行政幹部訓練班之設立辦法」，對於設立之理由、訓練之目的以及設立之方法都有詳盡的規劃。謝南光並於十月二十一日親自往謁吳鐵城秘書長，獲吳秘書長同意，並交待秘書處致函福建省主席劉建緒處理。❸②

---

❸⓪ 詳如「臺灣特檔」，檔號：特17/5-6。可參見張瑞成編「臺灣志士在祖國的復臺努力」，頁295-296。

❸① 詳如「臺灣特檔」，檔號：特17/2-1.5。可參見張瑞成編「臺灣志士在祖國的復臺努力」，頁126-127。

❸② 詳如「臺灣特檔」，檔號：特17/6-22、特17/1-2.27。可參見張瑞成編「臺灣志士在祖國的復臺努力」，頁168-172。

3. 民國三十二年十一月八日，撰擬「臺灣行政機構之改革」
   呈吳鐵城秘書長。內容有臺灣行政機構之現狀、臺灣行政
   機構之第二次改革以及新舊機構之比較等項。❸❸

4. 民國三十二年十一月十日，再與李友邦、宋斐如以三民主
   義青年團駐臺灣義勇隊分團部、軍事委員會政治部直屬臺
   灣義勇隊以及臺灣革命同盟會共同名義，將十月二十八日
   擬定之「臺灣收復運動改進辦法綱要」呈送吳鐵城秘書
   長。該綱要內容分兩點：第一點「理由」，大略通盤檢討
   既往工作之缺失，務求切實糾正錯誤；因而提出第二點
   「辦法」，在擬訂辦法中又列出甲「基本方針」以及乙
   「辦法要綱」各八項，八項「辦法要綱」包括(1)加強統一
   組織，實行分工合作；(2)加強中心組織，擴大外圍團體；
   (3)分區負責實行競賽，並嚴明指揮系統；(4)黨務、建軍、
   建政各項工作，應分途並進；(5)訓練黨政軍幹部，以期革
   命與建設兼施並顧；(6)加強思想統一運動，嚴格執行革命
   紀律；(7)擴大國際宣傳，力爭臺灣歸還中國；(8)擴大救濟
   事業，並以安定同志家屬之生產。❸❹以上各項辦法都有非
   常具體的工作細則，而且包含黨、政、軍各個層面，因此
   獲得中央執行委員會的高度重視，秘書處隨即於十一月十
   九日致函組織部，組織部則函覆：

---

❸❸ 詳如「臺灣特檔」，檔號：特17/2-2.8。

❸❹ 詳如「臺灣特檔」，檔號：特17/6-20。可參見張瑞成編「臺灣志士在祖國的
   復臺努力」，頁172-177。

　　主張應先行健全黨務，有關建軍建政各節秘書處緩議。❸秘書處同日亦致函直屬臺灣黨部主任委員翁俊明請擬具意見呈報，但翁主委不幸於前一日逝世，臺灣黨部遲至十二月二十三日才由書記長兼代主任委員林忠（又名林海濤，臺灣南投人）函覆，意見書對綱要中第一理由與第二辦法之甲「基本方針」所列八項均可贊同；但對於乙「辦法要綱」之若干項目當中涉及臺灣黨部職權或建軍、建政問題的部分，則提出了不同的看法；同時對於臺灣義勇隊在其機關報揭露上述「改進辦法綱要」頗表不滿。❸

　　5.民國三十二年十二月十八日，呈送吳鐵城秘書長「臺灣現況摘要」，包括臺灣之地理、政治機構、財政、產業、貿易、交通、幣制及稅制、金融、教育、警察及保甲、司法制度、皇民化運動等十一節。❸

　　6.民國三十三年二月二十五日將蒐得之「一九四四年臺灣政府之新設施與臺灣近況」呈送吳鐵城秘書長。❸

　(3)有關臺灣革命同盟會內部人事紛爭。此類資料並不多見，但卻可見臺灣革命同盟會內部人事複雜的一面。茲舉三例說明之：

　　1.民國三十一年六月二十二日，與李友邦、宋斐如聯名為張

❸　同前註「臺灣特檔」，檔號：特17/6-20附件二、三。可參見張瑞成編「臺灣志士在祖國的復臺努力」，頁178-180。

❸　同前註「臺灣特檔」，檔號：特17/6-20附件四。可參見張瑞成編「臺灣志士在祖國的復臺努力」，頁180。

❸　詳如「臺灣特檔」，檔號：特17/6-17。可參見張瑞成編「臺灣志士在祖國的復臺努力」，頁180-185。

❸　「臺灣特檔」，檔號：特17/2-2.28。

❸　「臺灣特檔」，檔號：特17/1-1.1。

邦傑假冒謝南光名義通電反對臺灣革命同盟會第二屆代表
大會，呈請中國國民黨中央執行委員會嚴予駁斥以正視
聽。❹該案由秘書處轉組織部立即查辦，組織部則回函逕
交直屬臺灣黨部籌備處切實指導，同意備查。中央執行委
員會秘書處並函轉國防最高委員會秘書廳查照。

2. 民國三十三年一月二十日，特函中央執行委員會秘書處，
報告臺灣革命同盟會第二屆代表大會決議撤銷南北方執行
部，今後所有對外交涉，皆由該會主任委員全權代表，呈
請核備。❹此一呈文，顯與張邦傑仍以南方執行部主席名
義在外活動有關。

3. 民國三十四年八月十六日，一份署名「閩臺義勇鋤奸團
啓」的油印文件：「多頭情報員謝南光——戰罪要犯之
一」，共十三頁，內容包括謝南光的家庭概況、求學時
期、在臺灣及日本活動時期、在京滬活動時期、在閩活動
時期、七七事變以後動向。❹此一攻訐文字暴露出當時臺
籍志士內訌的情形。

㈡「臺灣特檔」與張邦傑有關之檔案資料

張邦傑，又名張錫鈴，福建晉江人，在臺灣長大，原在高雄發
展，日本早稻田大學畢業，抗戰初期在福建組織「臺灣革命黨」，

---

❹ 「臺灣特檔」，檔號：特17/2-1.8。

❹ 「臺灣特檔」，檔號：特17/1-1.10。

❹ 「臺灣特檔」，檔號：特17/1-1.5。

自任主席❸；其間曾獲派爲直屬軍事委員會政治部「臺灣義勇隊」之名義顧問。❹「臺灣革命同盟會」成立初期，與謝南光、李友邦共爲主席團主席，並任南方執行部主席。「直屬臺灣黨部」籌備期間，擔任設計委員。民國三十一年三月，「臺灣革命同盟會」改組，當選爲執行委員；三十二年十一月底臺灣革命同盟會再改組，仍獲選爲執行委員，並兼視導室主任。❺積極奔走，爲收復臺灣而努力。

「臺灣檔案」與張邦傑有關之檔案大約有二十六個號次。茲就其資料性質簡要分三類，舉例說明如下：

(1)有關臺灣革命同盟會之業務報告：此類資料甚多，惟張邦傑在民國三十一年三月臺灣革命同盟會改組取銷主席團主席之建制，並撤銷南、北方執行部後，仍以臺灣革命同盟會執行委員會主席兼南方執行部主席之名義，函呈中國國民黨中央執行委員會吳鐵城秘書長，或要求轉呈蔣總裁，因此呈案雖多，但中央執行委員會大都未予處理，甚至飭令臺灣革命同盟會注意糾正之。例如：

1.民國三十二年六月，致電中央執行委員會秘書長吳鐵城，稱「於民國三十年九月呈請總裁發還臺人仕福建被沒收產業，經蒙照准；惟有人從中舞弊，致至今未還，請迅電福建省發交南方執行部處理。」❻經查其上總裁書並無請求歸還在閩臺人產業事，但中央

---

❸ 美·柯喬治〔George Keer〕原著，陳榮成譯《被出賣的臺灣》（東京：玉山學舍，1973），頁45。

❹ 同❷。

❺ 詳如「臺灣特檔」，檔號：特17/6-10。可參見張瑞成編「臺灣志士在祖國的復臺努力」，頁191，193。

❻ 「臺灣特檔」，檔號：特17/1-1.11。

執行委員會秘書處仍予復函，謂福建省政府已決定視該臺胞在閩是否與敵人通聲氣，或有間諜嫌疑分別處理。

2.民國三十三年四月二十四日，致函中央執行委員會秘書長吳鐵城，報告擬在昆明成立台灣革命同盟會分會，請准予備查。㊼

3.民國三十三年八月五日，以臺灣革命同盟會南方執行部主席兼昆明分會主任名義呈軍事委員會蔣委員長，報告奉命赴滇辦理中南半島、馬來西亞臺籍士兵聯絡情形，及昆明分會職員名冊，請求通令雲南軍憲警各機關協助保護。㊽經查證，蔣委員長無任何指示，且南方執行部早已撤銷，乃轉交中央執行委員會致函臺灣革命同盟會飭令糾正。同年九月一日，再以同一名義呈送蔣總裁昆明分會職員證章及職員證樣式各一份，請求核備㊾。但經查南方執行部已撤銷，呈案不予置理。

(2)自我推薦並要求賜予職務頭銜或工作名義。此類函件甚多，茲特列舉五件說明如下：

1.民國三十二年九月七日，致函中央執行委員會秘書長吳鐵城，請求賜予名義及旅費，以免軍警誤會。㊿

2.民國三十二年九月二十七日，致函吳鐵城秘書長，爲便利出外工作，請賜予「海外僑務指導委員」或「黨務研究員

㊼　「臺灣特檔」，檔號：特17/1-2.23。

㊽　「臺灣特檔」，檔號：特17/1-1.6。

㊾　「臺灣特檔」，檔號：特17/1-1.8。

㊿　「臺灣特檔」，檔號：特17/1-2.38。

名義」，以免啓人誤會。(51)

3.民國三十二年十月二十二日，以臺灣黨部委員名義致函吳鐵城秘書長，自我推薦爲臺灣黨部主任，並請中央逕行發表。(52)

4.民國三十三年九月十八日，致函吳鐵城秘書長，自謂擬配合盟軍收復臺澎，並祈能爲收復臺澎之前驅。(53)

5.民國三十三年十月，致函吳鐵城秘書長轉蔣總裁，建請指派明悉臺情之人員隨盟軍登陸臺灣。(54)

(3)有關人事糾紛之資料。數量頗豐，藉此可以察知臺灣革命同盟會領導階層仍然存在諸多歧見，而導致彼此明爭暗鬥，相互攻訐檢舉；同時對臺灣黨部之人事亦有所批評。特舉五例說明如下：

1.民國三十一年三月十五日，以臺灣革命同盟會執行委員會主席兼南方執行部主席名義，電呈中央組織部長朱家驊並轉陳蔣總裁檢舉「李友邦在渝召集少數人，捏開代表大會，違反會章，變更組織，任意改選，事前均未徵求同意，所有提案概難承認」(55)，懇請下令糾正。

2.民國三十一年三月下旬，致函中央執行委員會請轉蔣總裁，爲被人（謝南光、李友邦等）捏報違法組織臺灣義勇軍及假借名義招搖各節，意圖破壞臺灣革命工作，請飭澈底

(51) 「臺灣特檔」，檔號：特17/1-2.34。
(52) 「臺灣特檔」，檔號：特17/1-1.4。
(53) 「臺灣特檔」，檔號：特17/1-1.7。
(54) 「臺灣特檔」，檔號：特17/1-2.12。
(55) 「臺灣特檔」，檔號：特17/2-1.3。

究辨(56)。

3. 民國三十二年七月二日，致函中央執行委員會轉呈許逸民指陳臺灣黨部主任委員翁俊明貪贓枉法、濫用職權、任用私人等不法行爲。九月四日再致函吳鐵城秘書長，引述許函，指陳翁俊明濫用職權，致人心渙散，應予改組，並多方自我推薦。(57)
4. 民國三十二年九月七日，致函中央執行委員會秘書處長張壽賢，檢舉臺灣黨部主任委員翁俊明爲共產黨，並請召見臺灣黨部總務科長葉永年、機要室幹事兼會計許逸民及宣傳科長李自修垂詢查證。(58)
5. 民國三十二年九月三十日，致函中央執行委員會秘書處長張壽賢，反對民國三十一年三月在重慶召開的「臺灣革命同盟會第二屆臨時代表大會」及其調整組織，廢除南北方執行部等決議案，建議採簡便合法統一方案以結合臺人力量，並稱等閩方開會結果後再行呈報中央。(59)

(三)「臺灣特檔」與丘念台有關之檔案資料

丘念台（1894－1967），初名伯琮、國琮，入中學時改單名琮。出生於臺灣臺中，甲午戰後隨父丘逢甲回祖籍廣東鎭平。日本東京帝國大學礦冶科研究部畢業，留日期間組「東寧學會」聯絡臺籍學

(56) 「臺灣特檔」，檔號：特17/2-1.4。

(57) 「臺灣特檔」，檔號：特17/1-2.36、特17/1-2.37。

(58) 「臺灣特檔」，檔號：特17/1-2.40。

(59) 「臺灣特檔」，檔號：特17/1-2.33。

生，以光復臺灣爲職志。民國二十年九一八事變爆發，曾隨馬占山所領導之東北義勇軍轉戰黑龍江一帶；旋返廣州，先後擔任廣東大學、中山大學教授及廣東省政府顧問兼廣東工業專科學校校長等職。民國二十六年抗戰軍興，再投身軍旅，奔走於華北各省，歷任第四及第七戰區少將參議。二十七年秋，被派赴惠州、潮州、梅縣組訓民衆，成立「東區服務隊」，並以籌辦羅浮中學爲根據地，發動民衆抗日救國工作。民國三十二年四月一日中央直屬臺灣黨部正式成立，獲聘爲執行委員，積極投入聯絡閩粵沿海淪陷區臺籍同胞，策應國軍反攻及盟軍登陸臺灣之工作。(60)

「臺灣特檔」當中與丘念台有關之資料，大約祇有九個號次，資料時間都在其擔任臺灣黨部執行委員期間，並及於光復之後。主要可分爲：

(1)臺灣黨政建議函。此類資料共有八個號次，茲分四案說明如下：

1.民國三十二年八月二十三日，致函中央執行委員會吳鐵城秘書長，建請中央比照東北四省，設立臺灣省政府及臺灣省黨部，以收攬臺人，俾便運用島內人力物力。(61)

2.民國三十三年八月一日，致函吳鐵城秘書長，擬呈「復臺大計管見」及「臺灣黨務改進管見」兩份建議書。關於

(60) 參考林能士〈丘念台傳〉，載《中國現代史辭典》（台北：近代中國出版社，1985.6），頁67。

(61) 詳如「臺灣特檔」，檔號：特17/1-2.41。可參見張瑞成編「臺灣志士在祖國的復臺努力」，頁324-325。

「復臺大計管見」之內容，包括卷首的「臺灣軍要略圖」以及概觀、計劃、總覽四個部分，在「概觀」部分，特就台灣趨勢，臺灣特點和臺灣收治原則加以析論；在「計劃」部分，強調「驅勢已明、特點已詳、原則斯定」，則可就黨務、軍務、政務、經濟、教育等五項計劃分別實行。最後在總攬部分，則簽請主政者，對臺工作應以臺治臺，用人惟才，尊重民意，督導黨、政、軍、財、教，群策群力，成爲三民主義之模範省。❻❷關於「臺灣黨務改進管見」之內容包括總綱、檢討過去、改進將來及結論等四項。在「檢討過去」項目中，檢討了過去工作之重心、工作之進行、工作之組織和綜觀優缺點，而在「改進將來」項目中，亦就未來工作重心、進行與組織提出興革意見❻❸。其眞知酌見，可謂鞭僻入裏，因此獲得了黨中央高層的重視，除了函送中央組織部以及陳儀所主持的中央設計局「臺灣調查委員會」參考外，並洽由軍事委員會發給活動費三十萬元❻❹。時至抗戰勝利後的民國三十四年九月二十三日，軍事委員會函復中央執行委員會秘書處，該會已將上述兩項建議案發交即將來臺接收的臺灣省行政長官

---

❻❷ 詳如「臺灣特檔」，檔號：特17/5-11。可參見張瑞成編「臺灣志士在祖國的復臺努力」，頁361-382。

❻❸ 詳如「臺灣特檔」，檔號：特17/5-12。可參見張瑞成編「臺灣志士在祖國的復臺努力」，頁382-395。

❻❹ 詳如「臺灣特檔」，檔號：特17/5-9。可參見張瑞成編「臺灣志士在祖國的復臺努力」，頁394-396。

公署的陳儀長官核辦(65)。

3.民國三十四年八月三十日，抗戰勝利不久即函呈中央執行委員會秘書長吳鐵城，陳述治臺意見。針對淪陷區臺胞之處置以及光復後如何治臺問題，提出諸多建議。吳秘書長批示抄送臺灣省行政長官公署陳儀長官參考(66)。

4.民國三十四年十月十五日，致電吳鐵城秘書長，謂「臺省新復，黨務應先得民心，頃光復區臺胞多受歧視仇虐，殊違總裁睿念，礙臺省新統治，敬希制止，飭依法檢舉，並令速爲籌舟運歸臺島，全臺感戴。職由閩來粵，經派員汕、廣、瓊各地安撫，廣市臺僑約二萬，瓊全島約四萬，此境下易建黨基。」(67)中央執行委員會秘書處立即電請閩、粵兩省黨部協助政府予以注意。然情勢或未改善，丘念台乃於十一月七日再電中央執行委員會秘書長吳鐵城及組織部長陳果夫稱：「臺民廣集二萬，敵降後頗受歧視，均思速歸，已爲上下疏解，由此甚可建黨基，敬希電飭速爲籌歸，並依法檢懲勿任歧視，致違總裁睿念；瓊島臺胞亦數萬，另派安撫。」(68)中央秘書處立即電請粵省主席羅卓英妥爲處理。

---

(65) 詳如「臺灣特檔」，檔號：特17/5-5。可參見張瑞成編「臺灣志士在祖國的復臺努力」，頁396。

(66) 詳如「臺灣特檔」，檔號：特17/5-4。可參見張瑞成編「臺灣志士在祖國的復臺努力」，頁405。

(67) 「臺灣特檔」，檔號：特17/5-1。

(68) 「臺灣特檔」，檔號：特17/5-2。

(2)有關協助盟軍登陸臺灣之資料，祇有一件，民國三十三年四月四日閩粵贛邊區總司令香翰屏（1890—1968，廣東合浦人）致函吳鐵城秘書長，報告美國海陸空人員在粵海積極工作，並徵求可爲臺灣嚮導者；香翰屏推介臺灣黨部執行委員丘念台，並請核撥經費三、四十萬爲丘念台活動費。⑥⑨本案經接洽後，由軍政部軍需署核撥，由香翰屏備據領轉丘念台。

㈣「臺灣特檔」與柯台山有關之檔案資料

柯台山（1914—　　　），本名柯賜生，臺灣嘉義人，民國二十四年離臺赴湖南長沙，先後就讀美國教會學校及民國大學。民國二十八年畢業，至重慶與張溥泉聯絡，初識中央執行委員會秘書長朱家驊，並得以參加中央訓練團第五期之受訓，而投入抗戰行列，其間擔任中央執行委員會調查統計局專員，並組織「臺灣國民革命黨」，爲結合臺籍人士抗日復臺而奮鬥。民國三十年二月十日「臺灣革命同盟會」成立，加入該會獲選爲執行委員，民國三十三年參加臺灣幹部訓練班受訓，三十四年七月在重慶籌備成立「臺灣重建協會」，抗戰勝利，中央派其協助臺灣省行政長官陳儀來臺接收，因目睹滯留大陸臺胞之苦境，自願暫留大陸協助臺胞返臺，半年後回臺，積極推展重建協會會務。⑦⓪

「臺灣特檔」當中與柯台山有關之檔案，約有八件十九個號次。茲略分三類說明如下：

---

⑥⑨　「臺灣特檔」，檔號：特17/5-10。

⑦⓪　參見許雪姬（訪問）、曾金蘭（紀錄）：《柯台山先生訪問紀錄》（台北：中央研究院近代史研究所，1997.6），封底柯台山簡介。

(1)有關臺灣之黨政建議函，有四件：

1.民國三十二年八月一日，以臺灣革命同盟會執行委員名義致函中央執行委員會秘書長吳鐵城，建議運用居住淪陷區之臺人，搶運日軍由南洋運入沿海淪陷物質。**⓻**

2.民國三十二年九月四日致函吳鐵城秘書長，建議運用臺人臺資作收復臺灣之準備，並附呈「購運物質進行要項」七點。**⓼**

以上兩項建議函中央執行委員會以事涉其他行政機關，轉由財政部貨運總處核辦，函復謂財政部已有相關購運物質辦法，無需另訂辦法。

3.民國三十二年十一月三十日致函吳鐵城秘書長，建請慎選臺灣黨部負責人及將黨部由漳州移至廣州；並主動請求能安排在中央紀念週報告「臺灣情況」，吳秘書長以臺灣工作尚在秘密進行，不便公開，未允在中央紀念週上報告，但同意安排在中央各部會處報告**⓽**

4.民國三十三年十二月二十二日以中國國民黨中央執行委員會調查統計局專員名義，檢附個人履歷傳記及有關臺灣問題研究心得多種，函呈吳鐵城秘書長請轉呈蔣總裁。茲舉其所附之臺灣問題研究心得，說明如下：

呈文之附件二，包括臺灣收復前之準備建議，臺灣收復當時之處理提案以及收復後之處理辦法芻議等三項。**⓾**

⓻ 「臺灣特檔」，檔號：特17/6-26。

⓼ 「臺灣特檔」，檔號：特17/6-25。

⓽ 「臺灣特檔」，檔號：特17/1-1.3。

⓾ 詳如「臺灣特檔」，檔號：特17/3-6、特17/3-7、特17/3-8。可參見張瑞成編

　　呈文之附件三，標題爲「臺灣善後問題」，內容包括
兩個部分：其一，戰爭之結束，中日間對於臺灣所應解決
之問題；其二，戰後對留臺日人之處置辦法，針對治安、
行政區劃改編、土地、救濟、經濟、文化等問題，提出見
解。❼❺呈文之附件四，包括臺灣革命過去之檢討及今後應
進取之途徑（民國二十八年十二月擬）、臺灣革命三步驟（民國
三十一年二月更訂）、臺灣本地黨務開展計劃（民國三十年十一月
擬、三十二年一月二十七日更訂）、及黨員名冊等四項。❼❻在第
一項當中，特就軍事、政治、外交、經濟，本光復一貫策
略爭取臺胞解放、實行三民主義、國民黨之推進、幹部訓
練綱要、臺灣內部革命進展之策略以及應具備之宣傳資料
及其對象等十個問題，提出詳盡陳述。第二項，主張臺灣
革命應分三步驟進行，即：第一步，積極培訓幹部人才；
第二步，迅速擴充秘密基層組織；第三步，待敵潰退，配
合祖國及盟軍，全體動員，完成光復臺灣之目的。第三項，係
以三民主義國民黨在臺同志名義擬訂，針對未來反攻臺灣
之組織、時間、地點、人員配合、經費等有所規劃，並製
作工作分區圖、中臺交通路線圖、軍事關係地圖、交通轟
炸目標圖、空軍說明書及海軍說明書等敵情，深入調查，
內容詳實豐富，惜中央執行委員會秘書處並未予以呈報處
理。

「臺灣志士在祖國的復臺努力」，頁269-289。

❼❺　「臺灣特檔」，檔號：特17/3-9。

❼❻　「臺灣特檔」，檔號：特17/3-10、特17/3-11、特17/3-13、特17/3-12。

(2)有關之人事案資料，有三例，說明如下：

　　1.民國三十三年六月，與胞弟柯德康聯名致函吳鐵城秘書長，懇請推介參加甫成立之國防最高委員會中央設計局「臺灣調查委員會」工作。後由中央執行委員會秘書處代爲推介往謁「臺灣調查委員會」主任委員陳儀。**❼❼**

　　2.民國三十三年十二月二十二日，致函吳鐵城秘書長並請轉呈蔣總裁，懇請核定指派爲中樞臺籍參議員。**❼❽**但該二函件均未獲呈報。

　　3.民國三十二年一月二十四日，致函吳鐵城秘書長，主旨「爲臺灣黨部主任委員翁俊明摧殘臺灣革命同志，間離中台感情，請澈底查辦」**❼❾**，對於臺灣革命同盟會與臺灣黨部間糾葛不清之關係，所產生的種種誤解與衝突，多所陳述。吳秘書長隨交秘書處長張厲生查報。

肆、「臺灣特檔」之歷史價值與運用

㈠「臺灣特檔」之歷史價值

　　觀察上述解析「臺灣特檔」臺籍志士相關資料，發現其中與「臺灣革命同盟會」有關史料佔最多，與「臺灣黨部」有關之史料次之，另外則有若干資料與軍事委員會政治部「臺灣義勇隊」以及國防最高委員會中央設計局「臺灣調查委員會」有關。

---

❼❼　「臺灣特檔」，檔號：特17/1-2.18。

❼❽　「臺灣特檔」，檔號：特17/3-1、特17/3-2。

❼❾　「臺灣特檔」，檔號：特17/2.3-35。

茲就「臺灣特檔」之歷史價值，分兩方面敘述如下：

(1)保留最為完整的「臺灣革命同盟會」史料。在「臺灣特檔」中，保留了與「臺灣革命同盟會」相關的重要史料，包括會章、幹部（含總會與分會）簡歷名冊、會員大會會議記錄（含大會宣言）、領導幹部擬呈之建黨、建政甚至建軍之計劃書以及人事案件。分述如下：

1. 會章——從會章中可以瞭解「臺灣革命同盟會」的成立宗旨、屬性以及組織架構和運作等規範。

2. 幹部簡歷名冊——可以幫助瞭解會員分佈情形以及主要幹部之個人簡歷背景。

3. 會員大會會議記錄（含大會宣言）——可藉以瞭解「臺灣革命同盟會」會務推展情形，包括檢討過去與規劃未來努力方向。在檢討過去的報告書中亦可清楚發現該會內部領導階層不合，以及不滿意「臺灣黨部」的運作與領導。

4. 建黨建政建軍計劃書——「臺灣革命同盟會」領導幹部各自發揮本身之專長與組織力量，蒐集敵後臺灣情報，依據實際狀況草擬有關光復後在臺灣如何開展具體的黨務、政治與軍事行動。

5. 人事案件——從若干「臺灣革命同盟會」主要領導幹部向中國國民黨中央執行委員會所呈報的人事糾紛案當中，可以發現「臺灣革命同盟會」本身的領導組織運作，自始即存在諸多衝突乃至對立等情事，亦有旁及對「臺灣黨部」組織運作不滿之檢舉案件。

(2)解析戰前中央黨政高層對於收復臺灣政策形成之原委。中央

黨部高層早已有意整合臺人抗日復臺革命團體，因此首先透過劉啓光以「臺灣革命團體聯合會」秘書長名義進行協商，再加上後來劉啓光與翁俊明攜手奔走之下，確實在開羅會議召開前促成了「臺灣革命同盟會」及「直屬臺灣黨部」的成立。然而民國三十二年十一月底開羅會議召開後，中央爲加緊籌劃光復接收臺灣，乃於三十三年四月十七日在中央設計局之下設立「臺灣調查委員會」，陳儀出任主任委員。此一結果，在「臺灣特檔」各時期之相關呈文中，可以進一步瞭解中央黨政高層戰時之對臺政策，最初擬由中央執行委員會組織部領導，指導「直屬臺灣黨部」進行規劃，中間曾有意轉由福建省政府規劃辦理有關訓練接收臺灣之幹部訓練班，準備接手實際未來光復接收工作，但開羅會議後，隨「臺灣調查委員會」成立後，便集中由陳儀一人負責領導規劃之局面。此刻臺灣抗日復臺革命團體諸多領導幹部面對中央政策之轉變，眞是情何以堪！因此爾後臺籍志士各自尋找出路之行徑，應是可以理解的。拙著〈臺籍志士與國民黨政府復臺工作之籌劃——從開羅宣言談起〉**⑳**有關「開羅會議臺籍志士積極爭取參與政府的復臺決策」一節中，即針對此一問題加以探討。

㈡「臺灣特檔」之運用情形

　　過去直接運用臺灣特檔所完成的學術著作，依時間先後順序舉要介紹如后：

---

⑳　見張瑞成：〈臺籍志士與國民政府復臺工作之籌劃 — 從開羅宣言談起 〉，頁15-24。

1.李雲漢：〈抗戰期間臺灣革命同盟會的組織與活動〉，載「東方雜誌」復刊號第四卷第五期，民國五十九年十一月一日出版，頁四七—五二。該文乃是最早運用「臺灣特檔」資料撰寫的文章。

2.李雲漢：《國民革命與臺灣光復的歷史淵源》，臺北：幼獅書店，民國六十年六月出版。其中第三章「臺籍志士在祖國的奮鬥」部份，即運用「臺灣特檔」資料撰成。

3.呂芳上：〈抗戰時期在祖國的臺灣光復運動〉，載《新知雜誌》第一年第五號，民國六十年十月一日出版，頁二一—二八。

4.呂芳上：〈臺灣革命同盟會與臺灣光復（一九四〇—一九四五）〉，載《中國現代史專題研究報告》第三輯，臺北：中華民國史料研究中心，民國六十二年九月出版，頁二二五 — 三一五。

5.呂芳上：〈抗戰時期在大陸的臺灣抗日團體及其活動〉，載《近代中國》雙月刊第四十九期，民國七十四年十月三十一日出版，頁一一—二五。

6.呂芳上：〈蔣中正先生與臺灣光復〉，載《蔣中正先生與現代中國學術討論集》第五冊，民國七十五年十二月三十一日出版，頁四〇—六六。

7.張瑞成編《抗戰時期收復臺灣之重要言論》，臺北：中國國民黨中央黨史委員會，民國七十九年六月三十日出版。

8.張瑞成編《臺籍志士在祖國的復臺努力》，臺北：中國國民黨中央黨史委員會，民國七十九年六月三十日出版。

9.張瑞成編《光復臺灣之籌劃與受降接收》，臺北：中國國民黨中央黨史委員會，民國七十九年六月三十日出版。

10.蔡相輝〈中國國民黨中央黨史委員會臺灣特檔之史料與運用〉，發表於民國八十二年十二月七日「臺灣光復初期史料研討會」(臺北:中華民國史料研究中心主辦)。

11.張瑞成〈臺籍志士與國民政府復臺工作之籌劃—從開羅宣言談起〉，發表於民國八十六年七月十八日至二十日「紀念七七抗戰六十週年學術研討會」(臺北:中國歷史學會與中國近代史學會合辦)。

另外，自民國七十九年「臺灣特檔」資料，在上述《抗戰時期收復臺灣之重要言論》、《臺籍志士在祖國的復臺努力》及《光復臺灣之籌劃與受降接收》三本專書，以原始檔案資料形式分別披露後，研究臺灣光復有關問題的學者們，即間接的使用了「臺灣特檔」的資料。特別值得一提的是，留日學者何義麟撰成〈被遺忘的半山 — 謝南光〉一文，分上、下兩期，載於《臺灣史料研究》半年刊第三號、第四號(臺北，財團法人吳三連臺灣史料基金會，民國八十三年二月、八月出版)，文中即大量使用「臺灣特檔」之資料，引據論證。

伍、結　語

從「臺灣特檔」來看臺籍志士在大陸的抗日復臺工作，基本上臺籍志士所表現的積極態度與工作成果，是值得肯定的。然而中央黨政高層對於戰後復臺工作之規劃，究竟應該由那一個機關負責，始終不甚明確，已如前述；因此導致「臺灣革命同盟會」及「臺灣黨部」兩單位之領導幹部，爲了爭取主導戰後臺灣接收工作而互相猜忌攻訐。臺籍志士一貫主張「臺人治臺」的理想，更因陳儀主持「臺灣調查委員會」後，而愈感無法實現。推究其原因，特舉當時

任職臺灣調查委員會兼任委員汪公紀（本職在中國國民黨中央執行委員會秘書處）在民國三十三年致函吳鐵城秘書長呈文爲例說明之，汪之呈文斥指臺籍志士主張「臺人治臺」之見解爲謬見，他根本上即懷疑大陸臺籍人士之動機，甚而視臺籍志士爲「臺灣浪人」。茲引述部份原文如下：

> 「臺人恆自視爲異族，自劃範圍以與中國之其他部分有別，察其目的不外在攫奪政治地位，以滿其自大欲，於是強劃臺灣爲特殊區域，舉凡黨務問題、復員問題、駐軍問題皆欲另提討論，不願非臺人參加預聞，而臺人之中意見又不能一致，黨同伐異、互相攻訐，臺灣未光復之先竟已爭權爭位，此誠堪憂，故其根本治療之策，首當打破臺人治臺之謬見。竊按中國明清兩朝之法典，對所謂迴避制度者執行頗嚴，懸律曰：本省人不得任本省地方官吏，其立法之時實已經過無數經驗，必有其優點，……上述諸優點實爲維繫公平政治之最上要義，現我既視臺灣爲我國土之一部，將來治臺，自不應以臺人任之。
>
> 徒以臺人治臺爲原則，驅令彼毫無黨務及行政經驗之浪人，付以重寄，竊以爲戰後之臺人必失望，而恐今日謳歌祖國者將謳歌日本矣。」❽

以上汪公紀對於臺人凡事意見不一爭權爭位之陳述，姑不論其觀點是否公允，必然影響爾後中央黨政高層在任命臺人擔任復臺工作任

---

❽　汪公紀：〈處理東方各小民族之原則〉，民國三十三年汪公紀上吳（鐵城）秘書長呈，毛筆原件。

務時，態度更加謹慎保守，因此而造成臺籍志士之衝擊不可謂不大。

再者，「臺灣革命同盟會」自成立伊始，即以中國國民黨中央執行委員會為其上屬督導單位，並以秘書長為呈文對象，故所有函件之處理都批交秘書處辦理。但就組織實際運作觀察，中國國民黨中央執行委員會希望臺灣革命同盟會接受中央組織部直屬的「臺灣黨部」（含籌備階段）指導，此點從若干「臺灣革命同盟會」之呈文或建議書，經常發文「臺灣黨部」審核提出意見或督促辦理，可獲印證。加以「臺灣革命同盟會」成立之初，本身領導體制一再更動，導致內部人事紛爭層出不窮，甚而因與「臺灣黨部」在業務上疊床架構，更引發諸多誤解與衝突，終於使得此二臺籍人士所集合而成之最大兩個規劃復臺機構，時生間隙，甚至水火不容。凡此爭執在「臺灣特檔」的資料雖屢見不鮮，但都是片面之檢舉密函，涉及個人道德操守，因此在缺乏有利證據之下，中央執行委員會秘書處祇能暗中調查，而難以公斷。此類資料公開披露後，後人不解內情，難免因而否定了臺籍志士過去為這塊土地所曾付出的心力與貢獻。

在本文最後結語，特別提出此一有關臺人復臺革命團體內部失和，而導致諸多理想幻滅，戰後若干志士未能繼續投入建設臺灣的工作行列，實在令人婉惜。因此當時造成臺人相互攻訐所產生人事傾軋的後遺症，如後來謝南光之投共、李友邦左傾導致殺身之禍等事例發生，其潛在原因究竟為何？實有再進一步研究的必要。而就史料運用的觀點而言，「臺灣特檔」固然提供了不少可貴的資料，但是單一檔案必然有其侷限性，對於揭開事實真相，資料上仍嫌有所不足；因此除了參閱「臺灣特檔」之資料外，中央研究院近代史

研究所「朱家驊檔案」當中的「臺灣革命運動與中國國民黨」、「策動日韓臺革命運用」部分是不可或缺的，因爲中央組織部是「臺灣黨部」的上級督導單位，而朱家驊即是當時的組織部長。其他如中國國民黨中央黨史會所藏的軍事委員會政治部檔案、國防最高委員會檔案，以及中央設計局之相關檔案等等，都應該加以參考，以爲佐證。

評　論

賴 澤 涵

主席，各位先進，我榮幸被邀來參加這個學術討論並擔任張先生論文的評論人，臺灣在解嚴後，臺灣史的研究可說是學界中的「一枝花」，不少研究生學者爭相投入，題目做得愈來愈小，小得有時連專家都未必清楚，有如考古班。有關臺灣光復初期的研究，目前著作已很多，但臺灣光復之前的研究，就顯得少些，所以這次張先生和高純淑博士兩人的介紹資料，相信對光復前的研究，應該有相當大的幫助。

本文共分爲：

1.前言

2.「臺灣特檔」內容簡介

3.「臺灣特檔」中台籍志士相關資料解析

4.「臺灣特檔」之歷史價值與運用

5.結語

等五個單元。

從本文的貢獻來看：

首先，根據頁54，利用「臺灣特檔」即「臺灣特種檔案」的學術編著、論文目錄裡，不但可以知道作者編輯了三本資料集及發表了一篇論文，對「臺灣特檔」資料非常熟悉，而且對利用這個檔案的研究成果也瞭如指掌。

正因爲作者十分熟悉這些資料，所以花了許多篇幅詳盡的介紹「臺灣特檔」。我想讀過本文的讀者，會對「臺灣特檔」資料有一些認識。從這點來看，也是作者撰寫本文的貢獻。

就結論來看，我很同意作者的見解，指出因爲臺人復台革命團體內部對立，而導致理想破滅，使得若干志士在戰後不能繼續投入建設臺灣的觀點，以及除「臺灣特檔」外，還必須要再蒐集其他相關資料作一些重要人物爲何投共的研究等等。

讀完本文我對張先生的大作也有一些建議：

1.本文的章節安排是否可以重新考慮？

我認爲應將〈肆、「臺灣特檔」之歷史價值與運用〉放在〈一〉，先指出這個檔案的重要性，和目前學者利用的狀況，再介紹這個檔案的內容特色，以及其相關的資料。

2.各章節的頁數比例也須調整，例如前言從頁23到31，佔了8頁，顯得太冗長。一般在前言裡，作者只須強調撰寫本文的動機與目的之類的話，作者的前言比本文第二節（頁31－33）還長，我想前言要簡單扼要，「簡述臺籍志士參與抗日復臺運動的歷史」應另立一節。

3.頁31－33的「臺灣特檔」內容簡介，文中提及蔡相煇教授已有詳文介紹，這節是否和他的文章重覆？剛才高純淑博士的論文也有簡略的敘述。

4.在頁33－51，作者用了很長的篇幅介紹臺灣志士相關資料，我想如果能用圖表製成各級組織之間關係圖、重要人物互動關係圖、重要人物活動年表、資料分類表，會比文字敘述更容易一目瞭然。

　　總之，這篇論文仍是偏重檔案資料介紹，分析性比較少，建議作者繼續收集相關資料，對「臺灣革命同盟會」的影響力和對重要人物在大陸抗日復臺活動的評價等等，作一些比較深度的分析。

口述歷史的迷思——
臨溪經驗談

張 中 訓
東吳大學歷史學系副教授

壹、前 言

　　人生之中充滿了意外，撰寫臨溪社區發展史，原本不在我的學術生涯規劃之中。一九八五年秋，筆者自美國返國至東吳大學歷史系任教，第二學期申配到學校宿舍，居住迄今。因戶籍設於台北市士林區福林里，所以筆者並不知曉有臨溪社區之存在，更不知道臨溪社區係由東吳大學社會學系系主任楊懋春教授於一九七五年規劃籌設的全國第一所大學實驗社區。筆者遲至一九九三年秋方與臨溪社區結緣。當時承章校長孝慈之託，參照美國大學總體經營的理念，創辦了東吳大學發展處（Development Office），並兼任首任處長。發展處係一與教務、學生事務及總務三處平行的一級行政單位，負責統籌校友聯絡、國際文化交流、公共關係、文宣出版、募款及社區發展等業務。❶因職務之故，筆者知曉了臨溪社區之存

---

❶　東吳大學發展處，《東吳大學發展處簡介》，台北，東吳大學發展處，一九九六。

在。由於東吳大學也是所在地臨溪社區的一份子，自不能自外於社區，筆者即秉持美國大學城（college town）之發展理念於東吳大學發展處內擬定了一個「好鄰居在地結緣專案計劃」據以強化東吳大學與臨溪社區之相互關係。為了結合學校與社區，為了結合理論與實務，東吳大學發展處連續於一九九四與一九九五兩年舉辦了第一、二屆「社區文化發展研討會」，邀請校內教職員與社區領袖共同構思臨溪社區之發展前景。❷由於負責督導推動社區互動業務之關係，筆者也有緣結識了，臨溪社區發展協會理事長李燦光先生。李理事長平易近人，見解前瞻新穎，服務桑梓社區的熱忱尤為感人。因為筆者在做人處事與社區發展之理念上與李理事長甚為相契，所以東吳大學發展處與臨溪社區發展協會間的互動與合作就日益密切起來了。自一九九四年開始，東吳大學發展處公共關係組就開始積極支援臨溪社區的年度「重陽敬老活動」及「淨溪與掃街活動」。❸為了便於支援社區之活動，個人也於一九九五年九月起擔任台北市士林區發展促進會委員，並於一九九六年一月起受聘為臨溪社區發展協會第一屆顧問。❹東吳大學與臨溪社區的合作與互動在一九九六年達到了一個新高點，除了舉辦年度「重陽敬老」與「淨溪掃街」等活動外，並合辦了「外雙溪生態資源調查」❺在東

❷ 同上。

❸ 《外雙溪季刊─臨溪社區導報》，第十二期，八十四年春，版二。

❹ 台北市士林區公所，84社字第一九六五號聘書，中華民國八十四年九月十九日及台北市士林區臨溪社區發展協會（85）聘字第2號，中華民國八十五年一月一日。

❺ 《外雙溪季刊─臨溪社區導報》，第十六期，八十五年冬及八十六年春，版1-4。

吳大學發展處的協助下，臨溪社區也申請到7-Eleven統一超商「好
鄰居互相牽成」社區活動輔助款新台幣三十一萬元。❻是年行政院
文化建設委員會亦委託東吳大學發展處主辦及臨溪社區發展協會協
辦爲期三天的「全國社區總體營造與社區發展研討會」。❼

　　在擔任臨溪社區發展協會顧問之後，個人對於臨溪社區的發展
宗旨、組織運作、公關文宣與服務內涵等，才有了更深一層的認識
與瞭解，尤其是對《外雙溪季刊—臨溪社區導報》版面之編排與彩
色印刷之精美，留有深刻之印象。筆者很驚訝的發現臨溪社區已有
將近二十幾年的成功發展經驗，並曾於一九九三年榮獲台北市政府
評鑑爲全台北市優良社區。❽由於筆者的本職係東吳大學歷史系副
教授，在專業直覺與興趣的影響下，注意到臨溪社區發展協會尚未
設置文史工作單位，庶以積極推動臨溪社區發展史的編撰工作。俗
語有云：「不立志，不能行遠路！」❾況且，近年來，台灣史與鄉
土史的尋根與撰寫在國內史學界正方興未艾，蔚爲風潮，堪稱顯學。在
一次閒談之中，筆者就向李燦光理事長陳述了編撰臨溪社區發展史
的時代意義。個人以爲，臨溪社區發展史不但可爲社區居民集體智
慧（collective memory）代代承緒的具體表徵。也是社區居

❻　《外雙溪季刊—臨溪社區導報》，第十四期，八十四年冬及八十五年春，版1-
　　2。
❼　〈東吳大學發展處張中訓處長致詞〉，《社區總體營造與文化發展研討會》。
　　頁30。
❽　黃美娥，〈山明水秀的臨溪社區：成長、茁社、發展〉，《福利社會雙月刊》，
　　頁6。
❾　林馨琴，〈本土尋根風潮與台灣各地修志概況〉，《中國時報》，一九九四年
　　九月二十四日，版31。

民隻體智慧永續傳承的一座橋樑。臨溪社區發展史不但是未來鄉土教學的重要素材，更是塑造與增強社區共同意識，不可缺少之元素。雖然編輯臨溪社區發展史的理念與重要性深受李燦光理事長的認同與肯定，但因筆者忙於教學與發展處行政事宜，一直抽不出時間，就臨溪社區發展史的編撰工作，提出具體的規劃與步驟。

一九九七年十二月十九、二十兩日，東吳大學歷史系主辦「方志學與社區鄉土史學術研討會」，可以說是為臨溪社區發展史的撰寫工作提供了一個良好的契機與催化作用。那時筆者原本想藉機撰寫一篇「臨溪社區發展簡史」，就教於與會先進學者專家，但是立即發現「烹小鮮者，如治大國」。其實個案研究或由一粒沙看世界也不簡單。小歷史（micro-history）的撰述，也不一定比（macrohistory）的撰寫更易討好。囿於時間有限，實在趕不出來，且在史料的蒐集方面亦遭遇到沒有料想到的困難，只得退而求其次，將論文題目改為「山水並美、人情味濃—臨溪社區發展史初探」。一九九七年十二月二十日，筆者草就上述論文承蒙研討會學者諸多之批評指教。個人亦深感論文之內涵，尚不足以滿足，論文標題之設定。於是筆者就將論文之題目修改為「山水並美、人情味濃—臨溪社區發展史史料初探」，刊登於由學生書局出版之研討會論文集中。總算是跨出了撰寫臨溪社區發展史的第一步。

貳、臨溪社區的緣起與發展概述

臨溪社區的規劃與成立始於一九七四年七月。一九七三年七月一日東吳大學端木愷校長禮聘國立台灣大學農業推廣系教授、美國

康奈爾大學博士楊懋春教授至校創辦社會學系，其所訂之教學目標為「瞭解社會」與「服務社會」，並規定全系學生均須參加社會服務實習工作。一九七四年東吳社會學系即著手規劃成立學校所在地社區的作業，冀能結合理論與實務，一面服務地方，一面提供學生一個實習的園地。❿是年八月三十一日，東吳社會系出面邀集政府基層行政人員、各機關代表及地方居民領袖舉行首屆「大學社區發展問題座談會」。東吳社會系系主任楊懋春教授於會中詳細說明了社區發展之目的、計劃內容與具體推動步驟。與會各界代表也針對地方發展之主要問題與需求表達看法，並商討如何界定未來社區之範圍。⓫一九七五年一月九日，東吳社會系再度出面邀集第二次「大學社區發展問題座談會」，向地方居民及地方機關領袖代表報告社區調查結果，並研究如何擬定社區發展計劃。⓬同年二月二十二日，在東吳社會系策動下，地方人士與機關代表組成了「社區發展籌備委員會」。內政部社區發展研究訓練中心於籌備委員會中宣佈由東吳大學負責成立大學實驗社區，希望能按社區發展的原理原則及社區理事會之計劃，配合地方機關相關資源，來發展改善居民之生活環境。⓭同年五月二十四日，「臨溪社區理事會」正式成立，並召開了第一次理事會共同研擬社區發展計劃。第一屆理事會

---

❿　徐震，〈楊懋春教授對於社區發展工作的貢獻〉，《東吳政治社會學報》，
　　（台北：東吳大學，一九八三，頁49、56。）

⓫　楊懋春，〈大學社區發展實驗研究報告〉，（台北：中華民國社區發展研究訓練中心，一九七五），頁180。

⓬　同上，頁19。

⓭　同❿。

成員計有郭春安、張華之、王賢英、王宗全、楊吉祥、楊立明、魏
隆貴、黃效民、黃繁光、楊懋春等人。❶六月七日，臨溪社區召開
第一次常務理事會，中影公司總務主任王宗全先生被推舉為第一屆
社區理事長任期兩年，郭春安先生及楊懋春主任被推舉為常務理
事，王賢英先生為理事兼顧問。❶當時由楊懋春主任主持，胡幼慧
及蔡明哲老師共同研究的《大學社區發展實驗研究報告》，在內政
部社區發展研究訓練中心的贊助下，也如期出版。❶簡言之，臨溪
社區之籌設與其早期發展步驟，皆依據東吳社會系楊懋春主任所強
調的「先研究，後行動」原則進行，即經由家戶訪問及社會調查，
而後成立社區組織，擬定計劃等階段，依序建立一個理想的大學實
驗社區。東吳大學社會學系師生在完成社區調查與規劃等服務之後
即逐漸退居幕後，逐漸由社區人士接辦並擴大各項服務，致使臨溪
社區多年來均為台北市之模範社區。❶除此之外，東吳大學社會學
系尚輔導臨溪社區於一九七五年十一月出版《臨溪導報》月刊一
種，其發行量為一千兩百份，後因經費不足，發行了四十期後，暫
予停刊。❶

　　王宗全理事長任職於中影公司，擔任總務主任之職，公餘之

---

❶　同❶，頁72。

❶　同❶，頁73。

❶　同❶。

❶　同❶。

❶　胡幼慧，〈一個社區發展的實例─臨溪社區〉，《東吳政治社會學報》，（台
　　北：東吳大學，一九七七），頁182及楊孝濚，〈臨溪導報與臨溪社區發展關
　　連性之研究〉，《社區發展月刊》，第五卷，第八期，（台北：一九七六），
　　頁10。

際，將其全付心力皆放在社區發展之上。王理事長尚兼辦公文填寫、傳遞、保管等事宜。凡其經手之公文，皆分案分卷，裝訂成冊，井然有序，素爲台北市其他社區觀摩學習的對象。惜因民國七十年莫瑞颱風淹大水，存放於社區總幹事徐光陞先生宅之社區文件檔案，大部泡水毀損。❶社區理事長王宗全，連任一屆理事長後，因職務調動，搬離臨溪社區。第三屆臨溪社區理事長由原臨溪里里長郭春安先生接任。第四至第七屆臨溪社區理事會理事長，係由國立故宮博物院主任秘書王秋土先生擔任。第八屆理事長係由李燦光先生當選，羅振明先生擔任總幹事。理事會下設文宣、財務、活動及服務委員會。值得一提的是徐光陞先生擔任了第一至第七屆的臨溪社區總幹事，長達十四年之久。李燦光先生出任理事長後深感臨溪社區導報於一九八四年，因欠缺經費停刊後，社區居民沒有一份可發抒心聲，通告信息的刊物，乃於一九九一年秋恢復導報之出刊，並調整報名爲《外雙溪季刊—臨溪社區導報》，迄今已發行至第十八期。

一九九三年臨溪社區理事會改名爲臨溪社區發展協會，乃由李燦光先生擔任理事長，羅振明先生擔任總幹事。梁慶成先生出任常務監事。另增設顧問委員會由蕭鳳悟先生擔任主任委員。❷除了若干人事方面之變動外，臨溪社區發展協會之組織架構，迄今尚無重大之調整變動。

❶ 《臨溪導報》，第三十一期，版2，民國七十年十一月七日。
❷ 《外雙溪季刊—臨溪社區導報》，第八期，（台北：臨溪社區，一九九三年秋），版1。

參、基本史料之蒐集與掌握

　　關於臨溪社區的緣起與肇建方面的史料（一九七三～一九七
五），尚稱豐富，主因東吳大學社會學系多將他們早期籌創大學實
驗社區的理念、規劃內涵、推動策略、工作方針與步驟、以及學術
觀察與評估，寫成論文或工作報告於《社區發展季刊》、《社區發
展月刊》及《東吳政治社會學報》上發表，計有楊懋春之《大學社
區發展實驗研究報告》；徐震，〈社區一詞的用法及其演進〉；東
吳大學社會工作系之〈六十九學年度社會學系社區服務中心工作報
告〉；徐震，〈楊懋春教授對於社區發展工作之貢獻〉；謝秀芬，
〈親職教育在社區發展中的功能〉，以及楊孝濚教授所發表之〈社
區發展實例—東吳大學社會服務站〉、〈臨溪導報與臨溪社區關連
性之研究〉、〈臨溪社區發展與東吳大學社會服務中心〉、〈社區
發展應以提昇生活素質為依歸〉、〈社區資源的運用與社區共識的
建立〉及〈社區報紙在社區中的整合功能〉等篇。在此筆者要特別
要向社會系研究教授徐震老師致謝，因為上述文獻資料之蒐集，全
承徐老師指引，才能完成。民國八十一年十一月中旬，某日在東吳
大學綜合大樓六樓教師休息室，筆者與徐老師閒談時，向徐老師提
及有意撰寫臨溪社區發展史，但苦於沒有資料去重新建構臨溪社區
之肇建與早期發展之歷史。出乎意料的，徐老師告訴我，東吳社會
學系在早期與臨溪社區有極為密切的關係，臨溪社區也是由東吳社
會系創系系主任楊懋春教授一手籌劃成立的全國第一所大學實驗社
區，雖然近年來東吳社會系因為諸種原因，已然淡出臨溪社區之發
展工作。徐老師並建議筆者先至東吳圖書館詳閱上述資料，以便進

入情況。徐震教授在東吳社會系服務甚久，曾經擔任社會系系主任
與研究所主任，亦曾擔任過東吳文學院院長。徐老師對臨溪社區之
緣起與早期之發展亦知之甚詳。筆者在研究工作上來說，可以說是
遇到貴人相助。從此以後，筆者輒利用上下課時間，向徐教授請益
有關臨溪社區的諸般事宜，獲取了無數寶貴之背景知識。如今回想
起來，不曉得，算不算，筆者也在無意之中採用了一部份的口述歷
史研究方法。

　　然而臨溪社區理事會第一任理事長王宗全先生至第七任理事長
王秋土先生（一九七六至一九九〇）任內之人事與會務資料，或因颱風
浸水毀損或未能建檔保存，均付之闕如，有待蒐集與搶救。

　　現任理事長李燦光先生在擔任第八屆臨溪社區理事會理事長及
第一、二屆臨溪社區發展協會理事長任內之各項基本史料（一九九一
至一九九八），則不但豐富且呈多元性，計有：《外雙溪季刊—臨溪
社區導報》、各類新聞剪報及活動傳單、請柬、節目表、企劃案等
等。其中尤以自一九九一年復刊之《外雙溪季刊—臨溪社區導報》
最為重要。該報迄今已發行十八期，原則上每季一期，兼具社區小
衆傳播媒體與社區公報之性質，舉凡社區中之大小事務活動均有記
載報導。因臨溪社區發展協會理事會之運作原則係以人和為
貴，且無正式編制之工作人員，所以多無正式，具有實質內涵之會
議記錄。所以有關社區理事會的運作與決策過程，無法從正式會議
的組織架構中一窺究竟。

肆、史料蒐集策略之調整與口述歷史之自修

為了搶救一九七五～一九○○年間臨溪社區的發展史料或mis-
sing link（失落之環節），筆者不得不改變史料蒐集的策略，準
備採用口頭訪問的方法，藉助口訪史料以彌補文字史料之不足，亦
冀藉助口訪能發掘出更多之照片與文字資料。由於過去個人對於口
述歷史並不十分瞭解，所以對我來說這也是一項新的嘗試與挑戰。
由於欠缺理論基礎與實務經驗，目前只能邊學邊做，邊做邊學。

為了增進自己的口述歷史知識與實務經驗，筆者一方面於一九
九七年十一月參加了由歷史系同仁劉靜貞老師所主持的東吳大學文
學院院史編纂規劃小組口述歷史讀書會，希望透過腦力激盪的方式
來增進這方面的知識。讀書會係以輔仁大學王芝芝教授所翻譯的由
美國學者Donald A. Ritchie所著之Doing Oral History（大家來
作口述歷史）為討論主題，每兩週舉辦一次，參加者尚有本系系主任
黃兆強老師、哲學系系主任陳錦鴻老師、本系何宛倩、林慈淑老
師、東吳發展處募款組組長鄒建中先生及歷史系的若干同學。讀書
會之閱讀書目尚包括《嘉農口述歷史》與《走過兩個時代的台灣職
業婦女》。另外讀書會也安排成員就個人實習成果發表報告。在自
我進修方面，筆者尚擬就一份口述歷史專書及學術論文閱讀清單，
邊讀邊學，邊學邊做。由於臨溪社區發展史也是地方史或社群史的
一種，所以清單中也包含了若干地方史的著作。[21]口述歷史的成敗
與主訪者的學識、經驗、人生閱歷與口訪技巧有密切的關係，在這
方面的自我充實與進修，筆者自然未敢怠忽。

---

[21] 參見本文參考資料部份。

伍、臨溪「口述歷史」經驗談

一、成立臨溪社區口述歷史工作坊

筆者於東吳歷史系任教多年，每年皆擔任導師之工作，過去除課業指導外與學生之互動關係多局限於郊遊、卡拉OK及聚餐等休閒活動，較難發展出一套將史學實做訓練與群育生活訓練相互結合起來的師生互動模式。在企劃撰寫臨溪社區發展史之初，忽發奇想，欲將口述歷史教學、地方社群史與師生互動關係整合起來。基於此種理念，筆者即於一九九七年十二月，在東吳歷史系一、二年級同學中召募臨溪社區口述歷史工作坊成員。當時沒有考慮大三與大四同學之主要原因是他們在臨溪社區發展史完稿之前皆會畢業，可能會欠缺一些參與感與成就感。大一與大二同學在施予一番口訪訓練並參與口訪實務工作後，應有兩、三年的在校期間，可持續參與臨溪社區發展史之撰寫工作，並有相當大的機會看到臨溪社區發展史的完稿與出版。換句話說，同學們除了能有積極的參與感外，尚能體現到具體的成就感。

臨溪社區口述歷史工作坊於一九九八年九月一日，假東吳大學文學院會議室召開成立暨說明會。當時筆者向與會三十七名同學闡述臨溪口述歷史工作坊的意義、目的與功能，並鼓勵同學走出教室，走入社區，瞭解社區，服務社區。另一方面，我也向學生強調口述歷史涉及相當程度的歷史探索、思考、比對與考證工作，可以幫助同學瞭解認清歷史工作者是如何選取主題、尋找訪談對象，準備前置研究作業、擬具訪題、執行訪談及完成後續作業等。換句話

說，執行口述歷史不但能使學生直接認識歷史工作者的第一手作為，亦能使歷史教學更具真實感。❷由於報名參加的同學，出乎意料的多，為了解決聯繫、協調、分工及整合等問題，工作坊於一九九八年一月二十一日，假士林漢堡堡王（Berger King）舉行工作會議，會中決定工作坊分設秘書、財務、口訪理論與策略及資料四組，分由賈宜倩、林欣代、許詩穗及謝雨潔同學擔任組長之職。為使工作坊之各項活動能留下較完整的記載，秘書組組長賈宜倩同學決定撰寫工作誌及臨溪社區口述歷史工作坊大事記。

二、編製錄音訪問計劃預算表

口述歷史資料之製作與運用遠較處理文字史料所需之花費要來的大。除了影印費外，口述歷史之花費尚包括口訪費、空白卡式錄音帶費、錄音帶翻製費、抄本製作費及目錄、索引和撰寫摘要等費用。俗語有云：「萬事非錢莫辦。」為了支應各項可能花費，筆者特別情商臨溪社區理事會理事長李燦光先生，在財務上酌予支援。李理事長慨然允諾，並建議編製預算，供其參考。因為個人從無編製口述歷史計劃之經驗，所以預算亦只得邊做邊編，直至一九九八年四月中旬，方才編出，尚未送請李燦光理事長確認。目前臨溪社區口述歷史工作坊之各項支出，皆暫由個人墊付。

三、擬就口述歷史作業參考程序

進行口述歷史理應有一套訪問作業程序。針對本研究計劃之特

---

❷　王芝芝譯，《大家來做口述歷史》，頁343-460。

性與規模,筆者參照《大家來做口述歷史》、〈中央研究院近代史研究所口述歷史訪問辦法〉、〈中央研究院近代史研究所口述訪問程序表〉及〈中央研究院現代史訪問（口述歷史）計劃大綱〉,擬就臨溪社區口述歷史作業參考程序如下❷:

(一)前置作業

(1)蒐集臨溪社區之相關人、事資訊

孫子兵法有云:「知己知彼,百戰不殆。」一個成功的口訪者在執行口訪前必須要對研究計劃的主題,預定受訪者之背景資料,做一完善的瞭解,在執行訪談時方能問出具有歷史意義與關鍵性之問題,使口訪不致流於漫談或空談。筆者於一九九六年一月起擔任臨溪社區顧問。因為個人過去對社區事務一向秉執參與而不主導,支援而不干涉的態度,所以對臨溪社區的人與事也多少有所耳聞,與社區的理事、監事與顧問等也都有數面之緣。換言之,由於筆者在進行口訪研究與蒐集資料時,兼具了圈內人與圈外人、參與者及觀察者、歷史工作者與聽眾及老師與顧問等多重身份,所以能與社區居民建立和睦友善的關係與信賴感。❷

承蒙臨溪社區理事長李燦光先生、前東吳大學文學院院長、社會學系系主任、社會學研究所所長徐震教授及前國立故宮博物院總務主任、臨溪社區理事會顧問委員會主任委員蕭鳳悟等人之熱心協助,筆者掌握了臨溪社區一九七三～一九七五及一九九○年迄今之基本文獻及若干極為寶貴之口頭背景資訊。

---

❷ 王芝芝,《大家來做口述歷史》,頁71-182、428-31及程大學,〈口述歷史的理論與實際〉,《台灣文獻》,三十八卷,三期,頁197-90。

❷ 王芝芝,《大家來做口述歷史》,頁283。

(2)篩選潛在受訪者，並依其年歲與關鍵性，排列口訪順序

潛在口訪者之規劃名單係以臨溪社區歷任鄰里長、臨溪社區理事會歷屆理事長、總幹事、理監事及顧問、臨溪社區發展協會歷屆理事長、總幹事、理監事與顧問、東吳大學社會學系早期參與臨溪社區籌設之系主任與師生及臨溪社區內五大機關、學校—故宮、衛理、東吳、至善國中及陸軍衛生勤務學校之相關人員為基礎。初選名單為一百一十四人。因預算過於龐大，經篩選後減為三十人，後又減為十七人。迄今已實際口訪者為十人。囿於預算和時間，每次口訪以一次一個半小時為原則，若干關鍵受訪者，則以二至三次深度訪談為原則。依照目前之經驗，似乎不易排定一超個過五人之優先順序名單，在執行訪談時，新的口訪資訊，經常會增加新的潛在受訪者或改變口訪優先順序。所以口訪優先順序名單必須保持最大之彈性，隨時可做，機動調整。每小時之訪談約需十小時之事前研究。❷❻

(3)設計口訪問題

訪談問題之設計宜採取開放式（open-ended question）與結構性或特定性（specfic question）混合運用之方法，以利一問一答式訪談之彈性進行，例如第一道訪題可以以「請問某某先生，您是在何種機緣之下，參與了臨溪社區的發展事務？」為開場白。然後再採取「漏斗形訪談法」（funnel interviewing）鎖定主題，縮小問題，直指問題核心，譬如可接著問受訪者在臨溪社區曾擔任

---

❷❺　見本文貳、參、肆章及參考資料。

❷❻　王芝芝，《大家來做口述歷史》，頁139。

逐步何種職務？若受訪者答為負責臨溪導報之編採工作，則一連串有關臨溪導報之追蹤式問題（follow up）如其發行宗旨，編輯方針、財務狀況、稿件來源、發行份數及分送方式等，即可隨即提出。㉗

　　為使訪談過程自然融洽與激發受訪者之談話興緻，不妨適時提出若干「甜點式」的問題，談談受訪者與臨溪社區有關之嗜好與專業知識，例如「臨溪社區發展協會會務如何電腦化？」「如何動員東吳同學擔任社區發展工作之義工？」「如何運用童子軍來支援社區各項活動？」「如何做平面設計與版面編排？」甜點式之問題最好放在訪談沈悶時，以為提神之用，或結束前，以為訪談畫下一個融洽的句點。但甜點式的句點不宜太多，以免分散受訪者之思路。

　　一般來說訪談問題不宜過多，在一個半小時的訪談單元中，以十二題為宜，否則主訪者與受訪者均會體力透支無法集中心力，達到最佳訪談效果。一個好的口述主訪者總是會預留空間讓受訪者說出想說的話，而不是想辦法把受訪者之回答塞進預擬的問題和思考模式裏。㉘所以在訪談結尾，最好安排一個開放式的問題，讓受訪者有機會表達他對社區發展之看法與感想，如「某某先生，您對臨溪社區之發展前景，有何看法與建議？」

　　一個好的口訪者，尚要能隨機應變，掌握時機，提出衍生性的關鍵問題，隨時添加有意義的訪題。要達到這種境界，除了要靠經驗歷練外，就是要做好事先研究之功夫。

㉗　王芝芝，《大家來做口述歷史》，頁154。

㉘　王芝芝，《大家來做口述歷史》，頁54。

(4)約時訪錄

接洽訪談之時間與地點時，應盡量配合受訪者之意願與方便。洽訪時亦應向受訪者詳細說明錄音口訪的目的及意義。也有必要向受訪者說明訪談係採一問一答之方式進行，讓受訪者有個心理準備，避免臨場訪錄時，過度緊張，影響效果。洽邀時亦可請受訪者提供與訪談主題有關之照片與文字資料，以利進一步的研究。主訪者本身亦可於訪談時攜帶相關懷舊文物與資料，藉以增強刺激受訪者之回憶，重建歷史情境。筆者在做前置作業時曾編有臨溪社區大事紀，一方面用來掌控社區之發展狀況與基本史料之多寡，一方面在口訪時做為懷舊材料協助受訪者找回若干陳年往事。㉙

在口訪前，應再與受訪者聯繫，確定訪談之時間與地點，以免受訪者因工作繁忙而爽約或臨時更改訪約時間與地點。訪約前，應對訪談地點之週邊環境與交通狀況，提早出發，以免遲到失禮。

(5)臨時訪錄

執行訪錄之前，如有可能，宜快速堪察訪談地點之周遭環境，儘量避免干擾錄音之因素。另外就是要做裝備檢查，檢查卡式錄音機之運作是否正常？是否攜帶備用錄音機電池與錄音帶？是否攜帶傻瓜照相機？是否備有記錄紙、筆，以便記下訪談重點及記下有疑義之人名、地名及專有名詞。

訪談之前，應先行暖機，測試錄音機是否無誤，進行試錄無誤後，即可錄製訪談基本資料，包括訪談時間、地點、受訪者、主訪者及記錄者等，方便日後製作索引與建檔之用。

㉙　王芝芝，《大家來做口述歷史》，頁396-7。

訪錄前主訪者尚有責任告知口訪之目的和口訪資料之預期用途及口述歷史製作過程中雙方的權益、例如法律授權書、著作權、使用限制、優先使用權等。**㉚**

訪談時不可完全依賴錄音機，應儘量以紙、筆記錄受訪者談話之主要內容，尤其錄音出狀況時，更須有一人趕緊做文字記錄，另一人處理錄音障礙。

訪談者要有危機處理意識，隨時應付突發狀況，如受訪者規避問題，或答非所問，或偏離主題。

主訪者不可使用誘導性之問題使受訪者做出符合主訪者主觀想法之結論。

主訪者如發現受訪者記憶不全或明顯有誤，與事實不符時，可運用「提詞」的方法協助受訪者。**㉛**但主訪者最好避免習慣性的回應語言或笑聲，以避干擾錄音效果。

(6)後續作業

訪談結束後，主訪者與記錄者應作田野日記，記錄檢討訪談經過及相關事宜。**㉜**

抄本製作要打鐵趁熱，趁記憶猶新時，製作出來。記錄者製作原始抄本時，宜採取「原汁牛肉麵」之精神，不宜進行文字修飾。原抄本尚要經過主訪者整稿，在整稿時，雖可在文字上加以編輯、修改與潤飾，但要注意的是不可改變受訪者之原意，尤其是在上下

㉚ 王芝芝，《大家來做口述歷史》，頁416-7。

㉛ 王芝芝，《大家來做口述歷史》，頁397。

㉜ 有關口述歷史的評估事宜，參見王芝芝，《大家來做口述歷史》，頁78、353-357。

承文之間。經整稿、清稿後之第二份抄本，即爲可發表之抄本，此份抄本尚要送請受訪者審閱核可，受訪者有權做任何刪改或將任何內容設以保留發表年限。

　　爲簡化作業時間與程序，在將整稿後之原抄本，即第二份抄本，送請受訪者審閱時，可將授權委託書一併送請其簽字。經受訪者核可與委託授權之第三份抄本，經清稿打字後，即可公開發表使用。

　　由於我國法治精神尚未全面普及，仍然是一個講求道德與人情的社會，受訪者並不太在意，著作權法等相關問題，況且本文所研究訪錄之主題並不涉及商業利益，所以在授權委託書之取得方面，迄今並未遭遇到任何問題。在技巧上，爲避免一開始就要受訪者簽署法律文件，破壞訪錄氣氛，筆者就在讓受訪者核可第二份抄本，充份取得其信賴與認可後再簽署法律授權委託書。

　　值得注意的是，抄本的整理需要花很多的時間，通常一小時的口訪，需要花九小時製作抄本。原抄本之整稿時間，視其品質而定，約需二至五小時。

　　可公開之抄本完成後應送陳受訪者一份，並附上謝卡，以表謝意。

陸、結　論

　　自一九九七年十二月下旬以來，爲蒐集臨溪社區發展史史料，本人開始接觸並投入口述歷史之領域，迄今已五月有餘，在邊做邊學，邊學邊做之下，共完成了十次口訪。因囿於時間與經費，每次口訪皆以專題一問一答式進行，未採生平講述式（life history）

式進試。謹將個人有限的經驗與心得總結於后，以就教與會先進學者專家。

一、何謂口述歷史？

Donald A. Ritchie認為「口述歷史是以錄音訪談的方式蒐集口傳記憶以及具有歷史意義的個人觀點。口述歷史訪談指的是一位準備完善的訪談者，向受訪者提出問題，並且以錄音或錄影方式記錄下彼此之問與答」。[33]程大學在〈口述歷史之理論與實際〉乙文中認為，近日口述歷史一詞，乃指「自傳式」或「見證式」訊息，為供未來之用，經過訪談過程所記錄下來者。[34]綜合來說，口述歷史具有下列三點特徵：一，「口述歷史」只是一種搜集史料的方法和技巧；二，口述史料是一種有聲音的史料；三，口述史料是一種活的史料，不像其他史料是死無對證的，口述歷史可以慢慢談，慢慢問，可以做比對查證（cross examination）。[35]

二、口述歷史之本土化

國內史學界在口述歷史的理論層次與口訪技巧的開發方面，尚有許多突破與開發的空間，譬如可以與人類文化學、心理學、社會學及老人學等學門共同研究有關記憶之問題。筆者發現大事紀，除了能掌握基本史料之分佈與社區發展慨況外，也是一個非常好的「懷舊題材」可以刺激並幫助受訪者重建過去人、事、地、物等之

---

[33] 王芝芝，《大家來做口述歷史》，頁34。
[34] 王芝芝，《大家來做口述歷史》，頁165。
[35] 唐德剛，〈文學與口述歷史〉，《傳記文學》，四十五卷，四期，頁10。

相關秩序。歐美史學界在口訪理論與方法方面有長足之發展，足資我們借鏡。但訪談之理論與技巧會受到文化因素之制約，所以國內也有待口訪理論與方法之本土化。

三、臨溪經驗的三大收穫

此次運用口述歷史方法蒐集臨溪社區發展史基本史料之具備收穫有三。一為，取得一九七三至一九七五年間東吳大學社會系老師們所發表之有關臨溪社區的緣起與肇建方面的研究報告與論文。同時也取得了臨溪社區導報一至四十期的影印本，得以掌握一九七五年至一九八四年間臨溪社區發展之基本史料。二為，臨溪經驗顯示，如欲完全以口述歷史法重新建構臨溪社區發展史空白之處，幾為一項不可能之任務（mission impossible）。但口述歷史不但有助於搜索基本文獻史料，口述史料亦可填罅補隙，為基本史料之補助，非正式之口述背景資訊更有助研究者去解讀瞭解社區重大事件與演變之來龍去脈。三為，口訪活動增進了筆者與參與同學間之師生互動關係。筆者與同學一同走出學術之象牙塔，一起走出教室，走出圖書館，一起走向社區，走入人群，親歷「搶救」或「創作」史料之過程。基本上，臨溪口述歷史經驗是一個新奇而快樂的經驗，使得個人與參與同學深切體驗史學致知必須超越文獻檔案之考訂與纂述。

臨溪口述歷史工作坊尚未能以全速運作，起初登記參加之同學，雖有三十七名之多，但因好奇心之消失、課業繁重、口述計畫進度落後等因素，積極參與的同學約有賈宜倩、林瓊華、許詩穗、林欣代、沈蘭傑、高本純、吳兆薇、黃秋霖、謝雨潔等人。在同學

之訓練方面，筆者係以母雞帶小雞之方法進行，先讓同學見習，再逐步參與習作。希望在一九九八年暑假來臨之前，上述同學能磨練成幹練，獨當一面的口訪員。然後再帶領其他之同學進入情況。

四、謝　語

　　最後，筆者在此，特別要向徐震教授、蔡哲明院長、謝政諭教授、張家銘主任、劉靜貞教授、謝秀芬主任、李燦光理事長、蕭鳳悟先生、徐光陞先生及臨溪社區口述歷史工作坊賈宜倩與林瓊華等同學，沒有他們的協助與支持，本篇報告是無法完成的。

柒、參考資料

楊懋春，《大學社區發展實驗研究報告》，台北：中華民國社區發展研究訓練中心，一九七五。

楊孝濚，〈臨溪導報與臨溪社區關連性之研究〉，《社區發展月刊》，第五卷，第八期，台北：一九七六，頁1-6。

胡幼慧，〈一個社區發展的實例- 臨溪社區〉，《東吳政治社會學報》，第一期，台北：東吳大學，一九七七，頁179-190。

楊孝濚，〈社區發展實例—東吳大學社會服務站〉，《社會發展季刊》，第一卷，第三期，台北：中華民國社區發展研究中心，社區發展雜誌，一九九七，頁109-113。

楊孝濚：〈臨溪社區發展與東吳大學社會服務中心〉，《社區發展季刊》，第一卷，第五期，台北：中華民國社區發展研究中心，社區發展雜誌，一九七八，頁147-154。

行政院經濟建設委員會，《如何以社區發展方式推行家庭副業之研究》，台北：行政院經濟建設委員會，一九七八。

徐震，〈社區一詞的用法及其演進〉，《東吳政治社會學報》，第二期，台北：東吳大學，一九七八，頁78-87。

東吳大學社會學系，〈六十九學年度社會學系社區服務中心工作報告〉，《社區發展季刊》，第十五期，中華民國社區發展研究中心，社區發展雜誌，一九八一，頁155-156。

徐震，〈楊懋春教授對於社區發展工作的貢獻〉，《東吳政治社會學報》，第七期，台北：東吳大學，一九八三年，頁49-59。

謝秀芬，〈親職教育在社區發展中心的功能〉，《社區發展季刊》，第三十六期，台北：中華民國社區發展研究中心，社區發展雜誌，一九八六，頁16-18。

楊孝濚，〈社區發展應以提昇生活素質為依歸〉，《社會發展季刊》，第三十三期，台北：中華民國社區發展研究中心，社區發展雜誌，一九八六，頁10-11。

楊孝濚，〈社區資源的運用與社區共識的建立〉，《社會發展季刊》，第三十四期，台北：中華民國社區發展研究中心，社區發展雜誌，一九八六，頁19-20。

楊孝濚，〈社區報紙在社區中的整合功能〉，《社區發展季刊》，第三十八期，一九八七，頁22。

楊蓓，〈社會工作者在社會發展中的角色功能─促進溝通〉，《社會發展季刊》，台北：中華民國社區發展研究中心，社區發展雜誌，第三十九期，一九八七，頁8-9。

萬明月，〈如何提高社區意識加強「守望相助」共識〉，《社會發

展季刊》，第五十三期，台北：中華民國社區發展研究中心，社區發展雜誌，一九九一，頁86。

臨溪社區發展協會，《台北市臨溪社區發展協會簡介》，台北：臨溪社區發展協會，一九九一。

曾淑貞，〈臨溪社區　山水並美　人情味濃〉，《台北週刊》，第一二四一期，台北：台北週刊雜誌社，一九九二年十二月十五日，第七版。

《臨溪社區發展協會歷年各項活動資料檔》。本檔含臨溪社區發展協會自一九九二年起至一九九七年止之各項活動的相關資訊，計有活動傳單、報名表、節目表、請柬、企劃案、預算表、開會通知等等。

臨溪社區發展協會，《外雙溪季刊—臨溪社區導報》，台北：臨溪社區發展協會，第一期至第十六期，一九九一年至一九九七年。

柯勒禮（Joseph B.kelley），《臨溪社區之研究》，台北：東吳大大學社會工作學系，一九九二年。柯教授係美國加州聖地亞哥大學社會工作學系教授，於一九九二年至東吳社工系客座一年。

臨溪社區發展協會，《台北市士林區臨溪社區發展協會成立大會暨第一屆第一次會員大會手冊》，台北：臨溪社區發展協會，一九九三。

〈臨溪社區　山明水秀　人情味濃〉，《聯合報》，一九九三年七月十五日，第十四版。

黃美城，〈山明水秀的臨溪社區—成長、茁壯、發展〉，《福利社會雙月刊》，第四十期，台北：台北市政府社會局，一九九四，頁

4-7。

李燦光，〈社區文化活動理念和實務：臨溪社區實例〉，《一九九
　四年社區文化發展研討會》，台北：東吳大學，一九九四，頁
　1-10。

〈士林臨溪社區　美化有成〉，《中國時報》，一九九四年三月二
　十日。〈臨溪社區觀摩　載歌載舞〉，《聯合報》，一九九四
　年三月二十日，第十四版。

〈臨溪社區　人和凝聚動力〉，《聯合報》，一九九四年三月十七
　日，第十五版。

〈社區刊物　方興未艾〉，《聯合報》，一九九四年十月十日，第
　十四版。

〈天母快速道路翻案　居民翻臉　外雙溪居民發出「拯救外雙溪宣
　言」籲政府審慎評估〉，《自由時報》，一九九五年三月二十
　日。

〈社區發展鎮定劑〉，《大成報》，一九九五年五月七日，第二十
　七版。

〈結合社會力量　外雙溪水　重現清澈〉，《中國時報》，一九九
　六年二月四日。

〈區里展開大掃除〉，《聯合報》，一九九六年二月十一日，第十
　六版。

〈讓溪水再清　二百準醫師投身清溪　陸軍衛生勤務學校同學外雙
　溪沿岸清垃圾　成果多〉，《中國時報》，一九九六年九月二
　十二日。

〈士林臨溪社區　防蚊大掃除〉，《中國時報》，一九九七年九月

二十八日。

〈外雙溪水質已遭輕度污染〉,《民生報》。

〈這廂忙淨溪　那廂丟垃報　外雙溪水　照映美醜兩樣人心〉,《
　　民生報》。

〈李燦光服務左鄰右舍,溫暖點滴上心頭　不像生意人的生意人〉,《
　　民生報》,一九九六年十二月一日。

〈讓外雙溪成為台北冬山河〉,《民生報》,一九九六年十二月一
　　日。

臨溪社區發展協會,《台北市士林區臨溪社區發展協會第二屆第一
　　次會員大會手冊》,台北:臨溪社區發展協會,一九九六年。

李燦光,〈讓溪水再清─外雙溪清溪活動〉,《福利社會雙月刊》,台
　　北:台北市政府社會局福利社會雜誌社,一九九六,頁25-27。

陳壽賢,《台北市士林區封域地名沿革》,台北:台北市士林區戶
　　政事務所,一九九七。

王芝芝譯（Ritchie, Donald A.）,《大家來做口述歷史（Doing
　　Oral History）》,台北:遠流出版公司,一九九七。

〈天母快速道路　可能通過大直要塞〉,《中國時報》,一九九七
　　年六月八日,第十頁。

〈士林區社區發展成果值得喝采〉,《自由時報》,一九九七年六
　　月二十四日,第九頁。

〈感謝臨溪社區理事長李燦光先生捐本校影印機一台〉,《至善天
　　地》,第十期,台北:至善國中,一九七七年六月二十日,第
　　一版。

黃俊傑,《高雄歷史與文化論集第四輯》,高雄:財團法人陳中和

翁慈善基金會，民國八十六年。

鄭水萍，《橋頭記事》，高雄：高雄縣橋頭鄉公所，民國八十六年。

杜維運，《史學方法論》，華世出版社，民國六十八年。

李美月，《希羅多德波希戰史之研究》，正中書局，民國六十一年。

威爾・杜蘭，《世界文明史28—伏爾泰時代的歐陸》，幼獅文化公司，民國六十六年。

唐德剛，《胡適雜憶》，傳記文學出版社，民國六十八年。

唐德剛，《文學與口述歷史》，傳記文學四五卷四期。

沈雲龍，《口述歷史與傳記文學》，傳記文學二卷五期。

程大學，《口述歷史之理論與實際》，台灣文獻，三八卷三期。

蔡慧玉，《中縣口述歷史第四輯—日治時代台灣的街庄行政》，台中：台中縣立文化中心，民國八十六年。

鍾少華，〈我國「口述史」工作經驗〉，《口述歷史》，第二期，民國八十年。

中央研究院，《口述歷史期刊》，第一至八期。

胡國台，〈評Paul Thompson著，The Voice of the Past: Oral History〉，《口述歷史》，第一期，民國七十九年。

國立嘉義農業專科學校校友會，《嘉農口述歷史》，嘉義：國立嘉義農業專科學校校友會，民國八十二年。

《走過兩個時代的台灣職業婦女訪問紀錄》，中央研究院近代研究所。

王昱峰，〈還口述於歷史〉，《當代》，第一二五期，民國八十七年。

廖武，〈口述・史料與史著〉，《當代》，第一二五期，民國八十

七年。

台灣省文獻委員會，《新竹市鄉土史料—耆老口述歷史（十五）》，民
　　國八十五年。

周婉窈主編，《台籍日本兵座談會記錄並相關資料》，台北：中央
　　研究院台灣史研究所籌備處，民國八十六年。

陳三井，〈口述史料的採集及其價值〉，《史學與文獻史學叢書33》，台
　　北：學生書局，民國八十七年，頁177-196。

中央研究院台灣史研究所籌備處，《第六屆全國口述歷史工作會議
　　會議手冊》，一九九七年十二月五日。

陳三井，〈口述歷史的理論及史料價值〉，《當代》，第一二五期，民
　　國八十七年。

楊立文，〈中國的口述史學〉，光明日報，一九八七年五月六日。

李秀成，《忠王李秀成自述校補本》，上海中華書局，一九六一。

李宗仁回憶錄，李宗仁口述，唐德剛撰寫。

臨溪社區理事會，《臨溪導報》，台北：臨溪社區理事會，第一期
　　至第四十期，一九七三年七月至一九八六年八月。

盧盛宗、余凱成、徐旭、錢永鴻，《組織行為學—理論與實務》，
　　台北：五南出版社，一九九七年。

S. P. Robbins著，蔡承智譯，《組織行為：概念論題與應用》，
　　台北：桂冠心理學叢書，民國七十五年。

中央研究院近代史研究所，《口述歷史書目》，民國八十六年四月。

Martin Wilbur：" Reflection on the Value of Oral History
　　in Chinese Historiograph " 《中央研究院國際漢學會議論
　　文集》，台北：民國七十年。

Paul Thompson, Voices of the Past: Oral History. Oxford University Press 1978.

Pei-Yi Wu : " Self-Examination and Confession of Sins in Traditional China " Harvard Journal of Asiatic Studies Vol. 39, No.1. June, 1979, P.P.5-38.

Chang Chung-li, The Taiping Rebellion : History and Documents, Seattle and London : University of Washington Press. Vol. 111, 1971, P.P.1381-1496 and 1507-30.

Susan Naquin, " True Confessions : Criminal Investigations as Sources for Ching History ", National Palace Museum Bulletin, September, 1976, P.P1-7.

Elizabeth J. Perry, " When Peasants Speak : Sources for the Study of Chinese Rebellions ", Modern China, Vol.6, No.1, January, 1980.

Ida Pruitt, A Daughter of Han, The Autobiography of a Chinese Working Woman, Standford University Press, Standford California, 1967

Edgar Snow, " Interview with Mao, " The New Republic, Feb 27, 1965

Edgar Snow, Red Star over China, New York : Random House, 1938.

Balderrabano P., Ana Lucia, Briseno L., Enrique, and Kelley, Josph B.,"Evaluation of Conmnunitr

Qrganization and Social Planning Proqrams,"Border Health, vol. IV, No.1, Jan.—Feb., 1988.

A.C. Moule and P. Pelliot, Marco Polo : The Description of the World (AMS Press,1976).

Robert Jay Lifton, Thought Reform and the Psychology of Totalism : A Study of " Brainwashing " in China, New York : W.W. Norton & Co. 1961.

B. Michael Frolic, Mao's People, Sixteen Portraits of life in Revolutionary China, Harvard University Press, 1981.

評　論

陳存恭

　　非常榮幸被邀來評論張中訓博士的大作，雖然做了三十多年的口述歷史工作，但沒做過社區訪問，經驗不夠，實在沒有資格來評論，就當作論文討論前的引言好了。

　　㈠首先，我們應該肯定「臨溪社區發展協會」對於社區發展所作的努力，更肯定張教授的貢獻。

　　關於我國的民主政治爲何難於順利發展的問題，有一個說法是我國以家、家族、宗族爲基礎的宗法社會與西方以公民團體、社區爲基礎的公民社會不同。西方民主國家透過社區整合個人建立共同體公民意識，成爲民主政治的基礎。現在，爲了發展民主政治，我國朝野推動社區總體營造的運動。

　　臨溪社區協會早在1974年就成立，其工作成績獲得各方的肯定，因此對長達二十三年的社區營造歷史值得珍視。個人十分敬佩社區的創建者楊懋春教授及現在準備撰寫社區發展史的張中訓教授。楊教授負責籌辦東吳大學的社會學系，爲了達到社會學系的教育目標「瞭解社會、服務社會」，楊主任策動並成立了「臨溪社區協會」，將東吳大學與社會結合在一起，相信他的目標是大部分達到了。現在歷史學者張中訓教授因擔任東吳大學發展處處長，而參與「臨溪社區發展會」的社區營造工作，發起並主持文史工作單位，準備撰寫「臨溪社區發展史」，成立「口述歷史工作坊」，蒐

集史料，我們期待他能爲「山水並美、人情味濃」的臨溪社區留下
眞善美的歷史紀錄。

　　㈡其次，從「史學」的觀點來看「社區史」的修撰問題。我國
史學主流如二十五史以紀錄朝代興替帝王施政爲中心，但對地方史
並不偏廢。晉代常璩的「華陽國志」，專述巴蜀地區的歷史、地
理、風俗習慣與統治者，開地方史之先河，後來各地區（省、府、州、
縣）都編有地方志，「方志」遂成爲一種專門的學問。在此我要強
調的是無論中央的正史或地方志的編纂都早已運用口述歷史來蒐集
史料，孔子入太廟每事問，便是一個例子；司馬遷亦紀錄某事是某
人所述，是另一個例子。至於地方志因地方檔案保存不及中央朝廷
的保存，更須利用耆老口述資料，所以耆老的訪談錄、地方采訪
錄，都是方志編纂前的準備工作。清代大史學家章學誠十分重視地
方史，他在1777－1778年間主修直隸「臨清縣志」，他對烈女列傳
千篇一律的體例不滿意，親自訪問了五十位貞節孝烈的婦女，對不
同的悲歡情樂給予不同的敘述。可見三千年來中國史家早已運用口
述史料，而二百二十多年前的章學誠更能運用很進步的口述訪問來
蒐集資料。口述歷史在中國或西方是早已存在，只是Oral History
這個名詞是1938年美國哥倫比亞大學Alla Nevins（芮文斯）教授最
先使用的，而由於錄音、攝影等工具的發明，使現在的口述歷史方
法更進步。張教授透過臨溪社區活動所留下的資料，運用更新更進
步的口述歷史方法，補充史料，紀錄社區不同時期內各個人、各社
團、各文教機關對社區發展的貢獻，探討發展的順暢或挫折，分析
臨溪從農村社區轉爲文教社區，再發展爲高級住宅區的過程，是本
社區寶貴的共同記憶，也可以作爲其他社區營造的借鏡，在史學上

是有根據，沒有什麼困擾的。

(三)最後對於這篇論文提供一些淺見：

其一、既然使用口述歷史蒐集史料在古今中外都有先例，本論文基本上是張教授敘述對口述歷史的認識和如何著手的計畫，並未對已訪的內容進行檢討及提出可能的困惑，沒發現有關「口述歷史的迷思」，請張教授考慮修改比較合適的題目。

其二、關於論文章節安排方面覺得前面三節僅為討論使用口述歷史的背景，還可以更簡略，直接切入討論口述歷史的內容，而將結論中有關「何謂口述歷史」、「口述歷史的本土化」這兩個問題合併提到前面。

其三、關於口述訪問步驟計畫周詳，提到一些難題也有同感，不過仍提供一些淺見，譬如訪問人選當然是越多越好，但限於經費不能不有所限制，建議設計一份調查問卷，將要訪問的問題逐一列出，請社區發展有關的人士填答，蒐集這些訪問卷編號列檔，即成為發展史的史料；再其次，從答覆內容可看出各個人對於社區發展的貢獻，從中篩選必須訪問的人選。民國82年我參加台灣文獻會「八二三台灣戰役」訪問計畫，面對一萬多參戰的軍民，就提出這個計畫，不然無法著手。

關於擬問題方面，問卷應設計一些普遍性的問題，但個別訪問則就各個不同的背景、身分、工作性質來提出問題，另外還要有讓被訪人自由發揮的空間，章學誠為了避免千篇一律的規格，訪問時是讓被訪者「自述生平」，所得結果也就各有差異。

關於訪問紀錄保留「原汁牛肉麵」的問題，有人善於表達，出口成章，原音重現是沒問題的；但有人口拙，紊亂無章，整理者仍

然要稍予修整一下,而應訪人自己動筆修飾,只要不是有意虛構,應該尊重;如果應訪人要刪去若干很生動、很傳神的口語,還是建議他保留。

　　口述歷史是歷史事件當事人的回憶,屬於第一手直接史料,然而由於記憶的問題,時間距離越長遺忘的可能性越大,同時關涉到應訪人個人歷史評價或政治的問題應訪人可能有自己的立場。不過對於臨溪社區發展史這些都沒構成大的問題,因為時間距離不長而且大部分沒關涉到政治,亦即政治的忌諱問題不多,換言之,這種口述歷史的可信度較高。總之,個人敬佩張教授的努力,而肯定口述歷史的價值。

IMAGES OF THE SOUTH IN OUYANG XIU'S HISTORICAL RECORDS OF THE FIVE DYNASTIES

Richard L. Davis 戴仁柱[*]

Brown University, U.S.A.

Edward H. Schafer, in his 1967 book on **Images of the South** during the Tang period (617–907), speaks to some of the peculiarities of the far south, from the perspective of northern Chinese: the lewd and seductive character of its women, the violent and vengeful ways of its men, and the sense of potential peril at every turn. ❶ Schafer was alluding chiefly to the region which corresponds with current day Yunnan, Guizhou, and Vietnam; but back in the 7th–9th centuries, such frontier conditions might also be found in less remote parts of

* The author, visiting with National Chung-cheng University 國立中正大學 from 1996 to 1998, acknowledges his gratitude to the History Department there for its support and encouragement.
❶ Edward H. Schafer, *The Vermilion Bird: T'ang Images of the South* (Berkeley: University of California Press, 1967), pp. 48–86.

the country, such as modern Fujian, Jiangxi, Hunan, and Sichuan of the seventh to ninth centuries, for the assimilation of Han-Chinese peoples and their ways was not always so thoroughgoing as Chinese government's liked to think. For some parts of the south during the Five Dynasties era (907-960), the persistence of some of these frontier conditions may well explain the many characterizations of the era as "chaotic" and its ruling elite as inordinately "debauched" or "uncivil." I am thinking in particular of the "Ten Kingdoms" (Shiguo 十國) in the *Historical Records of the Five Dynasties* (Wudai shiji 五代史記), by Ouyang Xiu歐陽脩 (1007-72). But frontier culture is far from the singular reason for the depravity he finds; material life and uniquely southern values are additional factors. The paper below begins with some of his characterizations of the south in terms chiefly of political legacy, finishing with an attempt to explain those characteristics from the perspective of Ouyang Xiu's own perception of the south in relation to the north. By studying the political record contained in the *Historical Records*, I seek to probe the cultural divide between north and south, a divide that began with simple geographical barriers and nurtured, in the end, different conceptions of empire.

On Wu, Wu-Yue, and the Southern Tang

Ouyang Xiu's *Historical Records of the Five Dynasties*, while less than half the overall length of the original *History of the Five Dynasties*, nonetheless devotes twice the space to the Ten Kingdoms, nine of which were southern regimes that had coexisted with the Five Dynasties to the north. ❷ Some might see in this added attention an effort by Ouyang Xiu, himself a southern man, to somehow legitimize or vindicate those kingdoms by writing his history from a southerner's perspective. Nothing could be farther from the truth. Quite the contrary, and despite the rare freedom he enjoyed as an author writing in an entirely private capacity, Ouyang Xiu nonetheless wrote from the perspective of a Han-Chinese chauvinist who championed territorial and cultural unity and held in no great esteem those who would obstruct this mission. Highly instructive, in this regard, is his commentary on "Hereditary Houses of the Southern Tang" (Nan Tang shi-jia南唐世家)and the fate of its last ruler, Li Yu 李

---

❷ The original history of the Five Dynasties contains only four chapters on the illicit regimes of the south, compared to Ouyang Xiu's nine chapters of narrative, plus chronological chart; see Xue Juzheng薛居正,*Jiu wudai shi*舊五代史 (Beijing: Zhonghua shuju, 1976), ch. 133, pp. 1756-78, ch. 134-136, pp. 1779-1825; *Wudai shiji* (Beijing: Zhonghua shuju, 1974), ch. 61-69, pp. 747-861, ch. 71, pp. 873-834.

煜(937-978), to lose his kingdom to northern expansionists:

> Our family for generations has made its home in the lower Yangzi, where elders have a propensity for telling tales from the Li era. It is said that Li Yu, faced with the issuing of troops by Emperor Taizu for his southern campaign [in 974], dispatched envoy Xu Xuan 徐鉉 to the Song capital for an audience. A native himself of the lower Yangzi, Xuan had the self-assurance of a seasoned statesman and sought to employ his oratory finesse in defense of his empire's autonomy. Day and night, he reviewed exhaustively in his mind possible responses for the audience. But before the meeting got underway, court leaders requested to precede Xuan, whereupon they spoke of him as a man of broad learning with a flair for debate who should be treated with caution. Breaking into laughter, Taizu responded: "You are dismissed, for you have no sense of things."

> Xuan appeared for court audience a day later, where falling prostrate he declared: "Li Yu has committed no crime, so Your Majesty has no justification for issuing troops." A composed Taizu instructed him to stand and finish his words, at

which point Xuan continued: "As ruler of a small kingdom, Li Yu has served this great one as a son serves his father, committing no offense [against you]. Why should he be targeted for assault?" His speech dragged on through several hundred words, whereupon Taizu responded: "Would your so-called 'father and son' accept the existence of separate households?" Xuan had, nothing to offer in response and withdrew.

We Lament: Such majesty! How can his words be considered "simple"? When a King is on the ascent, all the world must revert to unified rule. Those who submit willingly should submit, those who refuse should be conquered, and those who would conspire to rule illicitly should expect to be swept away in a single sweep. In reading the " Proclamation for the Huainan Campaign," by Emperor Shizong of Zhou, I marveled that he would allude to historical precedent at every turn, crafting his words with the dual effect of directness and dexterity – no trifling matter indeed ! The martial courage of Shizong is admirable in and of itself. How can his words be excessive?❸

It may seem curious that Ouyang Xiu is so utterly

---

❸ *Wudai shiji*, ch. 62, pp. 779–780.

unsympathetic toward Li Yu, a ruler of refinement in an age of brutes, and his polished envoy. Yet as the passage above indicates, he found far more compelling the martial courage evinced by northern emperors such as Shizong and Taizu in their determination to unite the Chinese "family." Li Yu lacked their imposing personal presence, but he also lacked their sense of historic mission.

Ouyang Xiu held Li Yu in no high regard: "By character, he was arrogant, profligate, and addicted to sensual pleasures; he also had a fondness for Buddhism and indulged in lofty discourse without due attention to political affairs." ❹ Sentimental in personality and frivolous as ruler, he lacked the girth of northern rivals. Earlier in the same biography, he alludes to Li Yu's talent for composition and painting, plus strikingly handsome and auspicious facial features—personal assets turned to political liabilities at the hand of historian Ouyang Xiu. ❺ Yet the personal traits and

---

❹ *Wudai shiji*, ch. 62, p. 779.

❺ The *Old History of the Five Dynasties* has no biography of Li Yu with which to compare, doubtlessly because Li Yu was still alive in 974, when the official history was completed. But four centuries later, official historians of the Song dynasty included him in their work. That biography, far more detailed than the Ouyang Xiu piece, also

failings of Li Yu seem not anomalous but symbolic, symbolic of the region where he lived and a long line of rulers notorious for their egotistical excess, moral bankruptcy, and effete intellectualism.

The predecessor of the Southern Tang, as overlord of that prosperous stretch of land extending from modern Jiangsu to the north to the southern reaches of Jiangxi, was the Wu domain of Yang Xingmi 楊行密 (852-905). ❻ The former military governor for Huainan and native to that area, he was allegedly a giant of a man who could lift a hundred catties with little effort,

---

tended to be far more empathetic: Li Yu's passion for the arts are noted, for example, without censure for decadence or frivolity. See Tuo Tuo脱脱, et al., *Song shi*宋史 (Beijing: Zhonghua shuju, 1977), ch. 478, pp. 13856-62. For other traditional yet empathetic appraisals of Li Yu, see Lu You陸游, *Nan Tang shu*南唐書, in *Lu Fangweng quanji*陸放翁全集(Shanghai: Shijie shuju, 1936), ch. 3, pp. 11-15; Ma Ling馬令, *Mashi Nantang shu*馬氏南唐書, 1105, reprinted in *Zhongguo yeshi jicheng*中國野史集成 (Chengdu: Bashu shushe, 1993), ch. 5, pp. 1a-9a; Xia Quchan夏瞿禪, *Nantang erzhu nianpu*南唐二主年譜 (Taipei: Shijie shuju, 1982), pp. 3-96; Wu Renchen吳任臣, *Shiguo chunqiu*十國春秋, edited by Xu Minxia徐敏霞 and Zhou Ying周瑩 (Beijing: Zhonghua shuju, 1983), ch. 17, pp. 239-259.

❻ *Wudai shiji*, ch. 61, pp. 747-752. Also see *Jiu wudai shi*, ch. 134, pp. 1779-1782; Yuan Shu袁樞, *Tongjian jishi benmo*通鑑紀事本末 (Taipei: Huashi chubanshe, 1976), vol. 4, ch. 37b, pp. 45-65; Wu Renchen, *Shiguo chunqiu*, ch. 1, pp. 1-30; Tao Maobing陶懋炳, *Wudai shilue*五代史略 (Beijing: Renmin chubanshe, 1985), pp. 122-127.

according to Ouyang Xiu. He was intimidating enough to
his enemies, but still moreso to his own family, many
member of which lost their lives to his paranoid obs-
ession with power. In contrast, the three successors to
Xingmi, initially as military governors and later as
potentates, were more pitiful than despicable: they
were often mere puppets of Xu Wen徐溫(862-927), a form-
er aide and confidante to Xingmi who kept a tight rein
on his sons until the very end of his own life.❼Xu Wen
was as ruthless as his mentor, Yang Xingmi: indeed, the
two shared a common past as pirate-smugglers, rogues
tainted irredeemably by that past but also incapable of
transcending it. The regime somehow managed to survive
until 939, but the untimely death of it's fourth sove-
reign, Yang Pu楊溥(902-939), threw things into chaos.

Despite the Wu kingdom's self-destructive tenden-
cies, despite the occasional whimsicality of Xingmi and
the mediocrity of a succession of heirs, Ouyang Xiu
nonetheless grudgingly concedes to the amazing power of
the regime to survive, which he attributes to the war-
rior's code of ethics as personified by its founder. In
commentary on the "Hereditary House of Wu," he declares:

---

❼ *Wudai shiji*, ch. 61, pp. 760-762; Wu Renchen, *Shiguo chunqiu*, ch. 13, pp. 170
-172.

We Lament: Credible indeed are the words that "even rogues have their own Way"! Writings about Xingmi reveal him as liberal in benevolence and firm in trust, and these won for him the loyalty of troops. When commander Cai Chou 蔡儔 turned renegade at Luzhou, he thoroughly plundered the family tombs of Xingmi. After Chou was himself defeated, military leaders all sought to plunder his own family tombs in retaliation. Xingmi sighed and then responded, "This deed done by Chou was evil. How could I possibly perpetuate such an act?" Once, an attendant assigned to carry his sword for him, Zhang Hong 張洪, grabbed the sword and assaulted Xingmi; having missed his target, he was killed. Xingmi nonetheless entrusted his sword to Chen Shao 陳紹, a one-time confidante of Zhang Hong, without evincing the slightest suspicion. At another time, he reprimanded commander Liu Xin 劉信, which so infuriated Xin that he sought sanctuary with Sun Ru 孫儒. Xingmi cautioned his aides not to pursue him, stating: "Was it not Xin who turned against me? He left in an intoxicated stupor and will surely return when he sobers." And, indeed, he did return on the next day.

Xingmi had arisen among brigands and his subordinates were warriors given to celebrating their

valor, which is why they delighted in serving him.
In this way, four rulers over two generations
managed to rule for fifty years. Beginning with
the reign of Yang Wo 楊渥, the reins of government
rested with Xu Wen. This occurred at a time when
the world was thrown into great chaos and perpe-
tual purges and murders imperiled the Middle
Kingdom; yet Xu Wen and sons, for all of their
duplicity plus the twists and turns of three
rules, never dared a frivolous play for power.
And why? It can only be explained in terms of the
existence of fear and favor among the subjects
[of Xingmi].❽

Ouyang Xiu's reference to "the existence of fear and
favor among their subjects" reflects some measure of
respect for the discipline of such military men, who in
the case of the founder of Wu, seems more adept than
most rivals at manipulating rewards and punishments
with ruthless precision. At the same time, such poli-
tical crafts were better suited to survival than ex-
pansion and this was a regime, in Ouyang Xiu's view,
destined at best merely to protect its self-interests,
not unite the world.

The Southern Tang (939–976), which ruled initially

---

❽ Wudai shiji, ch. 61, p. 762.

over roughly the same area as Wu, began with similarly humble roots in Xuzhou徐州. Li Bian李昇 (888-943), who rose up the ranks of Yang Xingmi's army before being adopted as son, stood an imposing seven feet tall, according to Ouyang Xiu. ❾ But those physical traits were somewhat deceptive, for Li Bian seemed to possess at the same time a superior sense of personal and political duty, relative to patron Xingmi. As recorded under "Hereditary Houses of the Southern Tang," in the *Historical Records*:

> When the Huai and Yangzi regions were first pacified, most of the clerical administrators at the prefectural and county levels were mere soldiers who diverted tax receipts to their war chests. Li Bian stood out among them in his fondness for learning and courtesy toward Confucian literati, making every effort to be disciplined and frugal. Such promotion of benevolence in governing inspired some measure of praise among the people. ❿

---

❾ *Wudai shiji*, ch. 62, p. 765. For more on Li Bian, see *Jiu wudai shi*, ch. 134, pp. 1784-1787; Lu You, *Nan Tang shu*, ch. 1, p. 1-5; Ma Ling, *Mashi Nantang shu*, ch. 1, pp. la-9a; Tao Maobing, *Wudai shilue*, pp. 127-134; Wu Renchen, *Shiguo chunqiu*, ch. 15, pp. 183-203.

❿ *Wudai shiji*, ch. 62, p. 765.

From his base in Jinling金陵 (modern Nanjing), Li Bian
had forced from power the offspring of his own mentor,
in 937. Yet he was not the usual opportunist, according
to a seemingly empathetic Ouyang Xiu. He passed up a
rare chance to invade neighboring Wu-Yue, for example,
against the strenuous council of advisors. The pertin-
ent passage from the *Historical Records* reveals much
about Li Bian's strong sense of ethics:

> In the sixth year of Shengyuan [942], a fire
> struck the Wu-Yue kingdom, completely destroying
> its palaces, treasury, and the creme of its armed
> forces. Throngs of Southern Tang courtiers [in
> response] sought to exploit such vulnerability by
> attacking it, but Li Bian refused. Instead, he
> sent an emissary to convey condolences and to
> offer generous relief. Qian royals [at Wu-Yue]
> had been in contest with its neighbors since the
> days of Wu [predecessor to the Southern Tang]. Li
> Bian, however, was often disinclined to deploy
> armies, having witnessed such prolonged chaos in
> the world. As he was on the verge of usurping the
> throne of Wu, he first entered a peace pact with
> Qian royals and returned commanders and soldiers
> formerly held hostage, an act to which the Qian
> reciprocated by releasing Wu commanders held

hostage by them. In this way, cordial ties con-
tinued without interruption.⓫

The *Historical Records* goes on to portray Li Bian as
"motivated merely to secure the former territory of Wu,
without any grand strategy for reclaiming formerly held
districts [now lost]; and the people of Wu took comfort
in the respite."⓬ His compassion for his subjects is
clearly laudable, from the perspective of Ouyang Xiu,
but less than heroic, for Li Bian seems to have few
ambitions beyond his own realm.

The eldest son and successor to Li Bian, Li Jing李
景 (898-961), was a far lesser figure. Too surrounded
by a small coterie of sycophants, the so-called "five
ghosts," he alienated many of his courtiers.⓭ His poor
temper at court and ties to bandit groups on his empire's
periphery were serious detractors as well. It was
during the early years of his reign that the Min regime
閩國 (modern Fujian) was conquered, the Southern Tang
and Wu-Yue each claiming parts of its domain. Li Jing
deserves some credit for making the most of the close

⓫ *Wudai shiji*, ch. 62, p. 768.
⓬ *Wudai shiji*, ch. 62, p. 768.
⓭ *Wudai shiji*, ch. 62, pp. 769-777. Also see *Jiu wudai shi*, ch. 134,
  pp. 1787-1790; Lu You, *Nan Tang shu*, ch. 2, pp. 5-11; Ma Ling, *Mashi
  Nantang shu*, ch. 2, pp. 1a-6a; Wu Renchen, *Shiguo chunqiu*, ch.16, pp.
  205-237.

ties with Wu-Yue established by his predecessor and the new alliance against Min struck personally by him. But these were glories of his early years and confined to his own neighborhood in the deep south. At the same time, the mid-940s, he is also reported to have refused to exploit a similar vacuum up north: "seeing his men as already overextended in the southeast, he had no leisure to look north."[⑭] And a decade later, facing a seemingly invincible Zhou dynasty, Li Jing struck a pitiful image, offering up progressively more wealth and territory to his northern neighbor in exchange for a temporary peace. He died in the summer of 961, only months after fleeing in shame his vulnerable capital of Jinling, along the Yangzi River, for sanctuary farther south, at Nanchang南昌. His successor, Li Yu, reverted the capital back to Jinling, but perhaps more out of concern with political continuity than a commitment to stave off predators to the north; in any case, it was from Nanjing that the Southern Tang court surrendered its sovereignty to the Song.

A similar progression from strength to weakness emerges in the case of Wu-Yue—the kingdom which centers on the modern province of Zhejiang, plus parts of southern Jiangsu and northern Fujian. The leading

---

[⑭] *Wudai shiji*, ch. 62, p. 771.

figure in this region, a man who dominated its military
and political affairs for some forty years, was Qian
Liu錢鏐 (850-932). He too had arisen from obscurity in
the late Tang, became involved in local defense in the
face of rising levels of banditry, and then took to
salt smuggling when times got tough.⑮A native of the
southeast, modern Hangzhou, he was appointed by the
Tang court as governor for the same, a local man with
nothing more than provincial ambitions. In the bio-
graphy by Ouyang Xiu, his most compelling virtue seems
to have been a strong sense of loyalty, initially to
the Tang dynasty and then to a succession of successor
regimes in Kaifeng, but loyalty also to current subor-
dinates and old allies. In 895, for example, when a
potentate from Yuezhou (modern Shaoxing) rebelled aga-
inst the Tang, Qian Liu refused court orders to lead
the suppression: "the two of us are on intimate terms,"
he said of Dong Chang董昌.⑯Such sentiments were shared
by his friend. After attempting to negotiate a resolu-
tion and failing, the forces of Qian Liu were deployed

---

⑮ *Wudai shiji*, ch. 67, pp. 835-841; also see Yang Weili, *Wudai shilue*,
pp. 134-138; Wu Renchen, *Shiguo chunqiu*, ch. 77-78, pp. 1045-1116;
Yuan Shu, *Tongjian jishi benmo*, vol. 4, ch. 26, pp. 36-56; Zhang
Haipeng張海鵬, *Wu-Yue beishi*吳越備史, in *Zhongguo yeshi jicheng*, ch.
1, pp. 1a-71b.

⑯ *Wudai shiji*, ch. 67, pp. 837-838.

in the suppression and succeeded in apprehending culp-
rit Dong Chang; but Chang committed suicide just out-
side of Hangzhou rather than meet an old acquaintance
under such straitened circumstances, his last words
being: "Mr. Qian and myself hailed from the same vill-
age, while I was once his superior officer. I would
scarcely want to meet him today, face-to-face." The
statement reflects Dong Chang's genuine respect for a
fellow villager and the consequent fear of indignity
should Qian Liu, a one-time subordinate no less, have
to carry out his execution.

The rare character traits of Qian Liu can also be
seen in the unusual steps which he took in preparation
for the succession of his son, Qian Yuanguan錢元瓘 (890
-944), shortly before his own death in 932. As recorded
in the biography of that son in the *Historical Records:*

> As Liu lay bed-ridden with illness, he summoned
> his leading officers to announce, "My sons, all
> mediocre and inept, are inadequate for future
> elevation to office. When I die, therefore, I
> leave the selection of a successor to you." Wee-
> ping, the commanders responded uniformly, "Among
> the sons who have joined Your Highness on cam-
> paign, Yuanguan is the most accomplished, far
> exceeding your other sons. We request his nomi-

nation."[17]

This brief account is highly revealing, and not merely because it reflects a degree of trust between Qian Liu and his military officers rare for his day, but also because it reveals a measure of impartially and skepticism toward his own sons equally rare. Sadly, his instincts were right for that particular son, in power for a total of twelve years, for Ouyang Xiu characterizes Yuanguan as self-indulgent, egotistical, and weak-spirited — he died in his mid-fifties after an emotional breakdown.[18] His political legacy was undistinguished, his ambition never extending beyond a brief campaign against his southern neighbor, Min, which ended in a resounding rout.[19]

The son and successor to Yuanguan struck a far more striking profile: coming to the throne at a mere thirteen sui. Qian Zuo 錢佐 (928-947) surprised everyone with a speedy restructuring of the military commands, including the purge of some influential eunuchs.[20] He

---

[17] *Wudai shiji*, ch. 67, p. 841.

[18] Ibid. Also see Zhang Haipeng, *Wu-Yue beishi*, ch. 2, pp. 1a-17a.

[19] Wu Renchen, *Shiguo chunqiu*, ch. 79, pp. 1117-1131; Zhang Haipeng, *Wu -Yue beishi*, ch. 3, pp. 1a-16a.

[20] *Wudai shiji*, ch. 67, p. 842. Also see Wu Renchen, *Shiguo chunqiu*, ch. 80, pp. 1133-1146.

would even take aggressive action against the Southern Tang, against strenuous opposition from his military advisors, deploying a force of reportedly thirty thousand. Whether the move reflects a genuine urge to unify the larger region under his own banner or merely an act of opportunism in the face of rare vulnerability for an old rival will never be known - Qian Zuo died before his twentieth birthday. Still, he had already accomplished a remarkable feat: he proved that a man born to privilege in one of the most materially and aesthetically decadent regions of the south might still have greater ambitions. The Qian house, however, would not sire another of his caliber.

The final ruler of Wu-Yue, Qian Chu錢俶 (929-988), came to power in 948 after a power struggle which claimed the life of a brother before the military intervened on his behalf.❷ It was not an auspicious beginning for the twenty year-old and the 950s brought new challenges in the form of military pressure from the Later Zhou and eventually the Song. But Qian Chu continued to seek the approval of northern rulers for his investiture as "Prince." He also continued with ever

---

❷ *Wudai shiji*, ch. 67, pp. 842-844; Wu Renchen, *Shiguo chunqiu*, ch 81-82, pp. 1147-1185; Zhang Haipeng, *Wu-Yue beishie*, ch. 4, pp. 1a-26b.

greater stridency the payment of tribute to the north, in the hope of keeping in the good graces of its ambitious rulers. Indeed, this policy may explain the political survival of Qian Chu for some thirty years, his regime one of the last holdouts to Song sovereignty. In the view of Ouyang Xiu, however, the failure of this final monarch rested in his naive belief in the superior value of money over principle, tribute over conquest:

The Qian house dominated the Liangzhe region [Jiangsu/Zhejiang] for several hundred years; and relative to assorted other kingdoms, its rulers were considered more timid and weak. Having grown accustomed to decadent consumption, they threw their energies into the clever and crafty. Beginning with Qian Liu, it became progressively popular to exact heavily from the people to finance his own illicit extravagance, to the point that his agents would appear at the homes of subjects to claim the fledglings of chicken and fish on the very day of their hatching. Whenever an individual was to be punished with club for failing to meet his tax obligation, the bookkeepers each would bring their account books to the yamen for examination, and for the shortfalls in each book, the amount was cited aloud and then

associated with a penalty for flogging. Even for
lesser amounts, the penalty might entail several
dozens of floggings with the light club; for
larger amounts, floggings could exceed a hundred
— such hardship that the people could hardly cope.
Additionally, the Qian pilfered the precious
merchandise of merchants from the country's hills
all the way to its coasts.

Wu-Yue offered tribute to the Middle Kingdom
unstintingly throughout the Five Dynasties era.
As Shizong began to pacify the lower Huai region
and then the Song entered its ascent, as the
domains of Jing and Chu [to the west] in succes-
sion began "submitting to the new mandate," Qian
Chu became ever more strategically isolated,
nearly ruining his government in order to offer
up tribute. Chu once visited the Song court dur-
ing the reign of Emperor Taizu, who later extend-
ed every courtesy in sending him off for home.
This so pleased Chu that he started employing
ever more precious items as tribute, at levels
beyond calculation. Taizu commented, in response:
"Such items come from my very own treasury, [as I
see it]. How can these be considered tribute?" In
the third year of Taiping/Xingguo [978], having
been summoned to the Song court, Chu and his

family returned to the capital [as residents-in-exile]. His empire had expired.❷

Based on the above passage, Wu-Yue seems to be plagued with rulers who are progressively spoiled by the bounty around them, rulers whose martial will is gradually sapped by their sumptuous living conditions, rulers who begin with martial simplicity and end up as mere caricatures of their former selves. The contrast with rulers of the north could scarcely be greater: while an exquisitely confident Song Taizu concerns himself with conserving his limited resources in the service of universal rule, Qian Chu found himself taxing his subjects at increasingly obscene levels merely to ingratiate his counterpart to the north with ever more lavish gifts, all for the meager purpose of retaining the status quo.

On the Potentates of Sichuan

A similar theme of material abundance and political ambivalence emerges in Ouyang Xiu's treatment of potentates out west in Sichuan, rulers of the Former Shu (907-924) and Later Shu (926-965). He found particularly loathsome the regime's first ruler, Wang Jian 王建

---

❷ *Wudai shiji*, ch. 67, pp. 843-844.

(847-918). A native of north-central China, Xuzhou許州, he is described by Ouyang Xiu as distinctively northern in demeanor and gritty in character: "prominent eyebrows, a broad forehead, and a majestic bearing. A wastrel in his youth, he made a living butchering cows, stealing donkeys, and pirating in illegal salt, such that fellow villages referred to him as 'Wang the Bastard.'"㉓ He eventually ended up in the military, which led him to Sichuan in the 880s, initially assisting in the suppression of the rebel Huang Chao and later creating a power base for himself. The speed of his advancement owes something to his adoption as the son of Tian Lingzi田令孜, a leading force in the Sichuan military chain-of-command who later became a casualty of the ruthless ambition of that same son.

By 901, the entirety of Sichuan had come under Wang Jian's control, a feat accomplished partly by exploiting his authority as court-appointed military governor

---

㉓ *Wudai shiji*, ch. 63, pp. 783-791 (esp. 783). "Wang the Bastard" (wang ba王八) is a reference to Wang Jian's parentless youth and stormy relationship with his adopted father. For more on this colorful character, see, Yang Weili 楊偉立, *Qian shu/Hou shu shi*前蜀後蜀史 (Chengdu: Sichuansheng shehui kexueyuan chubanshe, 1986), pp. 15-72; Tao Maobing, *Wudai shilue*, pp. 150-156; *Jiu wudai shi*, ch. 136, pp. 1815-1819; Wu Renchen, *Shiguo chunqiu*, ch. 35-36, pp. 481-529.

to eliminate rivals and partly by ignoring directives from the Tang court when insubordination offered greater rewards. He was an opportunist to be sure, but clever as both strategist and statesman, as Ouyang Xiu grudgingly concedes,

> Insularity was at the foundation of Shu's prosperity. During the waning years of Tang, many literati turned to Jian to escape the turmoil of the day. He may have arisen among rogues, but Jian was a cunning personality who treated his subordinates well. So, once he assumed royal titles, he drew upon the famous courtiers and distinguished families of Tang [to staff his own court]: Wei Zhuang 韋莊 was the grandson of Wei Jiansu 韋見素 and Zhang Ge 張格 was the son of Zhang Jun 張濬.

Jian once said to his aides, "As commander of the Shence Army, I once garrisoned my men in the Tang imperial palace and observed the Son of Heaven summoning academicians in the middle of the night, as they came and went without stop. They treated each other with the kindness and courtesy of civil service colleagues [not ruler and subject], in contrast with the Emperor's [tense] relations with martial ministers." Thus, Jian treated

> [civilians like] Ge and cohort with a special
> measure of kindness and courtesy, while Song Pi
> 宋玭and a hundred others came to enjoy his confid-
> ence.㉔

It may seem odd that Ouyang Xiu would be so parsimo-
nious in his compliments for Wang Jian, portraying even
his courtesy toward civil servants as cynically inspir-
ed. Perhaps he resented that this man, who presents
himself here as humbled and inspired by the political
legacy of Tang, is the same Wang Jian who flaunted its
orders at whim and thereby contributed to its downfall.
Or perhaps Ouyang Xiu discounted Wang Jian's professed
deference for literati advisors due to the inconsist-
encies with the same man's scandalous behavior as son
and father.

　　Mention was made earlier of the implication of Wang
Jian in the death of his adopted father. Nearly two
decades later, a youth once adopted by him and consid-
ered a likely successor, Wang Zongji王宗佶 (d. 908),
suffered a similar fate at Wang Jian's hand, due to a
combination of Zongji's own ambition as well as his
father's paranoia.㉕ Another prospective heir also died

㉔　*Wudai shiji*, ch. 63, pp. 787.

㉕　*Wudai shiji*, ch. 63, p. 788.

at the end of a stormy relationship with the same father: an irate and presumptuous Wang Zongyi王宗懿(d. 913) was not without culpability in his own demise, but Wang Jian evinced bad judgment from the very beginning, initially overindulging and later simply abandoning that son.❷ The Wang royal family was about as dysfunctional as one can be. The caprice of Wang Jian and the resulting insecurity of those around him would persist until the very end, as reflected in Ouyang Xiu's comments on his final days:

> In the sixth month of the inaugural year of Tianhan [918], Jian passed away. He was seventy-two sui. During his last years, he tended to favor members of the inner palace: the Wise Consort Xu 徐氏and her sister the Pure Consort, both advanced due to their physical appeal to him, dominated the palace and its affairs. They even allied with eunuchs such as Tang Wenyi唐文扆to influence affairs of the outer court. As Jian grew older, Wenyi served as coadministrator of the six armies, such that affairs large and small all came to be decided by him. Upon the death of Jian, he deployed troops to enter the barracks of bodyguards

---

❷ *Wudai shiji*, ch. 63, p. 789-790.

in an attempt to eliminate all of his former officers. But the officers, knowing of Jian's illness, refused to let the troops enter. After some time, Zongbi 宗弼 and others forced the chamber doors open and entered, making known the mutinous intent of Wenyi and the officers killed him.[27]

Wang Jian alone bears responsibility for the instabilities surrounding the succession: it was he who initially introduced eunuchs and consorts into the political equation and he who created the political vacuum which invited intervention by unauthorized courtiers.

Conditions only deteriorated under the heir to Wang Jian, his eleventh and youngest son, Wang Yan 王衍 (r. 918-924).[28] Historian Ouyang Xiu speaks of his presumably auspicious features: a square chin and large mouth, long arms and large ears.[29] He comments favorably as well on Wang Yan's literary finesse. But the youthful Shu monarch seems to have acquired habits of sexual and aesthetic indulgence far exceeding his father, lifestyle choices with unfortunate political ramific-

---

[27] *Wudai shiji*, ch. 63, p. 790.

[28] For more on Wang Yan, see Yang Weili, *Qian shu/Hou shu shi*, pp. 72-94; Wu Renchen, *Shiguo chunqiu*, ch. 37, pp. 531-557; Tao Maobing, *Wudai shilue*, pp. 156-160.

[29] *Wudai shiji*, ch. 63, pp. 791-793 (esp. 791).

ations: he would delegate ever greater power to eunuchs and other favorites. The level of frivolity is described at length the *Historical Records*, which views the monarch's reputation for ostentation as largely responsible for the northern invasion of Sichuan that toppled Wang Yan within a decade of coming to the throne. In the words of Ouyang Xiu:

> The people of Shu are wealthy and fond of merrymaking. In the later years of rule by the Wang royal family, there emerged a fetish for small caps: barely covering the top of the head, the cap could fall off with a simple bowing of the head. It came to be called the "Majestic Pate Cap." But Wang Yan believed the fashion to be inauspicious and banned it. Yan personally preferred to wear large hats, which he donned whenever he mingled incognito among the people; the people eventually came to recognize him by his large hat and it became the rage for his entire kingdom.
>
> He was also fond of wrapping his head in a sharply creased turban with his head appearing pointed like an awl, while the women of the inner palace all wore head garlands made of golden lotus flowers while donning the attire of Daoist nuns. They would remove the head garlands at

times of heavy drinking, revealing hair that had
been twisted up and accented with bright red
powder. It came to be called "Coiffure of the
Drunkard," a style reviled by the people of his
kingdom. Once, during travels to Mount Qingcheng
with the Empress Dowager and Consort-Dowager, the
palace women wore dresses painted with colorful
clouds, the fluttering of which made the women
look like immortals.

Wang Yan once composed the "Ode to Ganzhou" which
described its immortals: he often sang it perso-
nally when he roamed the ridges and ravines of
mountains, often ordering palace ladies join him
in song. [Out of respect for such immortals,] he
changed the reign year to Qiande (the Power of
Primal Force), within a year of taking the throne.❸⓪

Ouyang Xiu seems less offended by the waste of wealth
reflected in such behavior than the total lack of pol-
itical energy or purpose: although a man of arts and
letters with an abundance of intelligence, style, and
leadership qualities, Wang Yan would be known to hist-
ory, above all else, for his hat fetishes. It is an

---

❸⓪ *Wudai shiji*, ch. 63, p. 792.

opinion with which many a modern historian concurs. ❸
But hat and clothing fetishes among royals had a great-
er symbolism for Ouyang Xiu: it is a "perversion of
proper attire" (fuyao 服妖) common to periods of dyn-
astic decline, a cultural omen of sorts.❸Finally, Ouy-
ang Xiu despised the superstitious character of Wang
Yan and his father, who not only fancied Daoist-sound-
ing reign titles and attire, but also indulged in every
sort of fortune-telling and augury – another sign of
egotistical frivolity.

In commentary concluding this chapter on the Former
Shu, Ouyang Xiu does not offer the usual historical
review of the regime, but focuses instead on exposing
the myths and superstitions perpetrated by Wang royals
to legitimize their rule, the manipulation of religious
symbols an excuse for disengaging themselves from the
real world of political action and responsibility. His
words are angrily intense:

---

❸ Xie Yuanlu謝元魯, "Lun Tang/Wudai/Song Shuzhong de shechi zhi feng"
論唐五代宋蜀中的奢侈之風, in *Qian/hou Shu de lishi yu wenhua*前後蜀的
歷史與文化 (Chengdu: Bashu shushe, 1994), pp. 48–56.

❸ Ouyang Xiu discusses such "perversions of proper attire" in the "
Treatise on the Five Elements" (Wuxing zhuan五行傳) in his *New Hist-
ory of the Tang*; see Ouyang Xiu, et al, *Xin Tang shu*新唐書 (Beijing:
Zhonghua shuju, 1975), ch. 34, p. 879. I am grateful to my reviewer,
Huang Ch'ing-lien黃清連, for this reference.

We Lament: Ever since the Qin and Han dynasties,
learned men often spoke of omens and auguries,
but th few sufficiently astute to challenge them,
never succeeded at a full discrediting! In my own
reading of the History of Shu, I found odd, in
the least, the suggestion that auspicious omens
commonly associated with kingly rule such as the
tortoise, dragon, unicorn, phoenix, and the myt-
hical zou tiger all eventually made appearances
in this domain. The factors behind the rise and
fall, successes and failures of the regime are
clearly evident. Some say that the Wang royal
house was undeserving of such visitations, a
conclusion clearly evidenced in the conditions of
the world in its day.⋯⋯.

A lengthy discussion then ensues about the credibility
of stories about such fabulous creatures making their
appearance on the historical stage. Ouyang Xiu stops
short of rejecting outright their possible appearance
in high antiquity when polity was well ordered, but
questions reports of recent sightings, particularly in
the case of a region so geographically insular as Sic-
huan and under a regime so politically undistinguished
as the Former Shu. He finishes his commentary with
advice to statesmen and historians of his own day com-

mitted to restoring reason to politics by exposing such beliefs as bogus. In his own words:

> Those wishing to discredit such popular delusions, will have difficulty challenging them in times when they are believed; it is better to wait until there is an opening for doubt and then proceed with condemnation. For such omens of kingly rule as the unicorn, phoenix, tortoise, and dragon to make appearances in the Five Dynasties era – and be sighted in Shu no less – this is incredulous even for someone otherwise favorably disposed to theories of auguries and omens. This being one of those incredulous moments, to follow up with condemnation is likely to make even the deluded think twice.❸❸

In the text of his chronicle for the Former Shu, Ouyang Xiu goes to great lengths to cite scrupulously reports from official records about the frequent appearance of giants, phoenix, white deer and white peacocks, etc. Such detailed narration of specious events in the case of Shu is highly anomalous, for such information tends to be thoroughly suppressed elsewhere in the *Historical Records*, as well as the other major work associated

---

❸❸ *Wudai shiji*, ch. 63, p. 794-796.

with Ouyang Xiu, the *New History of the Tang*.[34] But his refusal here to suppress such specious data was a stroke of rhetorical genius: comments at the end of the chapter where Ouyang Xiu rejects outright the historicity of such events have far greater impact precisely because of the seemingly endless series of citations in the text which precede his commentary.

The second royal house to dominate Sichuan during the Five Dynasties was also a northern transplant: Meng Zhixiang孟知祥 (d. 935) hailed from Xingzhou邢州, the southern stretch of modern Hebei province, and indeed spent most of his formative years in the northeast, serving the Later Tang in various military capacities.[35] The Tang conquest of Sichuan had opened up opportunities for advancement in the southwest,initially as court-appointed prefect of Chengdu, in 926, and its leading military figure. But no sooner had Meng Zhixiang arrived in Sichuan than he raided the former home of Wang royals and carted off some six million strings

---

[34] Richard L. Davis, "Sung Historiography: Empirical Ideals and Didactic Realities," *Chinese Culture*, vol. 29, #4 (Dec. 1988), pp. 67-80 (esp. 71-72).

[35] *Wudai shiji*, ch. 64, pp. 797-803. Also see *Jiu wudai shi*, ch. 136, pp. 1822-1823; Wu Renchen, *Shiguo chunqiu*, ch. 48, pp. 679-704; Tao Maobing, *Wudai shilue*, pp. 156-163; Yang Weili, *Qian Shu/Hou Shu shi*, pp. 126-136.

of cash, an act justified as necessary to "reward his troops for their service."❸⓺ But this merely whet his appetite, as Ouyang Xiu sees it, for more money and power. Within a year of arriving in Sichuan, Meng Zhixiang had already begun to challenge court demands for tribute, working assiduously to retain resources locally; he later assassinated a court envoy sent to ply for more taxes. To wit, he became progressively more belligerent even as Later Tang rulers overextended themselves to placate him. He rebelled outright by 930 and assumed the trappings of emperor a few years later.

Meng Zhixiang must have been an uncommonly formidable man, for rulers up north – hardened warriors of Shatuo origins who had earlier invaded Sichuan – took special care not to offend him. Members of his extended family, for example, had long been held in the Later Tang capital as veritable hostages, a practice common in this period and earlier as a check on ambitious commanders in the provinces. Yet when he rebelled, the court in Kaifeng did not exact the usual retaliation by executing his kin. It even ignored complaints from other governors, who resented the special treatment afforded Meng Zhixiang's family in light of the severe punishment borne by other families for the misdeeds

---

of a single powerful kinsman. Meng Zhixiang also manag-
ed to have a sister released from court custody and
reunited with him, even as Tang rulers executed her
husband, the one-time governor Li Kening 李克寧, as
traitor.❸ Such timidity on the part of northern overse-
ers can only be explained in terms of a combination of
extraordinary charisma and military clout. Ouyang Xiu
reveals little else about the character or lifestyle of
Meng Zhixiang; perhaps the sorts of informal historical
sources available for the regimes of the southeast were
less available for the west, but more likely, the ruler
's personal lifestyle was otherwise unremarkable. This
was not so for the next generation.

　Meng Chang 孟昶 (919-965), the third son of Zhixiang,
was only sixteen years old at coming to power, in 935.❸
He was doubtlessly born in the north, but his formative
years were spent in Sichuan, raised amidst privilege in
one of the most prosperous cities of the day, Chengdu.
This teenage ruler, according to Ouyang Xiu, evinced
early signs of decadence: "practicing Daoist arts of
the bedchamber and recruiting youths from good families

---

❸ For these acts of amnesty, see *Wudai shiji*, ch. 64, pp. 801, 802.

❸ *Wudai shiji*, ch. 64, pp. 803-807; *Jiu wudai shi*, 136, pp. 1823-1825;
　Song shi, ch. 479, pp. 13873-81; Wu Renchen, *Shiguo chunqiu*, ch. 49,
　pp. 705-743. Also see Yang Weili, *Qian Shu/Hou Shu shi*, pp. 136-163.

for the inner palace."❸❾ Yet under the persuasion of influential courtiers, he not only harnessed his libido, but underwent a radical change in personality, quickly evolving into a ruler with an independent streak exceeding even his father. Ouyang Xiu writes of an incident early in his thirty-year reign, which seemed to augur well for his administration:

> As Meng Chang was young and unable personally to govern, his high-level military and civil officers were all former associates of Zhixiang, whose lenient and generous treatment had nurtured excessively indulgent behavior in many. By the time they served Chang, they became increasingly arrogant and often violated the law: seizing the valuable land of commoners and unearthing their tombs in order to enlarge their own estates. The worst offenders were Li Renhan李仁罕and Zhang Ye張業. Within several months after taking the throne, Chang seized Renhan and murdered him, exterminating his entire clan. Li Zhao李肇had just reached the capital from his command, at the time, and approached for audience with the use of a cane. He had requested not to kneel due to illness, but

---

❸❾ Ibid., ch. 64, p. 803.

> at learning of Renhan's death, suddenly dropped
> the cane and knelt.❹

The new ruler's political debut was stunning, stunning
because of his youth, but also because he acted with
the decisiveness of a warrior, not a prince.

During his first decade in power, Meng Chang had
consolidated his territorial base in Sichuan, secured
his military base by purging unwieldy commanders, and
projected an image of political will rare for his re-
gion. His second decade in power, however, witnessed
the rise of a superior rival to the north, the Zhou,
which opened hostilities with Shu in 955. From then on,
Meng Chang would find himself largely reacting to ev-
ents rather than leading: efforts at alliance with
fellow southerners failed, while his armies fared po-
orly in the field. As conditions deteriorated, decision
-making became more erratic and irrational, Meng Chang
entrusting campaigns to those he favored, including his
own sons, as opposed to seasoned officers. Another
favorite on intimate terms with Meng Chang, who would
rise far beyond his abilities and become a major lia-
bility, was Wang Zhaoyuan王昭遠. The *Historical Records*
devotes considerable space to this fateful friendship,

---

❹ Ibid., ch. 64, p. 804.

the emperor impressed by the vanity of Zhaoyuan and his pretenses to greatness:

> Meng Chang sent Wang Zhaoyuan and Zhao Yantao 趙彥 韜 to resist the campaign ordered [by Taizu of Song]. A native of Chengdu, Zhaoyuan was a child servant of the monk Zhiyin 智諲 of the Dongguo 東郭 monastery of Zen Buddhists. He was thirteen <u>sui</u> when he joined Zhiyin at a banquet for monks hosted by Meng Zhixiang in his official residence, to which he carried turban and sandals, impressing Zhixiang at first sight with his generosity and wit. Meng Chang was engaged in studies at the time, so Zhaoyuan was named secretarial aide to him, after which friendship ensued. Meng Chang would appoint him "commissioner for securing the screens," following his accession.
>
> With the retirement of military bureau chief Wang Chuhui 王處回, Meng Chang installed Zhaoyuan as "memorial receptionist" for the Bureau of Military Affairs, this out of fear that the commissioners themselves had become too powerful and independent. Affairs great and small all came to be entrusted entirely to him. And when he desired gold and silk from the state treasury, withdrawals occurred without question. The mother of Meng

Chang, Dowager Li, often implored him not to use Zhaoyuan, but he would hear nothing of it.

Zhaoyuan was fond of reading books on warfare, manipulating military strategies as a form of self-flattery. When troops began to be dispatched from Chengdu, Meng Chang dispatched Li Hao 李昊 and others to banquet departing troops. In his hand, Zhaoyuan held a metal scepter of "good fortune" as he directed military affairs, comparing himself to [the all-time strategist] Zhuge Liang 諸葛亮. After becoming intoxicated, he said to Li Hao: " Why should this action of mine be limited to defeating the enemy at hand? As I lead these twenty to thirty thousand young men with their ferociously tattooed faces, reclaiming the central plains seems as simple as turning the palm of the hand."❹

The Song campaign against Shu, in 965, took only sixty-six days to complete. For Ouyang Xiu, the regime was undone by the provincialism and caprice of its ruler: in his later years, Meng Chang relied increasingly on petty sorts like Wang Zhaoyuan, indulging personal friends short on talent and long on ego, even as he

---

❹ *Wudai shiji*, ch. 64, p. 806.

purged men guilty of far lesser crimes. The tale would have been far less tragic, perhaps, had Meng Chang been the mediocrity of most "last emperors." He was not, at least not at the outset, but already in his thirties had lost his independent spirit and sense of judgment.

On Chu and Other Marginal Regimes

In the case of most southern dynasties, the *Historical Records* stresses over and again the theme of power-turned-to-decadence: reasonably talented dynastic founders ruined by either lack-luster sons, or alternatively, founders talented in youth who are undone by cronyism and senility in old age. Meng Chang offers perhaps the most dramatic symbol of the latter trend, but so does Ma Yin馬殷 (852-930), founder of the Chu楚 kingdom, centering on modern Hunan province and extending west into Guizhou and south into Guangxi.❷

Also like rulers of the Former Shu, Ma Yin hailed from Xuzhou, in the heart of northern China, and began his military career as a protégé of Yang Xingmi, the future founder of neighboring Wu. Before long, Ma Yin moved on to Hunan, which was then experiencing a lead-

---

❷ *Wudai shiji*, ch. 66, pp. 821-825; Wu Renchen, *Shiguo chunqiu*, ch. 67, pp. 931 -947; Yuan Shu, *Tongjian jishi benmo*, vol. 4, ch. 40a, pp. 1-24; Tao Maobing, *Wudai shilue*, pp. 163-169.

ership vacuum; and he filled it quickly, becoming mil-
itary governor in the year 897. For the next thirty
years, the remainder of his life, Ma Yin identified
politically with successive dynasties to the north,
while viewing neighbors mostly as rivals, including his
old mentor, Yang Xingmi. In exchange for regular tri-
bute, the north offered legitimation by investing him
as "prince," but also protection from two powerful
neighbors, Shu to the west and Southern Tang to the
east.

Ma Yin was not particularly decadent or ambitious:
he paid nominal fealty to the sovereignty of northern
rulers and made no effort to advance himself from "
prince" to "emperor." His motivation was preeminently
one of self-preservation, an obsession so pervasive
that power came to delegated largely to close clansmen:
the governorships for key cities away from his capital
at Changsha長沙 went either to brothers, as in the case
of Jingjiang靜江, or sons, as in the case of Wushun武順
軍; another son remained in Changsha to serve him as
chief military advisor. Ouyang Xiu praises him for "
promoting both civilian and military men," an allusion
to the fact that leadership was not entirely confined
to fellow warriors, as commonly occurred elsewhere. But
Ma Yin still ran his kingdom like a family enterprise,
he personalized politics in ways that compromised the

quality of governance and limited the vision of its leaders. Age would be his undoing as well. Ma Yin lived to be seventy-nine <u>sui</u> and in his last year experienced a setback which came to symbolize his own personal flaws as ruler but also the inadequacies of the next generation. It was then that he lost a valued commander and old acquaintance, Gao Yu 高郁 (d. 929), to court intrigue: his son and hand-picked successor, Ma Xisheng 馬希聲 (d. 932), in response to baseless charges that Gao Yu might be conspiring against the state, had fabricated an edict in his father's name ordering the conspirator's execution. When a stunned Ma Yin learned of the affair, he mourned the needless death of Gao Yu and placed blame for the affair on his own "senility."❸ Despite the transgression against imperial powers by his son and the poor judgment reflected in it, Ma Yin did not alter the succession. After all, the original selection of Ma Xisheng as heir was due to the influence of his mother, a lesser woman in the harem favored by Ma Yin - another case where the potentate set aside political principle in the interest of sentiment.

Ma Xisheng would be only an interim ruler, for he died within two years of coming to power. His successor, the fourth of Ma Yin's dozen or more sons, was Ma Xifan

---

❸ *Wudai shiji*, ch. 66, p. 825.

馬希範 (899-947). ㊹ The region's third overlord, he represented in fact only its second generation; soon into his fifteen-year reign, however, this "intellectually curious and poetically inclined" potentate acquired a lifestyle of extravagant spending that would disillusion many at his court and provide ample reason to reassess loyalties. A revealing passage from the *Historical Records* reads:

> In his construction of the "Garden for Welcoming the Spring" and "Pavilion for Merry Banquets," Xifan spent in the hundreds of thousands [of cash strings], for which he initially paid by increasing his kingdom's taxes, a practice strongly denounced as unacceptable by Tuoba Chang 拓拔常 [court academician]. He also constructed a "Palace of the Nine Dragons," with eight dragons encircling the pillar — Xifan fancied himself as the remaining dragon.
>
> The Khitan had already overturned the Jin dynasty [up north] by this time and the Middle Kingdom was in great tumult. A minor commander, Ding Sijin 丁思覲, would censure Xifan at court, stating:

㊹ *Wudai shiji*, ch. 66, pp. 826-827; Wu Renchen, *Shiguo chunqiu*, ch. 68, pp. 949 -972; Tao Maobing, *Wudai shilue*, pp. 269-278.

"The former Prince [Ma Yin] had risen up through military ranks and obtained this prefecture through the struggle of war, relying on the court [up north] to control neighboring enemies. Through three reigns his mandate has passed, the domain encompassing several thousand li and its armies consisting of a hundred thousand men. The Son of Heaven has now been reduced to a prisoner [of the Khitan] and the Middle Kingdom is without ruler. It is indeed an opportune moment for a prospective hegemon to make a mark for himself. If we can genuinely commit all of our troops in a drive on the capital [of Kaifeng] via Jingmen 荆門 and Xiangyang 襄陽 and publicize our cause to the world in terms of righteousness – this would be a feat akin to Kings Huan 桓 and Wen 文 [of Zhou dynasty times]. How can we squander our kingdom's wealth and resources on child-like pleasures [like palaces and gardens]?" Xifan declined his counsel, and Sijin, with an angry stare, declared: "This child will never learn!" Then, he choked and died.㊺

Highly revealing is Ding Sijin's suggestion that the Chu kingdom, whose area consisted of less than one-

---

㊺ *Wudai shiji*, ch. 66, pp. 826-827.

fifth of the entire south, nonetheless had built an army of 100,000. Even the military power horse to the north, the Liang empire, would have had some difficulty pulling together a force of this size.⑯ Yet even adjusting for the usual exaggeration, the sum is still stunning and implies that Ma Yin had invested heavily in his military machine in anticipation of just such an opportunity. By the time the opportunity came, he was already dead and his fourth son's interests had shifted from forays abroad to ostentation at home. The same was true for the other sons and successors of Ma Yin, who after prolonged power struggles in the late 940s, were relegated to the sidelines of history.

Material and sensual, on the one hand, and politically volatile, on the other, are traits even more characteristic for regimes of the coastal fringe such as the Min and the Southern Han南漢.⑰ Peasants turned

---

⑯ On the eve of seizing control of the heartland of northern China, for example, the *Comprehensive Mirror* reports that Liang founder Zhu Quanzhong朱全忠had to draw upon the armies of four separate governorships in order to amass the 70,000 men needed for a major campaign; these four districts were roughly the size of the Chu kingdom. Meanwhile, a history of the Southern Tang suggests that no more than 100,000 troops could be found in the entire lower Yangzi region, an area perhaps twice the size of Chu. See Yuan Shu, *Tongjian jishi benmo*, ch. 38b, p. 8; Lu You, *Nan Tang shu*, ch. 5, p. 17.

⑰ On the these two coastal powers, see Wu Renchen, *Shiguo chunqiu*, ch.

soldiers-of-fortune best characterizes the clan destin-
ed to dominate Min, led by Wang Shenzhi王審知 (862-925).
Originally a native of the lower Huai River valley town
of Guangzhou光州, he served in armies involved in the
suppression of the rebel Huang Chao, after which him
and his brothers stayed on in Fujian. Historian Ouyang
Xiu describes Shenzhi as "a gallant and gutsy man with
majestic nose and square mouth, called by his troops as
the 'Third Sire on a White Stallion,' as he often rode
a white horse."❹ He is also depicted as a model ruler:
a frugal spender who treated civil and military offic-
ers with equal deference, traits doubtlessly respon-
sible for his advancement from prefect to governor to
prince in the span of less than a decade. But the Min
regime would produce no second Wang Shenzhi; his succ-
essors' ended up a self-destructive lot who thought-
lessly squandered their inheritance.

The initial successor, Wang Yanhan王延翰(r. 925-926),
would be assassinated by a younger brother within a
year of coming to power. He was a handsome man burdened

58-60, pp. 835-876; ch. 90-92, pp. 1297-1348; Yuan Shu, *Tongjian
jishi benmo*, vol. 4, ch. 26, pp. 56-86; Tao Maobing, *Wudai shilue*,
pp. 139-142, 142-145, 262-270, 278-283; Xu Xiaowang徐曉望, *Minguo
shi*閩國史 (Taipei: Wunan tushu chuban gongsi, 1997), pp. 1-109.
❹ *Wudai shiji*, ch. 68, p. 845.

by his own profligacy and his wife's violent jealousy,
as reported by Ouyang Xiu. ❹ But it was horrifically
stormy relations with younger siblings that was Yanhan's
undoing, for several quickly came to the consensus that
he should be purged. Family rivalries also shadowed
successor Wang Lin王鏻 (r. 926-936). ❺ Only five years
into his reign, he was nearly murdered by an adopted
brother – the same brother whose support had initially
launched him to power – and then died five years later
in a mutiny involving his own son. A man as supersti-
tious as he was paranoid about his aides, Wang Lin was
utterly unpredictable, perhaps even insane, according
to Ouyang Xiu.

The next two rulers of Min both ruled for a mere
three to four years before being undone by their own
close kin: Wang Jipeng王繼鵬 (r. 936-939), eldest son
of Wang Lin, died in a mutiny hatched by commander Lien
Chongyu 連重遇 and his uncle Wang Yanxi王延羲 (r. 939-
943); that uncle would fall to the sword of the same
commander, who acted this time in liaison with the
elder brother of Yanxi, Wang Yanzheng王延政 (r.943-946),
the last ruler of Min. ❺ Repeatedly, Ouyang Xiu refers

---

❹ *Wudai shiji*, ch. 68, p. 847.

❺ *Wudai shiji*, ch. 68, pp. 847-850.

❺ *Wudai shiji*, ch. 68, pp. 850-854.

to the role of fortunetellers and sorcerers in desta-
bilizing the regime, particularly as spoilers of rela-
tions within the royal family. Military leaders created
other sorts of instability, manipulating Wang royals as
much as being manipulated by them. Unwieldy passions
for fine women and drink also appear to have plagued
the Wang house, a problem at the outset which worsened
with time. Wang royals seem not to have matured with
the years, they did not rise to the occasion; rather,
they were ruined by privileges and paranoias inevitable
with power but difficult for men of such humble origins
to handle responsibly.

Social marginality also characterizes rulers of the
Southern Han, one-time residents of the "central plains
" who in the chaotic conditions of late Tang were drawn
to the far south by a combination of military need and
trade opportunities. Founder Liu Yin劉隱（894-911）is
portrayed in the *Historical Records* as more than merely
a competent and accomplished warrior; as governor, he
courted Confucian talent and made his domain, center-
ing on modern Guangdong and Guangxi, a magnet for edu-
cated refugees from the north.❷ He died at a youthful
thirty-eight sui – an untimely end for him but also an
unpropitious beginning for a regime whose history

---

❷ *Wudai shiji*, ch. 65, pp. 809-810.

would follow a course remarkably similar to its north-
ern neighbor, Min. The younger brother to succeed Yin,
Liu Yan劉龑（889-942）, possessed none of his finer
qualities. He is said to have been nearly killed at
birth due to jealous rivalries between the wives of his
father, but then grew into a strong and skilled warrior
who muscled his way to power. Liu Yan was more than a
brute with ambition; worse, he turned violence into art
and acted in ways, according to the *Historical Records,*
which can only be described as sadistic:

> By character, Yan was intelligent but cruel:
> whenever witnessing criminal punishments that
> involved the slicing of the body, the severing of
> limbs, or the ripping away of flesh, he could not
> control his delight in watching the victims die,
> unconsciously grating at the jaw and drooling
> from a sagging mouth. Others considered him to be
> a real-life [man-eating] sea serpent. He was also
> given to material decadence, gathering the gems
> of the Southern Seas to decorate his pavilions
> with jade and his palaces with pearls.[53]

Liu Yan died of natural causes in his early fifties,
something of a surprise in light of the unthinkable

---

[53] *Wudai shiji*, ch. 65, pp. 810-813 (esp. 811).

cruelty reflected in the above passage, but perhaps itself a sign of his success in terrorizing those around them. His son and successor, Liu Fen劉昐 (921-944), must have struck a less intimidating profile, for he died two years later in a palace coup hatched by his own brother. ❺❹ Violence triggered paranoia and more violence, a succession of later Min rulers liquidating all of their siblings while entrusting power to progressively less capable men. ❺❺ This seems, at one level, just another example of power corrupted by privilege, displaced northerners ruined by the prosperity of the south. At another level, however, the total dysfunction of the Liu royal house must owe something to hereditary, the propensity for violence passed on in the genes.

It is easy to overlook the smallest of the southern kingdoms, Nanping南平 (also known as Jingnan荊南), largely because it was only a fraction of the size of the other kingdoms. Yet its domain straddled a critical section of the Yangzi River as it leaves Hubei province and approaches Sichuan: it neighbored Chu to the south, Shu to the west, and the Liang to the north – the three most powerful kingdoms of the era. ❺❻ Residents

---

❺❹ *Wudai shiji*, ch. 65, pp. 813-814.

❺❺ *Wudai shiji*, ch. 65, pp. 814-819.

❺❻ On the governors or Nanping, see *Wudai shiji*, ch. 69, pp. 855-861;

formerly of the northwest who survived hard times as
retainers of the influential, founder Gao Jixing高季興
(858-928) owes his leap largely to serendipity: given
to governor Zhu Quanzhong as a servant, he caught the
governor's eye and became his adopted son in time.[57] He
created a hereditary house of governors, the first of
four Gao men to dominate the district without ever
acquiring imperial pretenses.[58] The overseers of Nanping
followed largely a policy of alignment with the north:
in exchange for investiture as "prince," they offered
regular tribute and free passage for northern troops
campaigning against its neighbors. In some ways, Nanp-
ing was among the two to three exceptions to the rule
for southern kingdoms: its leaders, regardless of gen-
eration, seem less egotistically self-indulgent than
most of their neighbors, less seduced by the material
and sensual amenities around them. Ouyang Xiu says
little about the private lives or political values of
its leaders, offers no formal commentary on their admi-

Wu Renchen, *Shiguo chunqiu*, ch. 100-101, pp. 1427-54; Yuan Shu,
Tongjian jishi benmo, vol. 4, ch. 39b, pp. 86-92.

[57] *Wudai shiji*, ch. 69, pp. 855-857.

[58] Gao Jixing's successors as governor were: eldest son Gao Conghui高從
誨 (891-948), grandson Gao Baorong高保融 (r. 948-960), grandson Gao
Baoxu高保勖 (r. 960-962), and great grandson Gao Jichong高繼沖 (r.
962-963).

nistration. Having never reigned as monarchs, they obviously left behind none of the court documents common to empires. They also reigned over a region with none of the commercial wealth of the east nor the cash crops of the west – they lacked the means, to wit, with which to indulge themselves even if they had the impulse.

Concluding Comments

There is little trace of southern pride in this southerner's portrayal of the Ten Kingdoms, nothing laudatory about the wealth which they had managed to amass or the stability which they had succeeded in securing – feats certainly unmatched in the north, where dynasties lasted on average only a decade and unending war took an incalculable toll on the economic and emotional life of its subjects. Rather, the south seems to have wealth devoid of mission, always on the political but also cultural fringes of the "Middle Kingdom" and inferior to it, politically to be sure, but in other ways as well. Interestingly, whenever Ouyang Xiu invokes the word "Middle Kingdom," in these chapters and elsewhere in the *Historical Records*, he invariably refers to the north. For him, as for many historians preceding him, the word "middle" refers to more than mere geographic location, it also implies centrality in cultural terms. The ineptitude and incivility of these southern regimes, the extent to which they deserve to be relegated to the ranks of illicit pretenders, is reflected in Ouyang Xiu's preface to this biographical cluster on "Royal Houses for the Ten Kingdoms," where he declares:

> We Lament: Since the decline of Tang rule, tattooed-faced and head-shaven bandits exploited circumstances in the world to assume imperial pretenses. The domains of Wu and Southern Tang entered their illicit existence through men of either villainy or valor. The isolation of Shu made it prosperous, while the isolation of Han made it poor; yet the poor succeeded in preserving itself while the wealthy was the first to expire. The Min domain was crude and Jinghu destitute, while Chu offered fealty to Man barbarians. Unbearable pillage and plunder was most acute in Wu-Yue, while the people of Lingnan were treated as disposables by Liu overlords.
>
> For a hundred years, as men of valor entered contest, the mountains and rivers were all sealed off such that not even wind and air could pass through. There is a saying: "When a clear wind

rises, hordes of villains submit; when the sun and moon come out, torches are extinguished." As a great man does his deeds, the world solidifies — the inspiration for this chapter on "Royal Houses of the Ten Kingdoms."⑤⑨

The rulers of the south seem not to be "great men" (zhenren眞人), for none are capable — and most utterly disinterested — in the heroic mission of "making the world one." They tax and plunder without restraint, but also without justification; they "sealed off the mountains and rivers," carving up the country into insular chunks and impeding exchanges across borders, "even the flow of air." In contrast, the stirring allusion to Emperor Shizong of Zhou and his unifying impulses — "a clear wind on the rise "and" a great man doing his deeds" — reveals that Ouyang Xiu is writing his history from a mainstream Confucian perspective which values unity over division; he seems not fully to recognize that such "mainstream" views are not only northern in origin, but serve the interests of northerners as well.

Just as it is difficult to speak of Ouyang Xiu as a "southern historian," it is equally difficult to portray the political legacies of the southern kingdoms as

---

⑤⑨ *Wudai shiji*, ch. 61, p. 747.

representative of "southern culture. " After all, fo-
unders of seven of the nine houses – Chu, Min, Nanping,
Southern Tang, Wu, plus the Former and Later Shu – were
originally northerners (assuming the Huai River, not
the Yangzi, to be the principal divide). Their style of
ruling, but also style of living, was as much informed
by their profession as military men and the social
insecurities attendant to this background as it was
informed by regional identity. To be sure, for the
first-generation of military men who spent much of
their formative years moving wherever their superiors
directed, regional background was perhaps less powerful
an influence as profession; but the leadership defici-
encies noted above seem largely to occur with the sec-
ond generation, a generation more assimilated in its
southern environment and apparently more compromised,
if not corrupted, by it.

Elsewhere, I have written about the heightened
sensitivity of Song Neo-Confucians of Song times to
material life and its corrupting influences on men and
government. I was writing specifically about the last
century of Song rule in the south and Neo-Confucian
fundamentalists in particular, the Daoxue道學group.⑥ It

---

⑥ Richard L. Davis, *Wind Against the Mountain: the Crisis of Politics*

was then that Daoxue metaphysicists such as Zhu Xi朱熹 lambasted rulers and statesmen alike for the lavish lifestyles which sapped them of moral and political focus; it was then that patriotic poets like Xin Qiji辛 棄疾 and Lu You陸游 championed renewal of martial vigor and masculine virtues in opposition to the timid intellectualism of the day; it was also then that students at the National University began their campaign against a succession of pacifist statesmen as they rallied around martial heroes like Yue Fei岳飛. As the Song dynasty approached the end of the twelfth century – and its government-in-exile reached a heightened level of assimilation in the south – a conservative backlash against material culture appears discernibly underway. But perhaps the heightened anxiety about the south, and particularly the southeast, as the center of material decadence and moral ambivalence has its origins in earlier centuries. Embedded in the views of Ouyang Xiu toward southern regimes of the Five Dynasties may well be a tension within Confucianism itself: on the one hand, it has historically held very balanced views toward the material and sensual, based on the liberal tradition of one such as Mencius孟子; but, on

---

and *Culture in Thirteenth- Century China* (Cambridge: Harvard University Press, 1996), pp. 138-151.

the other hand, in the context of the Song dynasty
where Buddhist values reach a new level of assimilation
into Chinese intellectual life, material life comes to
be seen as increasingly problematic while the most
prosperous parts of the country, and especially its
urban enclaves, come to be viewed as the least desir-
able, in terms of the political culture fostered there.[61]

The perception of the south as politically decadent
does not begin with the Song dynasty. Even before Tang
times, certain literary traditions of the south had
been censured as unthinkably "frivolous" and "decadent,
" celebrating romance or artistic form irrespective of
moral message and a reflection of the marginality of
Confucianism to literati culture there.[62] But such cri-

---

[61] On Zhu Xi's views on and assimilation of Buddhist values, see Wing-
tsit Chan, *Chu Hsi: New Studies* (Honolulu: University of Hawaii
Press, 1989), pp. 509-536; Charles Wei-hsun Fu, "Chu Hsi on Buddhism,"
in *Chu Hsi and Neo-Confucianism*, edited by Wing-tsit Chan (Honolulu:
University of Hawaii Press, 1986), pp. 377-407; J. Percy Bruce, *Chu
Hsi and his Masters: An Introduction to Chu Hsi and the Sung School
of Chinese Philosophy* (London: Probsthain & Company, 1923), pp. 245-
257;Qian Mu錢穆, *Zhuzi xinxue'an*朱子新學案, second edition (Taipei:
Sanmin shuju, 1982), vol. 3, pp. 489-579.

[62] Anne Birrel, trans., *New Songs from a Jade Terrace: An Anthology of
Early Chinese Love Poetry* (New York: Penguin Books, 1986), p. 26;
Xiao Tong, *Wen xuan, or Selections of Refined Literature,* trans. by
David R. Knechtges (Princeton: Princeton University Press, 1986),

tics were often northerners who lived many centuries before Ouyang Xiu. Here, we find a southerner centuries later who articulates similar views, regarding the south as morally handicapped by its material abundance and dependent on the occupation of northern heroes for its political redemption. For all of its economic prosperity, the south of the Five Dynasties was still politically primitive; for all of its intellectual pretenses, it remained culturally marginal. This may seem curious to the Westerner, inclined to see wealth and literary finesse as symbols of civilized attainment. But perhaps Ouyang Xiu was making a distinction between civilization and culture, and suggesting that the south, despite its civilized evolution, still needed the north for acculturation.

It should be noted, as a final point, that Ouyang Xiu's rather critical appraisal of his own southeast, although very likely the *orthodox* opinion for his day, is not necessarily a *representative* view for his dynasty, the Song. The famed poet Lu You (1125–1210), like Ouyang Xiu a native of the south Yuezhou 越州 (modern Shaoxing) who lived a century later, presents a far

---

vol. 1, pp. 11–21; Fusheng Wu, "Decadence as Theme in Chinese Poetry of the Six Dynasties and Tang Period," Ph.D. dissertation, Brown University, 1994.

more empathetic view of potentates of the lower Yangzi
and their political potential. His privately-written
History of the Southern Tang is actually rather generous
in comments on the reign of its second ruler, Li Jing:

> When the Primal Ancestor [Li Jing] raised troops
> against Min and Chu, the land within their domain
> lay in waste; and after the Khitan had purged the
> Jin dynasty, opportunities also opened up in the
> Central Plains for those wishing to exploit them;
> yet the military power of the Southern Tang was
> inadequate even for its own domestic needs, let
> alone the deployment of men abroad, even if it so
> desired — this has been the lament of generations,
> but I do not concur!
>
> The Tang, controlling the Yangzi and Huai River
> regions, was larger in area, greater in might,
> and richer in human talent relative to the va-
> rious kingdoms in power at the time. Moreover, it
> possessed the natural barrier of the Yangzi
> River and could survive as a large kingdom und-
> isturbed. Perhaps with the right leadership, it
> could have exploited the malaise in Min and Chu
> to pacify them with relative ease, proceeding
> east from there to take Wu-Yue and then south to
> conquer the region of the five mountains [to the

far south], bringing together the full force of north and south. Yet conquest of the Central Plains, had it considered such an action, would not have been easy, to be sure.

Unfortunately, Tang commanders had lost their discipline and recklessly waged war merely to win honors; unable to accomplish great things, the power of the kingdom declined - [a phenomenon which reflects] either the failings of the original policy or the ineptitude of the men conducting that policy. Then, there were the men who suffered such staggering losses in the campaigns against Min and Chu, the likes of Chen Jue 陳覺and Feng Yanlu馮延魯 - had they been sent north in a bid for the entire realm and engaged on the Central Plains the [formidable] armies of Qin, Jin, Zhao, and Wei in a decisive contest, the ensuing catastrophe can well be imagined. Thus, I have laid out the various interpretations for later readers to consult and consider.⑥

Reflected in this passage is author Lu You's conviction that the size and resources of the Southern Tang made it the most promising of southern candidates to unify

---

⑥　Lu You, Nan Tang shu, ch.2, p. 11.

the entire Chinese world. Its failure to do so, moreov-
er, was a function chiefly of grossly inept commanders,
not as Ouyang Xiu argues, material decadent rulers and
a pacifist populace. As a subject of the Southern Song
- an empire, like the Southern Tang, centered on the
southeast - Lu You had every reason to present the
Southern Tang in a more positive light, stressing its
potential more than its deficiencies. After all, south-
ern regimes have long been defensive about their legi-
timacy and his own dynasty more defensive than most.❻❹
Lu You presents the north, on the other hand, as a
vacuum waiting to be filled, not the formidable foe
frequently found in the *Historical Records.* His is a
partisan perspective, to be sure, a perspective informed
by regional background and contemporary politics,
and for this reason, is all the easier to comprehend.
Ouyang Xiu certainly faced fewer political pressures as
subject of a unified Song, but he wrote his history of
the Five Dynasties, like most historians in imperial
times, for "ten thousand generations" and could scar

---

❻❹ On the legitimacy issue in the Southern Song and the intellectual
response to that mission, see Hoyt C. Tillman, "Proto-Nationalism in
Twelfth-Century China? The Case of Ch'en Liang," *Harvard Journal of
Asiatic Studies*, Vol. 39, #2, pp. 403-428; Davis, *Wind Against the
Mountain*, pp. 20-21.

cely allow his gift to posterity to be compromised by
the expediency of politics or the provincialism of
ancestry.⑥⑤

⑥⑤   I have addressed elsewhere the issue of "audience" in Ouyang Xiu's
historical writings; see Richard L. Davis, "Chaste and Filial Women
in the Historical Writings of Ouyang Xiu," NAN NUU: *Men, Women and
Gender in Early and Imperial China*, forthcoming.

評　論

黃清連

　　歐陽修的《五代史記》，在過去一般的中國史學史論著中，多半是從他的正統論、春秋筆法、彰善貶惡的道德觀、私修的正史、獨創「雜傳」、「家人傳」、「死節傳」等45卷「彙傳」及其篇次按排、遠祖《史記》的通史性敘述等體例是否恰當等等角度，進行討論。很少有人追問：身爲南方人的歐陽修，對於五代時期南方諸國的評價，竟以北人的立場來衡量。本文作者在結論中說，對於西方人而言，這是特別感到值得玩味的地方。的確如此，做爲一個西方漢學家，戴仁柱教授從另一個文化背景所產生的好奇角度，引導讀者重新檢驗歐陽修筆下的南方諸國，其形象到底爲何。我們常常期待「他山之石，可以攻錯」，事實上，就個人悉心拜讀本文並檢閱若干資料後，發現作者的一些見解，確實可以提供我們更多的想像和討論空間。

　　在材料運用及論證方法方面，本文基本上利用歐陽修《新五代史》各「世家」所描述的南方諸國各個國君的出身、性格、道德、統御等層面，再就諸國兵力、國勢及其與鄰國或中原王朝的關係等角度，逐層分析歐陽修對於這些南方王國的興亡更替之間，在「政治」和「文化」方面所呈現的問題癥結。然後再藉以分析歐陽修對於南方諸國的評價。在討論範圍方面，本文基本上按照下列的順序處理了吳、吳越、南唐、前蜀、後蜀、楚等六個政權，對於閩和南

漢，作者認爲歐陽修的描述和評論較少，因此本文除了提出若干意見外，幾乎從略。在文字及敘述技巧方面，本文作者深入掌握《新五代史》的文字，以他一貫的簡潔、細膩和生動的筆觸，賦予了歐陽修敏銳的觀察和褒貶以新的詮釋和生命，這是本文值得細讀和品味之處。

　　本文的確觸及到一些斷代史、史學史、甚至思想史、文化史、區域史等領域內，值得繼續研究的若干課題。例如：他提出歐陽修在《新五代史》中的「中國」，是一個「地理的中國」，也是一個「文化的中國」的概念，它是指北方而言，相對於此，南方則在政治和文化或者其他層面上都次於北方。歐陽修也以儒家的觀點來看五代紛擾的秩序，是期待「眞人作而天下同」，但作者特別指出這個「主流的」儒家觀點，不僅淵源於北方，事實上也符合北方人的利益。作者所論，似乎已觸及到正統論、北宋新思潮等問題，有待深入研究。又如：作者指出南方九個政權中的五個（楚、吳、南唐、前蜀和後蜀），其第一代的開國者都是北人，俱以軍功起家，當他們到南方建立政權時，地域的影響力不如出身的影響力大。但到了第二代以後，則可能因爲已經「同化」到新的環境而使他們的領導產生困難。這裡似乎也有「區域認同」或「本土化」的問題，值得繼續深論。第三：除了「政治」和「文化」的差異外，作者又從「物質生活」和「迷信」等區別，指出南北的異同。這是南北文化異同這個大課題的一部份，可以再從各個不同角度進行研究。以上這些課題，作者在「結論」中只以精簡的篇幅，扼要提出，讀者不免要有「意猶未盡」之感。幸好，戴教授在口頭報告中補充不少，相信這些是他長久以來就已醞釀且即將成熟的一些概念。當然，這些概

念正是前文所說,可以提供我們更多的想像和討論空間的一些課題。

本文雖然有著以上的一些特點或優點,但下面的少數幾個問題,似乎也可以提供作者參考。

第一,作者顯然已經盡了最大的努力,從歐陽修的描述中,重構一個有系統的南方各政權主政者的形象,但這個形象只基於歐陽修的描述,作者並未與其他史家對於同一件事或同一個人物的描述進行比較。如果作者能進行這項比較工作,則讀者當更能瞭解或更易於判斷歐陽修的敘述及材料的取捨,或他對於南方的印象,到底是基於何種觀點或立場。

第二,作者對於閩和南漢的敘述從略,其理由已略見前述,實際上在南方還有一個「南平世家」(即荆南高氏政權)。歐陽修對這三個政權的描述,與本文主旨仍有許多地方相合,宜一併詳細討論。例如:《新五代史》卷68(閩世家)對於王審知的個性、容貌、治術等及其子廷翰、次子鏻的信仰問題等等,都可以從作者關切的課題與其他政權比較。

第三,有關歐陽修對前蜀描述,特別著重於災異、祥瑞或者「迷信」的問題,本文曾長篇引述歐陽修對王氏晚年喜歡「危腦帽」、「醉粧」、道士神仙服的敘述,並引歐陽修對祥瑞畢出於前蜀的懷疑及批評。歐陽修在(前蜀世家)中,首先對致疑於所謂「王者之嘉瑞,莫不畢出其國,異哉!然考王氏所以興亡成敗者,可以知之矣。」然後再歸結爲「麟鳳龜龍,王者之瑞,而出於五代際,又皆萃于蜀,此雖好爲祥瑞之說者,亦可疑也。因其可者而攻之,庶幾惑者有以思焉。」按:歐陽修對前蜀王氏的敘述,如能配合他在《新唐書》卷34(五行志)「服妖」項的記事,加以比較,則

可知類似王氏所好的「危腦帽」、「醉粧」，即爲「服妖」，各種
不同類型的服妖，往往隱喻著一個政權面臨諸如婦人預事、憂恤、
泰侈、播遷等等徵兆。因此，歐陽修對前蜀的敘述，顯然已有一些
價值判斷。此外，歐陽修在《新五代史》卷59〈司天考㈡〉也說：
「自秦漢以來，學者惑於災異矣，天文五行之說，不勝其繁也。予
之所述，不得不異乎《春秋》也，考者可以知焉。」問題是：歐陽
修認爲麟鳳龜龍，在先秦即爲王者之瑞，爲何在秦漢以後則不然，
尤其前蜀更不然。《新五代史》對前蜀的敘述及類似批評，是否見
諸於其他史籍？歐陽修對祥瑞的整體看法如何？前蜀以外的其他南
方政權，也偶有類似祥瑞、災異，歐陽修又如何評斷？所有這些問
題，實在值得再進一步探討。

　　以上謹提出一些個人粗淺的看法，期盼戴教授及在座各位先生
指正。

《三朝北盟會編》的編纂與
史料價值

蔣 武 雄
東吳大學歷史學系副教授

壹、前 言

《三朝北盟會編》❶（以下簡稱《會編》）是徐夢莘❷於南宋光宗
紹熙五年（西元一一九四年）編纂完成。據其在《會編》序，說：

---

❶ 《三朝北盟會編》刊本以請光緒三十四年許涵度校刊本爲最善。但是筆者未見，
今本文所據爲較通行的光緒四年袁祖安校離本《三朝北盟會編附校勘記》，台
北，文海出版社，民國六十六年十月。另可參閱仲偉民〈《三朝北盟會編》傳
本及其體例〉，《史學史研究》 九九〇年第一期，頁36-42。

❷ 關於徐夢莘的生平事蹟，可參閱樓鑰〈直秘閣徐公墓誌銘」，《攻媿集》卷一
〇八，頁1526-1529，台北，新文豐出版公司，民國七十三年六月；脫脫《宋
史》卷四三八，列傳第一九七，〈徐夢莘傳〉，頁12982-12983，台北，鼎文
書局，民國六十七年九月；徐顥《江西臨江府志》卷七，人物志第七之二，
〈徐夢莘傳〉，頁2，明嘉靖十五年刊本，天一閣藏明代方志選刊續編，上海
書局，一九九〇年十二月；秦鏞《江西清江縣志》卷七，〈徐夢莘傳〉，頁
15-16，明崇禎十五年刊本，台北，國家圖書館微卷；陳樂素〈徐夢莘考〉，
《國學季刊》第四卷第三號上，頁357-395，民國二十三年九月；王德毅〈徐
夢莘年表〉，《大陸雜誌》第三十一卷第八期，頁225-234，民國五十四年十
月。

起【北宋徽宗】政和七年（一一一七）登州航海通虜之初，初
【南宋高宗】紹興三十二年（一一六二）逆亮犯淮敗盟之日，
繫以日月。以政（和）、宣（和）爲上帙，靖康爲中
帙，建炎、紹興爲下帙，總名曰《三朝北盟會編》，盡四十
有六年，分二百五十卷。❸

可見《會編》收編的史料，涵蓋北宋徽宗、欽宗、南宋高宗三朝和
金代太祖、太宗、熙宗海陵王時期外交、軍事等關係的記載。共計
引錄公私文書二百種以上，其中有許多已經失傳者，因此《會編》
的史料價值很高。今本文擬綜合前人的研究成果，對此書的史料價
值作一介紹，期使更多的讀者重視此書，因此先論述徐氏編纂《會
編》的目的，次論其取材的範圍和態度，進而論述其史料的價值。

貳、編纂《會編》的目的

《會編》的編成，和編纂者徐夢莘的生平事蹟有密切的關係，
❹因此從徐氏的事蹟可知其編纂《會編》的目的。他生於北宋欽宗
靖康元年（一一二六），翌年北宋即被金人所滅，而南宋雖建國於

---

❸ 本序言轉引自陳樂素〈徐夢莘考〉，頁358，其來源則取自清光緒三十四年許
涵度刊本。關於《會編》的抄本、刊本，可參閱仲偉民〈《三朝北盟會編》傳
本及其體例〉；仲偉民〈新發現的《三朝北盟會編》摘抄本之特色及其重要的
史料價值〉，《華東師範大學學報（哲學社會科學版）》一九九〇年第一期，
頁47、48-56。

❹ 陳樂素〈《三朝北盟會盟》考（上）〉，中央研究院《歷史語言研究所集刊》
第六本第二分，頁197-198，民國二十五年七月。

江南，但是局勢並不穩定，在初期仍然遭受金人的入犯。據和徐氏同時代的樓鑰，在其所撰〈直秘閣徐公墓誌銘〉敍述徐氏早年的事蹟，說：

> 始公（徐夢莘），生于靖康之初元，歲在丙午。是冬，金人再犯闕，海內雲擾。建炎二㈢年（一一二九），寇躪江右，叛將大盜蜂起。公之生纔四年，母氏襁負走陂頭劉氏家，僅免于難。❺

可見在徐氏幼年的成長過程中，曾經飽受戰爭紛亂的帶來的禍害，使他有深切的體認。其本人曾感嘆說：「嗚呼！靖康之禍古未有也！夷狄爲中國患久矣！昔在虞、周，猶不免有苗、玁狁之征。漢、唐以來，如冒頓之圍平城，佛貍之臨瓜步，頡利之盟渭上，此其盛者。又其盛則屠各陷落，耶律入汴而已。是皆乘草昧凌遲之時，未聞以全治盛際遭此其易且酷也。」❻從徐氏將靖康之禍和古代史事相比較來看，顯然他對於當時的國難有比一般人更深刻的體認和感受。陳樂素先生在〈《三朝北盟會編》考（上）〉也提到，「彼（徐夢莘）生之年值京師兩度爲敵國攻圍而陷，翌年新舊兩帝被擄北遷不還，北宋因此遂亡。此不特宋人所不能遺忘之痛，亦漢民族史上最大恥辱之一。又況徐氏生當此年，其所感受自更深也」。❼

徐氏的幼年既然曾遭受國難之苦，因此長大之後，即時常思考

---

❺　樓鑰，前引書，頁1526。

❻　徐夢莘《三朝北盟會編》序，同❸。

❼　陳樂素〈《三朝北盟會編》考（上）〉，頁197。

北宋亡國的緣由和經過，他認爲「揆厥造端，誤國首惡罪有在矣。
迨至臨難，無不恨焉。當其兩河長驅而來，使有以死捍敵，青城變
議之日，使有以死拒命，尚有挫其凶燄而折其姦鋒。惜乎仗節死義
之士僅有一二，而婾生嗜利之徒，雖近臣名士，俯首承順惟恐其
後，文吏武將望風降走，比比皆是。使彼公肆凌籍，知無人焉故
也。尚忍言之哉。❽從此段激切之語，可見徐氏有強烈的愛國心和
民族意識，因此常將靖康之禍的國難記掛於心，並且想深入地探究
此事的前因後果。樓鑰〈直秘閣徐公墓誌銘〉，說：「公（徐夢
莘）既省事，自念生長兵間，欲得盡見事之始末」。❾陳樂素先生
〈《三朝北盟會編》考（上）〉，說：「【徐夢莘】及長，漸知家
難實隨國難而來，痛憤之回憶遂導之爲事實之尋究」、❿「因感靖
康所遭遇爲前古未有之奇禍、奇辱而欲過細記敘之誌痛，故以靖康
之事爲主幹；而認政、宣之事爲其根源，炎、興之事爲其枝葉」。
⓫另外，陳樂素先生在〈徐夢莘考〉一文，也說：「徐氏早年之事
蹟，除四歲外，墓誌銘無若何敘述。然以當時其所處之環境言，自
初生至十六歲，即靖康元年（一一二六）京城之陷，至紹興十一年
（一一四一）與金之議和，其間以不斷之外來壓逼與內部變亂，……
於是厭世思想、民族思想與政治思想同時產生。……其後半生之成
《三朝北盟會編》，……皆早年感受時代思潮之反應也」、⓬

---

❽　徐夢莘《三朝北盟會編》序，同❸。

❾　同❺。

❿　同❼。

⓫　同❼，頁199。

⓬　陳樂素〈徐夢莘考〉，頁373-374。

「徐氏以生於國難嚴重時期，而自幼備嘗變亂之苦，致造成其史學
上之愛好，同時感染時代之民族思想，故不特現代史爲其所欲攻
究，且如〈墓誌銘〉所云，尤熟晉、南北、五代史事也」。**⑬**而王
德毅先生〈徐夢莘年表〉，則說：「他（徐夢莘）生在靖康元年，從
兒時就在兵荒馬亂的日子裏度過。所看到的是國勢的危殆，人民的
流離失所，山河的破碎，和政治的不安，他嘗盡了在強敵壓境下所
過的痛苦生活，於是激發出一股愛國的血誠，立志考究這一國難的
始末，他有悲痛，有憤慨，這一些，都表現在《會編》裏」。**⑭**
從以上諸人所論，我們可知徐氏編纂《會編》，顯然確實和其早年
遭遇靖康之禍，身歷其事，感受深刻，激起強烈的民族意識有關。

徐氏編纂《會編》的心志既如上所述，但是筆者認爲，尚有另
一目的應該也是促使他編成《會編》的原動力，因爲據其在《會編》序
中，說：

> 縉紳草茅傷時感事，忠憤所激，據所聞見筆而爲記錄者無慮
> 數百家。然各有所同異，事有疑信。深懼日月寖久，是非混
> 淆，臣子大節邪正莫辨，一介忠歎湮沒不傳。**⑮**

可見徐氏除了居於民族意識，想探究靖康之禍的史實之外，他也具
有史家的心志，深恐各家所言不一，容易混淆失眞，因此興起編纂
《會編》的念頭。

但是徐氏「幼年之印象與故老之傳說固爲一部分有力之資料，

---

⑬ 註同前，頁382。

⑭ 王德毅，前引文，頁225。

⑮ 徐夢莘，《三朝北盟會編》序，同**❸**。

然祇爲一極小部分而已，且不盡眞也。國家方面，處大亂之後，百
廢待舉，舊藏之典籍盡散，又未暇爲新史之編纂；私人方面，述作
雖多，未必敢遽公於世，偶有一二，亦各異其地而未聚，且人各有
說，眞僞難判，固極不易言研究也」。❻因此他想編成《會編》，
在當時實際上尙有許多困難必須加以克服，尤其是史料方面，他投
注了相當多的時間和精力收集、取捨、抄錄、考證有關的史料。他
常利用「宦游四方，收羅野史及他文書，多至二百餘家，爲編年之
體，會粹成書，傳聞異辭者，又從而訂正之」。❼也就是徐氏「仕
宦幾五十年，既予以長期間多方面搜羅史料之便利，而閒居之日爲
多，復予以從容研究、整理、選擇等種種機會」、❽「二十餘年間
南北往來，仕途頗不得意。然其所欲尋究之國難史，有此南北遼闊
之地域供其搜求，有此二十餘年之長時間供其研究，則無寧日不易
得之特殊機會也」，❾可見徐氏在編纂《會編》的過程中，曾遭遇
許多困難，幸好「徐氏不因其難而怯，隨在訪求，而復天假以年，
故卒能成其志。蓋《會編》完成，年已六十九矣」。❿

參、《會編》的取材範圍與態度

從上節的論述，可知徐夢莘編纂《會編》的主要目的乃是爲了

---

❻ 同❼。
❼ 同❺。
❽ 陳樂素〈徐夢莘考〉，頁382。
❾ 陳樂素〈《三朝北盟會編》考（上）〉，頁197–198。
❿ 同❼。

存留靖康之禍的史實。關於此，王德毅先生有如下的統計和說明：
「《會編》記事始自政和七年（一一一七），終於紹興三十二年
（一一六二），前後合計四十六年，總二百五十卷，政和、宣和爲上
帙，計九年，二十六卷；靖康爲中帙，僅一年又四個月，七十四卷；建
炎、紹興爲下帙，總三十五年又三個月，一百五十卷。可見以靖康
時期爲中心，說明禍亂之所以發生及其演變和結果」。❷因此徐氏
以諸家有關靖康之禍的專錄爲《會編》取材的重點，因爲這些專錄
大部分是該作者的親身經歷，具有第一手史料的價值。而且這些記
載是由不同的作者親歷不同的狀況，彼此觀察、評論事情的角度也
不相同，正好可以供徐氏互相比對、印證，以存其眞。至於政府公
文和臣僚奏疏，可說是靖康之禍的見證，也是比較可靠的第一手史
料。因此徐氏在編纂《會編》時，常徵引這些史料的全文或部分內
容，以證明確有其事發生，而不是杜撰的。另外，和靖康之禍有關
的重要人物，他們的傳記、行實、碑誌，以及某些雜著等，雖然或
多或少有溢美之辭，但是這些史料概述了某人的一生，對於研究某
人的生平事蹟仍然有參考的價值，同時對某些史事也有補充的作用。
再值得一提的是，徐氏也不忽略專記遼、金情況的專書，例如《亡
遼錄》、《金虜圖經》、《金虜節要》等，都在他引錄的範圍內。
❷對於以上的做法，徐氏曾自謂：「取諸家所說及詔、敕、制、

---

❷ 王德毅〈《三朝北盟會編》出版前言〉，頁3（台北，大化書局，民國六十八
年一月）關於《會編》中，各年代所佔的卷數，另可參閱陳樂素〈《三朝北盟
會編》考（上）〉，頁199-203。

❷ 曾貽芬〈宋代的類書及其他資料匯編〉，《史學史研究》一九九二年第二期，
頁56-57。

誥、書、疏、奏、議、記傳、行實、碑誌、文集、雜著事涉北盟者悉取詮次。」❷可見徐氏編纂《會編》，取材的對象相象廣泛、豐富，並且有高度的史料價值。

至於徐氏編纂《會編》的態度如何呢？這和《會編》的史料價值很有關係，因此本文擬加以討論，據《四庫全書總目》說：「其徵引皆全錄原文，無所去取，亦無所論斷。蓋是非並見，同異互存，以備史家之採擇。」❷而據徐氏《會編》序，說：

> 其辭則因元本之舊，其事則集諸家之說，不敢私爲去取，不敢妄立褒貶。參考折衷，其實自見。使忠臣、義士、亂臣、賊子善惡之跡，萬世之下不得而掩沒也。自成一家之書，以補史官之闕，此《會編》之本志也。若夫事不主此，皆在所略，嗣有所得，續繫於後。❷

漢代史家司馬遷撰《史記》，其目標是「成一家之言」，❷而徐氏則是「自成一家之書」，可見其取材的態度自有原則，也相當嚴謹。茲再據其《會編》序中所言加以申論：

1.「其辭則因元本之舊——即是將原文照本地抄錄，不做文字的更動。

2.「其事則集諸家之說」——由於記載某事常有多家說法，因

---

❷　徐夢莘《三朝北盟會編》序，同註❸。

❷　清永瑢等撰，《文淵閣四庫全書總目》卷四九，〈史部、紀事本末類〉，頁4-5，台灣商務印書館，民國七十五年三月。

❷　徐夢莘《三朝北盟會編》序，同❸。

❷　司馬遷《史記》，〈太史公自序〉第七十。

此徐氏收集諸家記載，以編年體方式，列出某年某月某日發生某事的綱要，再依序排比徵引各書有關的史料。

　　3.「不敢私爲去取」——這表示徐氏所引錄的史料，不以自己的成見、好惡予以增補、修飾、改正，只是客觀地存留史料。

　　4.「不敢妄立褒貶」——徐氏既然客觀的羅列史料，因此也不予以是非的評斷，讓讀者自己去思考、品評。[27]

　　論至此，我們可知徐氏在編纂《會編》時，是如此用心收集史料，而引錄的態度又是如此嚴謹，因此提昇了《會編》的史料價值，也誠如陳樂素先生所說：「《會編》之可貴，貴其引用材料豐富，而能保存其本來面目。後人雖不得見其所引用書之全面，但至少可見其一斑」。[28]

肆、《會編》的史料價值

一、《會編》對宋代史事的史料價值

　　《會編》成書後的第二年，爲南宋寧宗慶元二年（一一九六），是時「史官方修高宗皇帝實錄，修撰楊公輔率同寮十人奏乞取公（徐夢莘）所編之書（《會編》），仍下臨江軍給筆札抄錄以進。十一月，史官又奏其書有補于史筆爲多，仍薦公之賢。大略云：廉靜樂道，好學不衰。故有是命（除直秘閣）。又奏所編書目內有百餘家館所未備，復命錄其全書。諸公欲相挽一出與同筆削。有諭公

㉗　曾貽芬，前引文，頁57-58。

㉘　陳樂素〈《三朝北盟會編》考（上）〉，頁213。

者，答曰：『此書本不爲進身計。』力辭之」。㉙可見《會編》的史料價值在當時已深受朝廷著作實錄的史官們所重視。至元代擬修《宋史》，史官袁桷也曾經奏請採參《會編》，據袁氏《清容居士集》〈修遼金宋史搜訪遺書條例事狀〉，說：

> 徽、欽圍城受辱，北行遭幽，正史不載。所有雜書野史，可
> 備編纂，今具于後：《三朝北盟會編》……。㉚

袁氏共列書二十種，而將《會編》列於最前，正顯示出其對《會編》史料價值的重視。㉛另外，《四庫全書總目》也予《會編》史料價值高度的肯定，說：

> 自汴都喪敗，及南渡立國之始，其治亂得失，循文考證，比
> 事推求，已皆可具見其所以然。……其博贍淹通，南宋諸野
> 史中，自李心傳《繫年要錄》以外，未有能過之者。㉜

可見《會編》對於保存北宋、南宋之際的史事尤具貢獻。

二、《會編》對宋金關係史事的史料價值

如上所論，《會編》既然是以金人滅亡北宋的靖康之禍爲其編纂的重點，因此書中所引錄者，大多爲宋金關係的史料，包括宋金

㉙　樓鑰，前引書，頁1527。

㉚　袁桷《清容居士集》卷四一，〈修遼金宋史搜訪遺書條例事狀〉，頁703，台北，新文豐出版公司，民國七十三年六月。

㉛　陳樂素〈徐夢莘考〉，頁359-360。

㉜　同㉔，頁5。

互遞國書、外交使節的往來、宋金戰爭等，其中的內容有很多比
《宋史》、《金史》所記載還要詳細，確實是研究宋金關係史事的
重要史料。例如上帙卷一記載北宋徽宗政和七年（一一一七）派遣高
藥師、馬政出使金，交涉夾攻滅遼的事宜，此一史實在《宋史》中
提及不多，而在《會編》中卻有詳細的敘述。另外以《會編》和
《金史》〈交聘表〉互相校勘，不僅可發現前者比後者詳盡很多，
並且可發現後者有許多錯誤的地方。更難得的是，《會編》中所錄
《燕雲奉使錄》、《茅齋自敍》、《北征紀實》、《建炎通問錄》、
《紹興甲寅通和錄》等，至今都已佚失，更顯現出《會編》在宋金
關係史事方面頗具珍貴的史料價值。❸

三、《會編》對金代史事的史料價值

　　《會編》中所引錄金代史事的記載，有很多比《金史》、《大
金國志》、《大金集禮》還要詳細、豐富，而且有些內容在此些書
中並沒有提及。因此就金代史事來說，《會編》也具有很高的史料
價值，尤其是關於金代女真族的由來、名稱、演變，以及早期的居
住、衣服、飲食、宗教、市易、喪葬等社會、經濟、文化情形，在
其他史書中的記載不多，而《會編》中的第三、四、十八卷則有這
些方面的史料可供參考。正如陳樂素先生〈《三朝北盟會編》考
（上）〉，說：

　　　《會編》卷三有關於女真之記事，此記事頗長，佔全卷，逾

---

❸　仲偉民〈《三朝北盟會編》對金史研究的價值〉，《史學史研究》一九九一年
　　第四期，頁76。

五千字，爲一首尾具備而有條理之文，可稱曰女眞傳。……
關於此新興民族之史事若此文之詳備者實不多見，而又多爲
他書所未載；要爲研究女眞史者所不可忽之一種材料也。❸

至於金代建國後，政治、社會、軍事、地理等方面的史料，收
錄於《會編》中的政、宣上帙卷二十、炎、興下帙卷一百四十四、
一百四十五，其所引的原書大多已失傳，而《會編》卻有較集中、
較詳細的內容，正可供我們做爲參考。❸例如上帙卷二十引錄鍾邦
直《宣和乙巳奉使行程錄》，是研究當時宋金交通路線和今日東北
地理的重要史料。下帙卷一百四十四引錄張棣《金虜圖經》的「地
理驛程」部分，詳細地介紹了會寧、東京、上京與其周圍城鎮之間
的里程。同卷引錄《攬轡錄》和《金虜圖經》也詳細記載海陵王亮
由上京遷都於南京的經過和新都的情形。另外，金代的宗廟、儀
衛、旗幟、冠服、刑法、選舉、屯田等，也都有不少史料被收錄在
《會錄》中，更提昇了《會編》對金代史事的史料價值。❸

四、《會編》對遼代、西夏史事的史料價值

由於遼滅亡於天祚帝保大五年（北宋徽宗宣和七年，一一二
五），而《會編》的記載則開始於遼天祚帝開慶七年（北宋政和七年，
一一一七），因此在《會編》的前二十一卷中，收錄了一些遼代後期
的史料，其中有些正可以補充《遼史》記載的不足。至於西

---

❸　註同前，頁73-74。

❸　陳樂素〈《三朝北盟會編》（上）〉，頁258-259。

❸　仲偉民〈《三朝北盟會編》對金史研究的價值〉，頁73-75。

夏，雖然處於偏遠，但是其國運很長，也曾經和遼、金、北宋、南宋並存一段很長的時期，因此《會編》中有收錄一些關於西夏史事的史料，雖然不多，但是仍有高度的史料價值。**❸❼**

伍、結　論

　　綜上所論，可知徐夢莘所編纂的《會編》，乃是緣於強烈的動機和目的，而其收錄史料的範圍和態度，又曾經付以頗長的時間和嚴謹的功夫，因此其能採摭群書，取材廣泛，凡涉及宋金關係的史料均予收入，計其書中所列採用書目有一九六種，而宋人文集並未計算在內，另有約三分之一的材料未標明出處，因此實際上有二百多種。更難能可貴的是，這些所引錄的史料，大部分是出自當時對金和戰的決策者、使臣和執行者親手記載，同時有很多史料今已不存。而徐氏《會編》不僅多有留存，更能照錄原文，不加去取，這與當時的其他史書有所不同，例如李燾《續資治通鑑長編》、李心傳《建炎以來繫年要錄》等書，雖然是出自實錄、國史等，但是只摘引對其有用的文字，而且作者曾予以潤色加工，纂修成書，在實際上已非眞正的第一手史料。這些情形都益加凸顯出《會編》史料價值的可貴，因此陳樂素先生在〈《三朝北盟會編》考（上）〉中，給予《會編》很高的評價，說：

> 司馬光作《通鑑》，先爲長編，而李燾於是有《續資治通鑑長編》。然李氏書實已非長編之體。若徐氏此書（《會編》）

---

❸❼　註同前，頁76。

> 乃眞可稱之。我國史籍中保存史料之本來面目若此書而又若
> 此書之豐富者實所罕見。我輩於千年後之今日因此得間接獲
> 知許之珍貴史料以資重新研究，誠屬大幸也。㊳

可見《會編》一書所留存的史料相當珍貴，也具有深遠的意義。

　　另外，《會編》所收錄者既然都是宋代、金代、宋金關係、遼
代、西夏史事的珍貴史料，因此陳樂素先生在〈徐夢莘考〉中，也
強調《會編》的史料價值和稱贊徐氏，說：

> 以其有獨特之史學見解，對於史料之處置，主張「其辭則因
> 元本之舊，其事則集諸家之說，不私爲去取，不妄立褒貶」，
> 再加以盡其畢生之力專注於此書，對於史料爲廣博之搜集，
> 致所徵引多至二百餘種。因此此二百餘種之原始史料不特爲
> 研究宋遼金當時國際上之外交與軍事關係最重要之根據；且
> 三國當時之政治上，經濟上，地理上，民俗上，社會上以至
> 一部分人之個性，私生活及特殊事件之經過等種種材料，蘊
> 藏於其中者亦極豐富，留以待今日史家之開發。徐氏之功不
> 可磨滅也。㊴

以上二文爲陳氏在民國二十五年和二十三年所稱之語，對於後輩史
學研究者參閱《會編》應有提醒、鼓勵的作用。因此近幾十年來有
許多中外學者頗能不以《會編》卷帙浩繁爲苦，而透過《會編》的
記載對有關各朝代的史事做深入研究，這不僅顯現出《會編》具有
很高的史料價值，也反映了他們對《會編》史料價值的肯定和重視。

㊳　陳樂素〈《三朝北盟會編》考（上）〉，頁203-204。
㊴　陳樂素〈徐夢莘考〉，頁360-361。

評　論

王　德　毅

　　拜讀了蔣教授的論文，對徐夢莘編纂《會編》的目的，取材的範圍與態度，以及其史料價值，皆有分析說明，尚稱明晰。惟縱觀全文，則覺並沒有什麼特點，而且多引錄近半個多世紀來各位前輩的著作，自己並沒有任何開創，所以必須再進一步探討。

　　首先我建議應先從比較李燾《續資治通鑑長編》、李心傳《建炎以來繫年要錄》與《會編》之關係。《長編》記北宋一祖八宗之事，雖徽欽兩朝史事全缺，然楊仲良的《長編紀事本末》卷一四二至四三載與金盟本末，卷一四四至四五載金兵入寇經過，卷一四九載〈二聖北狩〉，卷一五〇載〈高宗渡江〉，皆可以與《會編》所載者作一比較。且《長編紀事本末》所引之《金盟本末》暨《詔旨》，即汪藻所編修的《金人請盟敗盟本末》《元符庚辰以來詔旨》，而《金盟本末》也稱《裔夷謀夏錄》，也是《會編》所徵引的。至於《繫年要錄》記事雖廣，而對金和戰，載述仍詳，且所徵引史料大半相同，不僅可以互補，而且可以校勘。

　　其次，《會編》引錄數十種個人傳記史料，特別對「忠臣義士、亂臣賊子善惡之迹」，記述尤詳，舉凡家傳、行狀、墓銘、碑志、事略等，又多半為今世所不傳者，如靖康元年（一一二六）夏人進攻陝西秦鳳路懷德軍、知軍濮陽人劉銓，於城陷被執不屈死，《宋史》不為立傳，僅在〈欽宗本紀〉中提到：「十一月丙寅，夏人陷懷德軍，知

軍事劉銓，通判枉翊世死之。」而《會編》卷六十一載錄不著撰人的〈劉懷德死節錄〉。另外，與李若水一同出使金營因反對立異姓遭金人殺害的王履，《宋史》亦不爲立傳，而《會編》卷八十二載有不著撰人的〈王履事迹〉。例子甚多，足證史料價值之高。

其三則是宋與高麗、蒙古關係史料，經查在《會編》卷二三二載有劉錡等〈檄契丹西夏高麗渤海韃靼諸國及河北河東等路書〉。當南宋受金攻略，頗思爭取與國，達到以夷制夷之目的，這類史料，也是很難得的。

最後，蔣教授文中也有一些徵引原文之誤字和脫字，如頁167引徐氏自序。又中央圖書館藏樓鑰《攻媿集》舊抄本，朱墨合校，與四部叢刊本不同，頁165所引如〈徐公墓誌銘〉即作「建炎三年虜躪江右」，就不必另作考證或加注了。

以上供蔣教授參考。

汪輝祖（1731-1807）之史學

黃　兆　強

東吳大學歷史學系副教授

壹、前　言

　　近年個人對清人的元史研究頗感興趣❶。清乾嘉學者汪輝祖曾撰著《元史本證》五十卷。去年（一九九七）暑假頗有意就本書的宗趣、體例、特色等等做一點研究。孟子說：「誦其詩、讀其書，不知其人，可乎？是以論其世也。」❷由是捨《本證》的研究，而先探討輝祖的一生。《清史稿》、《清史列傳》、《國朝耆獻類徵》（初編）、《碑傳集》及《國朝先正事略》固收錄輝祖的生平行誼，然失諸簡陋；倒是其同邑好友王宗炎撰寫的〈汪輝祖行狀〉相

＊　感謝文化大學史學系李紀祥教授對本文作講評。李教授所提出的三個問題非常
　　值得關注。這是本論文原先不甚注意或不曾處理的。感謝他的提點。

❶　先後就《元史》或相關研究，撰寫了以下的文章：〈《元史》纂修若干問題辨
　　析〉，《東吳歷史學報》，創刊號，一九九五年四月，頁153-180；〈錢大昕
　　元史研究動機探微及學人對錢氏述評之研究〉，《東吳歷史學報》，第二期，
　　一九九六年三月，頁94-140；〈《元史類編》之研究——以本書〈凡例〉為主
　　軸所展開之探討〉，《東吳歷史學報》，第三期，一九九七年三月，頁103-
　　134。

❷　《孟子・萬章下》。

當翔實❸。當然最理想的一手資料，莫過於輝祖本人（含兒子）所編纂的兩年譜了。❹前一年譜記載譜主自出生至六十七歲之事蹟，止於嘉慶元年；後一年譜接述前事，記載至卒前之事蹟，止於嘉慶十二年。兩譜共約十萬字❺；雖翔實可靠，然失諸蕪雜。近人陳讓及瞿兌之就先生之行誼，各有述作，惟嫌簡略❻。筆者不揣譾陋，乃以兩年譜爲基本素材，并參稽譜主本人及同時學人之著作暨前人研究成果，綴述輝祖的一生，成〈汪輝祖先生(1731-1807)年譜〉一種。❼

　　回顧輝祖的一生，其成就可有數端：一、佐幕三十四年❽，爲官四年，表現卓越，得後世良幕循吏的稱譽❾。二、以佐幕之經驗

---

❸　〈行狀〉約六千字。文末對輝祖著作的介紹是認識相關問題的好材料。〈行狀〉收入《汪輝祖行述》（台北：廣文書局，一九七七，初版），頁33-63；又作爲附錄收入北京中華書局版（一九八四）的《元史本證》中，頁585-596。

❹　一爲輝祖嘉慶元年臥病後口授兒子依年撮記之年譜，名爲《病榻夢痕錄》（台北：商務印書館，一九八○）；另一爲譜主嘉慶三年病愈後手自劄記之《夢痕錄餘》（收入光緒十五年江蘇書局版之《汪龍莊遺書》內），記載止於嘉慶十年除夕。後此者至卒前之十年五月則由兒輩綴敘，俾成完帙。按《錄餘》〈嘉慶十一年〉條，輝祖兒子綴記云：「至丁卯（嘉慶十二年）三月府君棄養，中間十有三月，不復命筆。」然輝祖卒於嘉慶十二年三月，故前後應十五個月！疑「三」爲「五」字之誤，今逕作「十有五月」。

❺　參黃秀文主編，《中國年譜辭典》（上海：百家出版社，一九九七），頁425。

❻　陳讓，〈（史學工具書努力者）汪輝祖年譜〉，《輔仁學誌》，第一卷第二期，一九二九年三月，頁216-238；陳文僅逾萬言。瞿兌之，〈汪輝祖年表〉，《汪輝祖傳述》（上海：商務印書館，缺年份），頁81-93；瞿表僅二、三千字。參上❺。

❼　拙文刊《東吳歷史學報》，第四期，一九九八年三月，頁95-138。

❽　清代學人有不少是佐幕出身的。但佐幕時間長至三十四年的，則未見。輝祖或係學人佐幕最久者，茲存疑，待考。

❾　張偉仁先生逕以〈良幕循吏汪輝祖——一個法制工作者的典範〉爲題撰文研究

撰成《佐治藥言》及《續藥言》；從政之經驗纂成《學治臆說》、
《續說》及《說贅》。此於後輩之入幕及為州縣官甚具參攷價值。
三、自訂之兩年譜於乾嘉時代之社會、經濟（尤其物價）及人情風俗
方面均有所反映❿。且此自訂譜之本身雖或失諸蕪雜，然仍不失為
一相當不錯之自傳。據云：胡適便「很表彰這部書」⓫。四、《元
史本證》五十卷，頗有功於《元史》研究。博洽多聞之并世學人錢
大昕相當推重本書，為之撰序一篇。五、姓名錄工具書數種，給人
檢閱二十四史無限的方便。

　　上述四、五兩項最能反映輝祖的史學成就。下文即以此為主軸
探究之。茲先簡述其生平行誼。

貳、生平事蹟簡述

　　汪輝祖，生於雍正八年，卒於嘉慶十二年，享年七十八歲。先
生字煥曾，號龍莊，晚號歸廬，浙江蕭山人。父親曾做過兩年幕
客，當過典史、經過商，但事業似乎都不很順利。嫡母姓方，繼母
姓王，生母姓徐。輝祖五歲時，方氏去世；十一歲，父親亦逝世。
王、徐二氏撫育輝祖至成人。生母於輝祖三十三歲時逝世，繼母則
卒於輝祖四十六歲時。先生二十歲成家；妻子姓王，比先生長半

　　之。《台大法學論叢》，第十九卷，第一、第二期，第一九八九年十二月、一
　　九九〇年六月。

❿　此點，瞿兌之先我言之，惟視自訂譜「可以當他一部乾隆六十年中社會經濟小
　　史」，則稍嫌誇張。瞿兌之，前揭書之〈序〉文。

⓫　瞿兌之，前揭書，〈序〉。

歲。輝祖四十一歲時，王氏卒。娶繼室曹氏。先生育男六人、女五人。三男繼坊、繼培、繼壕頗能繼承衣缽，從事翰墨；其中五子繼培成就最高，曾校《列子》、箋注《潛夫論》。先生中年後所編纂之歷史姓名錄著作數種，三子頗有功焉。❷

輝祖一生，可大別爲四個階段。由出生至二十二歲，係受教育時期。十七歲成生員後曾二度當童子師。此爲第一階段。二十三歲開始佐幕，至五十六歲辭幕，前後共三十四年。佐幕二十四次，幕主共十六人❸。此爲第二階段。佐幕期間曾中舉人（三十九歲，第九度應試）、中進士（四十六歲，第四度應試）。四十歲第一次赴京會試時，始購得《漢書》讀之❹。四十八歲得讀其餘廿二史；後好友邵晉涵寄以鈔本舊五代史，於是廿四史得以盡讀。五十四歲，成第一部姓名錄專著《史姓韻編》。

輝祖五十七歲謁選京師。五十八歲至六十二歲任湖南寧遠縣知縣，其間并曾兼署道州及新田縣，有政聲。以忤上司被劾革職。任官期間，成《九史同姓名略》。《史姓韻編》亦順利出版。此爲第三階段。

六十三歲歸里至七十八歲逝世爲第四階段。課子、著述係此一階段之特色。著述中與史學相關者計有六十三歲成《九史同姓名略》補遺四卷❺。六十六歲成《廿四史同姓名錄》。嘉慶元年先生

---

❷ 本段所述，可參黃兆強，上揭〈汪輝祖先生年譜〉；瞿兌之，上揭《汪輝祖傳述‧年表》。

❸ 黃兆強，〈汪輝祖先生年譜〉，頁115，表列了各次佐幕之情況。

❹ 據《病榻夢痕錄》，〈乾隆六十年〉條，先生前此雖已有機會繙閱經史古文選本，但以生計不遑，未暇卒讀。

❺ 參輝祖《九史同姓名略‧跋》。

六十七歲，命兒子編成《廿四史同姓名錄》總目十卷、分編一百六
十卷、《存疑》四卷。同年又成《遼金元三史同名錄》八卷；又命
兒輩編《逸姓同名錄》一卷、《字同名錄》一卷、《名字相同錄》
一卷；校訂正史目錄，成《正史總目》。本年著手撰《元史本證》
⓰。此後至七十三歲，著述之重點乃在於覈訂《廿四史同姓名錄》；
在兒子幫忙下，增補校訂《三史同名錄》；并完成《元史本證》五
十卷⓱。七十四歲，撰《元史正字》八卷；令兒輩編寫《二十四史
希姓錄》四卷、《讀史掌錄》十二卷等⓲。

參、史學思想析述

輝祖十一歲時，其父赴粵經商，乃手授《綱鑑正史約》一冊，
令日後讀之⓳。此當係正式接觸史學之始⓴。其後生計不遑，至中
舉翌年，年四十歲，始於京師購得《漢書》讀之。四十八歲始得讀
其餘二十二史。數年後，又得好友邵晉涵寄贈之《舊五代史》鈔本

⓰　參輝祖本書自序。

⓱　各書編纂之年份，可參本文附錄〈汪輝祖史學著述繫年〉。

⓲　先生之著述共三十多種。本節所開列者僅史學（含歷史姓錄）一端而已。此
　　外較重要者計有分別成於五十六歲及六十四歲之《佐治藥言》及《學治臆說》
　　二書。其他著述，詳見黃兆強，上揭文，頁126-127，㉛。

⓳　據《夢痕錄》〈乾隆六十年〉條，此書乃假諸舅氏者，未幾歸焉。《正史約》
　　乃明萬曆時人顧錫疇所撰。《四庫總目》本條云：「是書編年紀載，於歷代故
　　實粗存梗概，蓋鄉塾課蒙之本。至綱鑑之名，於《綱目》、《通鑑》各摘一字
　　稱之……。」

⓴　輝祖五歲就外傅，或不無接觸歷史知識之機會，但正式得史書而讀之，當始於
　　是時。

㉑。是輝祖得讀正史乃在中年之後矣。然而,先生甚勤奮,官事之暇,即瀏覽史籍㉒。五十四歲後,史學著述不輟;成書不下十種可為明證。先生雖非專業史家,更不似好友章學誠之酷愛議論史學體例或譏評史家得失。然而,鈎稽爬梳先生之各種著作,仍可窺見其史學思想之梗概。

中國古代讀書人,無論治經、業史或理文,總離不開經世致用的宗趣。能夠純粹為學問而學問的,少之又少㉓。輝祖也不例外。《夢痕錄》輝祖的自序開首第一句話便說:「古人晚節末路不忘箴儆,往往自述生平,藉以考鏡得失,亦行百里者半九十意也。」輝祖撰序,時年六十七,所謂晚節末路也。自述個人生平,輝祖旨在

㉑ 汪輝祖,《史姓韻編·序》。

㉒ 長子繼坊描述先生勤讀經史之情況如下:「府君生平略無嗜好,惟癖耽經籍。齎幕遊時,嘗侍左右,見府君治官書,每日三二時便了。暇即瀏覽書史。同幕諸君或以飲酒博奕相娛樂。府君終不一過,諸君亦無敢以俗事恩府君。」辭幕之後謁選湖南,更集中精神以治史。繼坊續云:「及官湖南,讀史日以卷計,有事不滿數,必益燭補之。歸里後,鍵戶養病,課繼坊等讀書,亦自讀,往往至夜分不止。吾母苦諫,府君笑應之曰:『吾依書為命,……』」(《夢痕錄餘》〈嘉慶十二年〉條。)

㉓ 有謂乾嘉時代的讀書人,以大環境所限,多埋首故紙堆中,為餖飣考據之學,不涉世務。此有類今日之純粹為學問而學問的精神。其實不然!即以錢大昕、趙翼而言,亦不無學術經世的抱負。至於章學誠、洪亮吉之輩更無論矣。稍後之龔魏則更以經世致用為依歸。有關大昕經世致用的精神,可參黃啓華,《錢大昕經史之學研究》(香港大學中文系碩士論文,一九九〇);牟潤孫,〈錢大昕著述中論政微言〉(上、下),《明報月刊》,第十六卷,十二期(總一九二期),一九八一年十二月,頁85-88;第十七卷第一期(總一九三期),一九八二年一月,頁88-92。有關趙翼經世思想,可參拙作《廿二史劄記研究》(台北:學生書局,一九九四),第一章第二節(丙)。

考鏡得失。推而論之，追述歷史人物之生平，或撰述歷史，其理正同。考鏡、鑑戒之致用精神實寓於其中。

輝祖治史之致用精神，好友章學誠最能體認，嘗謂：

> ……又以其餘力爲《史姓韻編》及《廿四史同姓名錄》二書，以備讀史者之稽檢。蓋君嘗謂居處宜窮經蘊，在官宜覽史事。然則二書非徒著書餘工，抑亦臨政之餘課也。……此姓系名錄，所以爲經史專門之家學也。……使欲文省事明，非復人表不可。而人表實爲治經業史之要冊。而姓編名錄，又人表之所從出也。❷❹

學誠這段話含兩個義蘊。一、指出在官宜覽史事。而輝祖之二姓名錄正係閱覽史事之絕佳工具書；其有助於閱覽史事，并間接有助於當官臨政當無疑問。按著書本屬學問範疇；今以「臨政之餘課」視之，蓋認爲著此二書乃臨政之延伸。換言之，即政治之一部份。整體乃由（眾多）部份所組成。缺部份則不成其爲整體。本此，缺少輝祖之二書，使人不能閱覽史事或帶來閱覽上的不便，皆有損於當官臨政也。輝祖二書在政治致用上的功能於此可見。二、指學術上

---

❷❹ 章學誠，《章氏遺書》卷第八，《史姓韻編・序》。本段引文中有兩句話：「居處宜窮經蘊，在官宜覽史事」，我們不必過於拘泥。蓋輝祖在他處（詳以下正文）指出讀史可助人治心。在官，固宜治心以任事；居處，則尤宜治心涵養。然則覽史於在官、居處，兩皆宜也。然而，話又得說回來。任官在於理事。歷史，過去之情事也。職是之故，相對於窮經而言，覽史固更有助於任官理事當無疑問。又輝祖「居處宜窮經蘊，在官宜覽史事」二語，學誠爲輝祖撰〈七十壽言〉時，亦嘗指出，惟文字稍異。〈壽言〉作「居間習經，服官究史」。〈壽言〉收入上揭《汪輝祖行述》一書內。

的功能。學誠很重視史書體裁中的人表，視之爲「治經業史之要冊」；而姓編名錄乃係人表之基礎，所謂「人表之所從出也」❷❺。此外，姓編名錄可「以備讀史者之稽檢」，則功用至爲明顯，不必多說。

綜上文，輝祖的姓編名錄，在學誠的闡釋下，致用功能便凸顯出來。學術上的、政治上的，兼而有之。

覽史可以致用，輝祖本人即嘗言之。他說：

> 經言其理，史記其事。儒生之學，先在窮經。既入官，則以制事爲重。凡意計不到之處，剖大疑、決大獄，史無不備，不必刻舟求劍，自可觸類引伸。公事稍暇，當涉獵諸史，以廣識議慎。❷❻

輝祖佐幕及爲官，嘗剖疑決獄；洪亮吉指出輝祖曾憑史事以爲判準。他說：

> 君以餘閒，復能考古。據《漢書・趙廣漢傳》鈎距法，斷縣民匡學義獄；據《新舊唐書・劉蕡傳》斷縣民李氏祖唐李邰與蕭氏爭先隴獄。❷❼

按《漢書・趙廣漢傳》云：「……尤善爲鈎距，以得事情。」蘇

---

❷❺ 學誠固然很推崇輝祖姓編名錄的製作。但既然僅視之爲「人表之所從出」，則姓編名錄相對於人表來說，便只具備過渡性的功能，不若人表本身即係歷史事象賴以重建的一種表述方式（體裁）——本身即具備終極價值。

❷❻ 汪輝祖，《學治臆説》，卷下，〈暇宜讀史〉條。

❷❼ 洪亮吉，〈汪輝祖墓志銘〉，收入上揭《汪輝祖行述》，頁73。

林、晉灼及顏師古皆嘗注解「鉤距」。綜合言之，意謂：舉所知之
事如未卜先知，使被問者不敢隱瞞他事也。輝祖之審理縣民匡學義
之訛詐他人田產事，即採用此法。㉘至於李蕭爭隴一事，李姓家族
訛稱唐人李郃係狀元，并係家族之始祖。輝祖即據兩唐書指斥其謬，并
由此而判定李氏理虧，蕭姓族人理值。㉙

　　以上所述，是就讀史、治史有助鑑戒、臨政決獄及學術功用方
面來說明輝祖的史學思想。其實讀史、治史於個人修養亦大有裨
益。輝祖在《夢痕錄餘》〈嘉慶四年〉條便說：

　　舊苦出位之思，不能收拾，因專校全史姓氏一家，其功雖無
　　關性命，而攷覈異同，一字不敢放過，實藉為治心之學。

這段話蘊涵兩個重點：一、冀求明瞭人之性、命，或求安心立命，
乃為學之根本。二、專校全史姓氏之學，可以助人修心養性（治
心）。

　　輝祖此處的「治心」，不是隨便說說的。他實有所感而發。以
下一段話可為明證。他說：

　　余性褊急，遇不良人，略一周旋，心中輒半日作惡，不惟良
　　友屬以為誡，即閨人亦嘗諄切規諫。臨事之際，終不能改。

㉘　事詳《夢痕錄》，〈乾隆五十二年〉條。亦可參上揭拙著〈汪輝祖先生年譜〉，
　　頁118。惟須指出者，亮吉雖認為輝祖之審理學義案係據趙廣漢「鉤距法」，
　　然而輝祖并未明言。故輝祖斷此案到底係參稽此歷史先例抑自出新意而恰與古
　　法偶合，則未敢斷言也。

㉙　李郃，兩唐書不為立傳。事蹟稍見兩唐書。《舊唐書》，卷一九〇下〈劉蕡傳
　　〉；《新唐書》，卷一七八，〈劉蕡傳〉。其中以新書所載為詳。

比讀史至後漢黨錮、前明東林，見坐此病者，大且禍國，小
亦禍身，因書聖經，『人而不仁，疾之已甚，亂也。』十言
於几，時時寓目警心，稍解包荒之義。涵養氣質，此亦第一
要事。㉚

個人認爲，就今日知識多元化的情況來說，臨政決獄，不必獨
仰賴於史。然而，前人言行得失恆可爲後人鑑戒，以爲治心涵養之
資。然則就此意義來說，史之功用日久彌新。

上文所引錄輝祖之言詞及章學誠、洪亮吉等同時代學友的言論
很可以使人窺見輝祖的史學思想。此外，尚有若干并不直接與其史
學思想相關的資料，在仔細研續剖析下，也可以使人察識其史學意
識的。此計有四項。茲分述如下：

一、輝祖不撰述歷史，尤其不寫近現代史之理由。他說：

不在其位，不謀其政，聖訓也。位卑言高之罪，孟子剴切示
之。唐宋文人私記，問及國事，然多與史傳螯庾，蓋所聞異
辭，所傳聞異辭，類非確實。昔有不解事人以耳食爲筆記，
謬妄觸忤，禍及身家，皆由不遵聖賢彝訓所致。故日記劄記
等項，斷不宜摭拾時事。㉛

㉚　《雙節堂庸訓》，卷四，〈嫉惡不宜太甚〉條。治史可以致用，可以涵養氣質，
　　先師嚴耕望先生亦嘗言之。憶受業時，師自謂迂闊，不懂處世應物；治史則可
　　以尚友古人，使人免於過份迂拙。治史之裨益身心亦大矣。

㉛　《雙節堂庸訓》，卷五，〈勿紀錄時事〉條。此書輝祖視之爲遺訓，乃教兒孫
　　做人處事之規條。參《夢痕錄餘》，〈嘉慶十二年〉條輝祖易簣前之訓語。

康雍乾三朝文字獄流行。輝祖平時即謹言慎行。上引文出自刊於乾隆五十九年之《雙節堂庸訓》，時代環境攸關，輝祖尤其不敢“妄言”。《庸訓》之撰，以明哲保身、中庸應世之道訓誨兒孫，爲輝祖有爲之作。引文中所謂「遵聖賢彝訓」恐怕只是門面話。懼文字賈禍相信才是日記劄記中「不宜摭拾時事」之主因。明末清初文人私記國事最多，輝祖不可能不知道。但他連提都不敢提，而轉謂唐宋文人如何如何，則恐懼之程度可以想見。輝祖除考證《元史》及編纂姓名錄之著作外，不撰寫任何其他史書。近現代史之明清史事全不敢觸及，其懼文字賈禍之心態至爲明顯。

　　二、歷史研究很難獲致完全客觀之真相定論。他說：「官之問事，如隔壁看影戲，萬難的確。但不敢徇私得錢，總無成心；剖斷失平，官之咎，非民之辱。」❸❷驟視之，本段話乃審獄之經驗心得報告；與歷史研究毫不相干。但個人認爲歷史研究與審獄斷案之性質極相似。上引語，就歷史研究來說，可改寫爲：「歷史家之考證研究歷史，（透過史事遺跡之史料重建過去），猶如隔壁看影戲，萬難的確。但不敢爲個人利害計而率性徇私，不能預設立場；考證研判若乖違史實真相，乃係史家的失責，與史實本身無關。」當然輝祖對史事研究的性質從未作過如此的論述。這是因爲他對史學鑽研所花的時間心力，從來不像他花在刑獄上多的緣故。❸❸然而，斷獄考史，

---

❸❷　《夢痕錄》〈乾隆五十六年〉條。

❸❸　輝祖佐幕三十四年，主要處理刑名案件。爲州縣官四年，除短期仰賴幕友外，各事皆親自處理。至乾隆五十七年奉旨革職，從政斷獄三十多年，經驗至爲豐富。輝祖究心歷史，雖最早或可追溯至乾隆三十四年，年四十歲，在京師市得《漢書》而讀之之時。然乾隆五十七年，六十三歲前以官事煩忙，雖得閒不忘

其理一也。因此個人深信，如果輝祖有足夠時間來反省這個問題的話，他理應體認歷史研究是與審案斷獄無別的。換言之，上文的改寫，應該不違反他的史學理念而被當他首肯的。

三、記載歷史，宜誠心記實事。輝祖自序其《夢痕錄》說：

> ……題曰《病榻夢痕錄》。東坡詩：「事如春夢了無痕」。余不敢視事如夢，故不免於痕。雖然夢虛也，痕實也。實則誠、誠則毋自欺，硜硜之守實即在此。書其端以告子孫，俾知涉世之難，保身之不易也。❸❹

「誠」與「實」，今人常合而言之，所謂「誠實」也。其實，「誠」乃就個人本身之心志來說；「實」乃就客觀事物之本然狀態來說。就歷史記載而言，史家雖誠，記載仍不免失實。蓋「誠」不是「實」的充份條件❸❺；不誠，則更無論矣！（其實，就邏輯可能性而言，不誠亦不盡然不實，蓋或可偶中也！）換言之，「誠」與「實」無必然關係。然而，若稍作寬泛的考量，「誠」可謂「實」之必要條件，不誠則不實也。今輝祖云：「實則誠」，則邏輯上前

讀史編書，但恐無特別心得，亦無暇反省史學知識論問題。六十三歲革職歸里至七十四歲撰《元史正字》後不復治史爲止，其間專心史學亦不過十一年。此與三十多年專門處理刑名訟獄，時間長短不可比擬。此所以出版於乾隆五十九年之《庸訓》可以得出治獄斷案方面之深切反省；史學知識論猶未能觸及，是很可以理解的。

❸❹ 《病榻夢痕錄·自序》。輝祖引東坡詩後說：「余不敢視事如夢，故不免於痕。」果爾，其書應名爲《病榻實痕錄》才對。名爲《夢痕錄》，不解！

❸❺ 如「誠」是「實」的充份條件，則史事重建便簡單多了，蓋委任道德家作歷史研究便萬無一失！

件與後件不免先後倒置，或至少可視爲犯語病。但吾人於此似不必
拘泥。蓋觀上下文意，輝祖似合誠與實混一而言之。誠則毋自欺，
硜硜守之，以誠心記實事。如此來說，「實則誠」一語，亦未嘗不
可解讀爲：既係留痕之實事，則依其實而記之則爲誠。此語反過來
說亦通：依誠而記之則得其實也。此雖吊詭，然相反相承，眞理實
寓其中。

　　綜合來說，輝祖的「誠實論」，雖僅係就其自訂年譜《夢痕
錄》的記述情況來說，但歷史之記錄其理正同。本此，我們可以
說，「誠實論」乃係輝祖的另一史學見解。

　　四、史書以載道為依歸。輝祖說：

> 余意文以載道，無關懲勸，偶然適性陶情贈答紀事，皆可不
> 錄，無庸爲棗梨禍也❸❻。

一切文章皆以載道爲本旨，這是中國人傳統的看法。史書自不能外
於是。反之，外於是者，依輝祖意，便不必給予出版，免得禍棗災
梨。依此來看，凡輝祖付之剞劂之各史書（主要是《元史本證》及各姓名
錄），均可說是輝祖眼中載道之書了。

　　本節首先論述了輝祖的史學鑑戒論、致用論（當官臨政方面的、學
術上的）。此外，并爬梳分析與其史學思想并不直接相干的資料，藉
以抽繹輝祖的歷史知識論（史家認識、重建史事萬難的確）、歷史記錄論
（以誠心記實事）、史書載道論，并伸述輝祖不撰著歷史，尤其不碰
觸近現代史的理由。筆者希望透過上面的論述，使人一窺這個生於

---

❸❻　《夢痕錄》，〈嘉慶元年〉條。

乾嘉時代，不甚引起當時人及後來人重視的史家，其實是有一定的
史學見解的。

　　按本文報告後，好友文化大學史學系李紀祥教授在講評時特別
指出，汪輝祖與浙東學術之關係很值得進一步檢討。這個意見很
好，但以論文修訂時間有限，不容細作研究。此問題只好俟諸異
日。但就以初步觀察來說，輝祖既係浙東人（生於蕭山），不能不多
少受到鄉先輩之啓迪，兼且又與浙東史學重鎮章學誠及邵晉涵爲摯
友，其受到影響想係必然的情事。

肆、史學著作敘錄

　　輝祖的史學著作可大別爲二：一、《元史》研究，著有《元史
本證》五十卷及《元史正字》八卷。二、姓名錄工具書數種。後者
的貢獻似乎勝過前者，因此先予論述。

　　姓名錄的著作起源甚早。清人張澍編輯補注應劭《風俗通·姓
氏篇》，并撰序一篇。序文對漢以前之歷代姓名著作曾簡述如下：

> 昔春秋時，周之史伯、魯之眾仲、晉之胥臣、鄭之公孫揮、
> 楚之觀射父、皆善言族姓。炎黃以來，如指諸掌。而以姓氏
> 著書傳後者，周則有左丘明《世本》之〈氏姓篇〉、戰國則
> 有荀況之《血脈譜》、漢則王符《潛夫論》之〈氏姓志〉、
> 鄧氏《官譜》、穎川太守聊謀之《萬姓譜》、徵君管寧之
> 《姓氏歌》，欺爲最古。而泰山太守應劭《風俗通·姓氏
> 篇》繼之。沂厥所祖，推究更改，雖有附會，大致典確。惜

其篇散佚，不爲完書。……㉗

漢應劭踵前人軌跡，撰《風俗通·姓氏篇》之後，幾各代皆有專著。茲順序臚列其要者如下：劉宋何承天《姓苑》，梁元帝撰、唐陸善經續、元葉森補、清李調元校《古今同姓名錄》，唐林寶《元和姓纂》，南宋鄭樵《通志·氏族略》，同時人鄧名世《古今姓氏書辨證》，明凌迪知《萬姓統譜》，明余寅《同姓名錄》，清王廷燦《同姓名錄》（按余、王兩書同名）及傅山《西漢書姓名韻》。

由此可知在汪輝祖編纂各種姓名錄之前，相關著作已不少。但汪書異於他書而有其特色，蓋其書皆以正史中之人物爲編輯之對象㊳，因此所纂各書便成了歷代正史的人名索引或同名索引。這是前此之各書所沒有的特色。汪書的價值正在於此。

索引及其他工具書之編纂，個人認爲對學術界之貢獻至爲鉅大。這是一種燃燒自己、照亮別人的工作，很值得欽佩。胡適充份體認這種工作的貢獻，并特別表彰輝祖的成就。他說：

㉗　張澍序《風俗通·姓氏篇》。本書收入《叢書集成新編》（台北：新文豐出版公司，缺年份），第九十八冊。

㊳　輝祖（含兒子）姓名錄方面之著作，按編輯年份先後計有：《史姓韻編》六十四卷，《九史同姓名略》七十二卷、補遺四卷，《廿四史同姓名錄》一百六十卷、存疑四卷，《遼金元三史同名錄》四十卷，《逸姓同名錄》一卷，《字同名錄》一卷，《名字相同錄》一卷，《廿四史希姓錄》四卷，共八種，三五一卷。其中各爲一卷之《逸姓同名錄》、《字同名錄》及《名字相同錄》，乃輝祖於嘉慶元年編輯各種正史姓名錄時，命兒筆所編者，三書未見，蓋當時未付梓。以同年所編輯之其他姓名錄及三書之篇幅各僅一卷來看，此三書應仍係以正史人物爲對象所編成者。

> 蕭山汪輝祖，用畢生精力，著一部《史姓韻編》，省卻人不
> 少腦力。❸

瞿兌之對《史姓韻編》也十分肯定。他說：

> ……他的第二件成就，是史學工具之整理。他創作一部《史
> 姓韻編》，可以說至今還沒有一部比他更好的二十四史索
> 引。❹

陳讓嘗從三方面分析輝祖能夠成功地從事編纂姓名錄工具書的原
因。他說：

> 先生之所以能為此項工作者，實賴有法學以為之基，復得邵
> 二雲、鮑以文諸君以為之友。使無法學之基，其方法不能有
> 此精密。使無邵二雲為之友，其用力未必專注於史。使不與
> 鮑以文往來，其刻書不能有此方便。嘗見有畢生著述，未經
> 刊布而散失者多矣。先生之《廿四史同名錄》，亦未見傳本
> 也❹。

---

❸ 胡適，東南大學講演，〈再談談整理國故〉。講演稿未見，轉引自陳讓，上揭
　文，頁60。按輝祖固然用了幾乎畢生精力編纂姓名錄的專著，但就《史姓韻編》
　一書來說，所花時間僅五、六年。詳下文。

❹ 瞿兌之，上揭書，〈序〉，頁1。序文寫於民國二十三年十一月。同年冬梁啟
　雄為《廿四史傳目引得》之出版撰〈序〉文。瞿氏推崇汪書，指稱「至今還沒
　有一部比他更好的二十四史索引」。其時，大抵梁書尚未面世或剛面世而瞿未
　之見。梁氏序文肯定汪書之貢獻，然亦指出其缺失。

❹ 陳讓，前揭文，頁60。

陳讓追根究柢，探尋檢覓輝祖能爲索引工作的緣由，這種做學問的態度是很可敬的。但筆者並不盡同意他所開列的原因。一、輝祖固然相當具備法學知識❷，培訓出精密的方法。但索引的編纂似乎與此并不相干。從另一方面來說，沒有受過法學訓練的人也可以具備很精密的工作方法。換言之，法學訓練與精密方法毋必然關係。二、輝祖於編輯第一部姓名錄《史姓韻編》之前便認識邵晉涵，❸後更得晉涵寄以新輯《舊五代史》鈔本，《韻編》由是得以增訂完成。但綜覽輝祖各著作，其「專注於史」，似乎并未受到晉涵的影響。❹三、認識鮑廷博對輝祖出書的確是有幫助的。筆者倒同意陳讓這點分析。❺

---

❷ 參張偉仁，上揭文；張偉仁，〈清代的法學教育〉上下，《台大法學論叢》，第十八卷第一期，一九八八年十二月，第十八卷第二期，一九八九年六月。

❸ 乾隆三十二年，輝祖年三十八歲便與邵氏訂交。參上揭拙著，〈汪輝祖先生年譜〉，頁109。

❹ 下文討論《史姓韻編》時，當正式探究說明輝祖編輯姓名錄的原因。

❺ 張之洞《書目答問》附錄二〈清代著述諸家姓名總目〉未納入輝祖之名，陳讓批評謂：「張之洞著《書目答問》，採先生書至五六種，而卷末清朝著述家姓名略，竟遺先生之名，非偶爾遺忘，即有心輕視工具書，以爲人人能爲，而不足稱爲著述也。」（上揭文，頁45。）陳氏之論述，頗可商榷。一、《書目答問·譜錄十二·姓名》登錄之汪書計三種，非五六種。此爲《史姓韻編》六十四卷，《九史同姓名略》七十二卷，補遺四卷，《遼金元三史同名錄》四十卷。二、工具書固於學術研究大有貢獻，然類非「著述」。張書卷末〈附錄二〉既以〈清代著述諸家姓名總目〉爲題，則輝祖未見納入，其理故然。按〈總目〉分立二十三類，可概括爲經學、史學、理學、小學、文學、算學、金石、校勘學等。清代其他顯學，如辨僞、輯佚、注釋古籍等皆不與焉。姓名索引學固無論矣！以現今眼光視之，之洞僅重視「著述」固非，然不得以今視者，妄加責難。

　　汪輝祖編輯的姓名錄，共計八種。今存者僅《史姓韻編》、《九史同姓名略》及《三史同名錄》三種。下文將逐一敘錄。《廿四史同姓名錄》未見，但錢大昕撰有序文一篇，可藉此略悉本書梗概，故下文一併敘述焉。

一、《史姓韻編》六十四卷

　　本書編纂緣起，輝祖有如下的說明。他說：

> ……年四十又八，始得內版二十一史及《舊唐書》、《明史》，通二十三種。五六年來，佐吏餘功，以讀史自課。顧目力短澀，日不能盡百葉，又善忘，掩卷如未過眼。每憶一事，輒輾轉檢閱，曠時不少。計欲摘二十三史中紀載之人，分姓彙錄，依韻編次，以資尋覽。……**46**

據此，可知輝祖編輯本書，初意純為自用性質，藉資尋覽正史中之史事而已。不意編成之後，竟成極有用而廣為流傳之正史人名索引**47**。

　　有關本書之編纂過程，當始自乾隆四十二年，先生四十八歲，得通閱廿三史時起算。而正式動筆後，僅十有七月便完工。繼得邵

――――――――――

46　汪輝祖，《史姓韻編·序》。

47　輝祖認為本書乃「無補費精神」之作。然既花多年心力編纂成書，便「不忍虛擲」，故付之剞劂。參章學誠，《史姓韻編·序》，《章氏遺書》，卷八。按「無補費精神」，蓋輝祖自謙語，不必作實看。然而，其先本無意編書出版，當為事實。學誠在上引序文中說輝祖編輯本文，「以備讀史者稽檢」，大抵是本書編成後的考量；輝祖原先的發機動念當不及此。

晉涵新輯《舊五代史》，爰復加增訂，至乾隆四十八年，年五十四歲，便正式殺青❹。是本書之編輯，含讀書作劄記在內，須時約六年。

輝祖好友魯仕驥及章學誠分別於乾隆四十九年及嘉慶元年爲之作序❹。光緒十年馮祖憲重校本書，并撰序文一篇❺。

本書之編纂，是有「底本」可據的。輝祖原先打算「摘二十三史中紀載之人，分姓彙錄，依韻編次，以資尋覽。」但因爲佐幕忙不過來，於是便「就列傳之標名者，先事排纂，則鮑君以文先我爲之。第其書，史各爲袠，體例未定。……遂乞作稿本，合二十三史爲一書。」❺由此可知輝祖是把鮑廷博就各正史各別彙輯出來的列傳名錄，進一步加以統籌彙整，以成本書。這當然是一個相當大的工程，但廷博先前所輯的各正史列傳姓名彙編，對輝祖後來之成書是有奠基作用的。輝祖明白指出廷博爲己書之稿本，示不掠美之意至於明顯。

本書體例，輝祖在〈自序〉中有所述說；但并未逐一條陳開列，更無「體例」、「義例」或「例言」等等之標目。茲檢索分析〈自序〉相關內容，彙整臚列體例十五則如下：

1.合二十三史❺列傳人名，依韻編次，詳加考較，闕者補之，複

---

❹　汪輝祖，《史姓韻編·自序》。

❹　魯序收入清光緒年間出版之本書內。章序見上揭《章氏遺書》。章序未書撰寫年月。視爲嘉慶元年所撰，乃據錢穆所考。錢穆，《中國近三百年學術史》（台北：商務印書館，一九七六）頁424。

❺　本書光緒版收錄馮序。

❺　《史姓韻編·自序》。

❺　本書初編時，未得邵晉涵之《舊五代史》，故爲二十三史。本書出版前已據邵

者刪之❸。

2.一人而見二史、三史者，分行注之。❹

3.同姓名者，書其官籍別之。

4.帝后不繫於姓，明所尊也。

5.十六國、十國君主，仍以姓編之。

6.男女有別，故公主列女，各以類編而不以姓分。

7.姓不可考者，別爲佚姓一條。皀旗張，名佚而姓不可編，亦附焉。

8.沙門以「釋氏」類之。

9.既依韻編次，因此姓名之讀音便得關注。本書有從史注者，如「句」讀如「勾」，「賁」讀如「肥」便是；有從俗呼者，如「繆」讀若「妙富」切便是。

10.列傳標目不著本姓，如留侯、老子者，仍以姓類之，惟註日目作某某，用歸畫一。

11.遼金元三史恆標名不著姓，乃依本史分韻彙編其名，別爲一卷（卷六十一）。如本史列傳人名間有繫姓者，本書（卷六十一）亦隨之以姓爲編。

12.遼金元三史人名，其姓須改譯而名不變者，亦入專篇（即卷六十一之彙編）。

13.姓不須譯改，而名須譯改者，專篇及姓篇（卷六十前之各卷）

書加以增訂，故所據實係二十四史。

❸ 「闕者」、「複者」乃指鮑廷博原書之缺失。

❹ 如卷一，「東方朔」既見《史記》，又見《漢書》，輝祖乃分行註之。

皆兩收之。❺惟遼之耶律、蕭及金之完顏三姓人物極多，其人名概入專篇，姓篇不予重複。

14.苟有合乎勸懲之義者，傳目雖不標名，亦蒐羅及之。至若後裔牽連及者，亦不之遺。

15.各條姓名下，綴以簡略之生平事蹟。

由上述十多條義例，可見《韻編》的製作是相當嚴謹的，但缺漏仍不能免。章學誠即指出晉代著《吳紀》之環濟，「《韻編》不但無其人，且未嘗收此姓也。」❺又指出「當以姓為主而證其史」，不應「以史為主而類其姓」❺。此外，《韻編》依韻編次於尋檢不便及一依時代順序為不當等等，近人多有指出者，恕不一一臚列❺。

二、《九史同姓名略》七十二卷、補遺四卷

所謂九史，指的是新舊兩唐書、新舊五代史、宋、遼、金、元四史及《明史》，共九種。有關本書之編纂緣起及過程，略述如下。乾隆四十二年，輝祖年四十又八，得讀廿三史，稍後又得晉涵寄予新輯《舊五代史》而讀之。爰據此廿四史編輯上述《史姓韻

---

❺ 乾隆年間頒發三史國語解，三史人名多有改譯，輝祖編《史姓韻編》，所據者乃人名未改譯前之殿本三史。以未改譯之人名作為檢索對象，乃方便殿本三史之讀者；相關人名，由是入專篇。然新版三史之人名既已改譯，則新版讀者無由利用專篇以檢索三史人物，故輝祖又依此等人物之姓而韻編之。專篇及姓篇兩收之，蓋為方便新舊版讀者之需要也。

❺ 《章氏遺書》，卷二十九，〈外集・汪龍莊簡〉。

❺ 同上註。

❺ 參梁啓雄，《廿四史傳目引得・序》（香港：太平書局，一九七七），頁1；《廿五史人名索引・序》（台北：開明書店，一九六五）。

編》。同時,又萌生了編輯本書之意念。蓋讀《舊唐書》時,以「其所敘姓名,間與《新唐書》詳略不同」,由是「隨讀隨錄,用備參考。嗣讀《舊五代史》鈔本,亦如之。循是而讀宋唐各史,無不摘寫。」❺❾可知本書編輯緣由與《韻編》相同,初意僅在自己備用參考而已。後來翻看到歷代說部各書,雖然也有採錄同姓名而編書的,但失諸簡陋,余寅《同姓名錄》亦難愜人意。輝祖便「竊不自揣,欲盡讀《史記》至《南北史》,通錄成書。」❻⓿這是說由於不滿意現存各姓名錄的情況而奮發努力,企圖另起爐灶,發宏願在先前九史之外,另擬自《史記》至《南北史》均通錄成書。換言之,是打算編輯一部廿四史同姓名錄。但因爲赴京謁選,計劃只好擱置下來。至於九史同姓名之摘錄,因爲已有基礎,於是便「先爲彙錄,置之行篋。」乾隆五十二年,在湖南寧遠任知縣。官事稍暇,便重理舊稿。五十五年,書成付梓。五十六年梓成,共七十二卷,凡同姓名者二萬九千有奇。

　　乾隆五十六年六月至五十七年四月,輝祖革職解任,養疾長沙之際,重讀九史一過,又得補遺四卷。返回故鄉蕭山之後,便把補遺付諸剞劂。❻❶本書附有〈例言四則〉,是瞭解其體例的鑰匙。〈例言〉文字及內容明白易懂,茲轉錄如下:

―――――――――

❺❾　汪輝祖,《九史同姓名略·序》

❻⓿　同上註。

❻❶　汪輝祖,《九史同姓名錄·跋》;拙著上揭〈汪輝祖先生年譜〉,頁122-124。輝祖跋文又說:「比檢遼金元三史,又得蕭氏三人,耶律氏十人增補之。」但未說明此十三人是隨後納入補遺四卷之內再付剞劂,抑剞劂畢而於自存本上作私下之增補而已?

1. 錄同姓名，辨異也。有專傳者，稍詳行蹟。如僅散見他文，則官名地名之類，摘錄一處，餘不復詳。同在一史，錄其時世；史既不同，灼然異矣，時世亦簡略焉。

2. 《唐書・世系表》多與傳異。往往表不著官，而人名、官名錯見紀、志、列傳，無從訂其異同，錄俟考辨。其間群從兄弟，往往同名；甚有同父之子，名亦相同，疑有一誤，無可證定，仍并錄之。於《宋史》亦然。至宋史宗室同名最多，凡古今文，如从、從，敔、弼，窔、松，潯、湆等，字各有所同，依字分錄；如止單見，即附古文於今文之下，從其類也。

3. 遼金元三史之同名者多不著姓，疑亦國族，但考訂未真，概不敢攔入。

4. 九史交涉之際，或一名而兩三史互見。其官職較然不同者無論矣，間有疑似之處，亦錄以備考，俟遍校《史記》及《南北史》後詳加辨正，冀成完書。[62]

　　除四則〈例言〉外，從輝祖的自序中亦可多抽繹出二則"例言"。此即「姓依韻府，名依字典」，又「恭遇聖祖仁皇帝、世宗憲皇帝廟諱、皇上御名，仍各歸字典本部，遵書欽定字樣，而添汁敬避」是也。

三、《二十四史同姓名錄》一百六十卷

　　按輝祖兩自訂年譜未嘗提及本書出版事，蓋在生時，本書從未

---

[62]　此〈例言四則〉收入光緒二十三年廣雅書局校刊本內。《叢書集成新編》本則未見收錄。又廣雅本每卷末皆附初校及覆校之人名各一，不盡相同。然再覆校者則各卷皆為番禺傅維森。

付梓。但《夢痕錄》〈乾隆五十六年〉條及〈六十年〉等條目分別敘述譜主摘二十四史同姓名者錄之及本書編輯完成等情事,且逝世比輝祖早三年的錢大昕曾爲之作序文一篇,可知輝祖生前本書確實已完成。(按台北:華文書局曾出版本書。)

至於本書編纂緣起及過程,上文敘述《九史同姓名略》時,已稍提及。輝祖以謁選并任官湖南寧遠縣而不得不把原先擬彙編廿四史同姓名錄的計畫擱置。乾隆五十六年革職養疾長沙,暇日既多,輝祖乃得遂其初志,勤讀《史記》以下諸書。同年《九史同姓名略》梓成,輝祖便更能集中精力編纂本書。四年後,即乾隆六十年,一百多卷的鉅著便於焉完成。翌年,輝祖命兒子繼壕爲本書編總目十卷、分編一百六十卷,得姓名一萬四千五百有奇,同姓名者四萬三千有奇,**⑥**并修存疑四卷。再翌年,即嘉慶二年,輝祖取本書重加覈訂,再錄再校**⑥**。

本書體例,錢大昕序文作了很扼要的描述:「取諸史中同姓者,類其名而列之,或專傳,或附傳,悉附注其下,略述事實以備稽考。」

四、《三史同名錄》四十卷

輝祖前此所編輯的各書均以「姓名錄」、「姓名略」或「史姓韻編」等命名,但本書則僅以「名」爲書名而不及姓。驟看之下,以爲「姓」是被漏掉了。其實不然。輝祖於本書〈敘錄〉起首處即

---

⑥ 錢大昕,《潛研堂集》卷二十四,序二,〈廿四史同姓名錄·序〉作「四萬六千有奇」。蓋嘉慶二年,本書經輝祖再錄再校時,同姓名者多增加三千人故也。

⑥ 有關本段敘述,參拙著〈汪輝祖先生年譜〉相關年份各條。

有開宗明義的說明。他說：

> 錄同姓名者，辨其似也。至遼金元三史，則不能復以姓統
> 名，蓋遼金諸部，各有本姓，史文或繫或不繫。元之蒙古色
> 目，例不繫姓，故惟以名之同者錄之，此變例也。❻❺

這是說為了適應遼金元諸部人名多不繫姓的情況，只好以變例來處
理了。

　　至於本書的編輯緣起及過程，試說明如下。乾隆六十年，《廿
四史同姓名錄》稿本編纂完竣，漢姓大體上已一應收錄。惟遼金元
三史人物以國語命名者，未獲納入，乃於翌年命兒子繼壕重為編
輯，成書八卷。❻❻嘉慶四年，繼培又協助校補本書；嘉慶六年書成
付梓。❻❼輝祖對此作出說明。他說：「……草稿初就，未疾未瘳
❻❽。子繼培續加刪補。……體例加詳，增益幾倍。……統三十有九
卷。」❻❾按從繼壕原先之八卷到繼培之三十九卷，增益何止幾倍？
可知從初稿到完稿期間，輝祖在二兒子協助下，必定不斷增添補
充。

　　輝祖編輯并出版本書，除因為前書《廿四史同姓名錄》未曾處
理三史諸部人名外，尚有二因：一、論世知人，不能不對同名之

---

❻❺　汪輝祖，《三史同名錄》，卷四十，〈敘錄〉。

❻❻　同上註；《夢痕錄》，〈嘉慶元年〉條。

❻❼　《夢痕錄餘》，〈嘉慶四年〉條、〈嘉慶六年〉條。

❻❽　乾隆六十年，輝祖患重病，「手足麻木，越四五日方省人事，自問必死。」參
　　　拙著〈汪輝祖先生年譜〉，頁126。

❻❾　同❻❺。

人物作出區別。二、「崦嵫餘景，稍寄精神，不忍棄置，用付剞劂。」❼前者著眼於致用，後者則藉以自慰也。

本書末附〈例言〉或〈體例〉，蓋以隱寓〈敘錄〉中。今特為檢別，并開列如下。

一、遼金以名為綱，而以異姓者分列之；元則以蒙古色目及遼金部族為主，而以漢姓者附存之。漢人南人，間有不繫姓者，亦仍史文錄之，不書附字。

二、首字以韻相次，次字以部相從❼，訂其異同，各為次第。復旁考五代宋明諸史，以資參證。

三、凡音近字別，轉輾相同者，輒移韻部，附於初見條後。其名之互異，及姓之或繫或不繫者，悉攷著之。

四、《遼史》同名五卷、《金史》同名十卷，《元史》同名二十卷。異史同名各止一人，及一史已有同名，而他史別出一人者，為總錄二卷。《五代史》、《宋史》、《明史》人名之合於三史者，為附錄。

五、本書三史，用武英殿板。

本書的貢獻，章學誠曾作出評價。相關論說的要旨是：一、有謂可以異文（同音不同字）翻譯諸部人之同一姓名者，藉以區別之。學誠以為不可行，蓋同姓名者太多，異文不足以支應；且既無一共同認可之義例，一般人恐仍無從識別。二、汪師韓《韓門綴學》認為可以由史書列傳之重新排列組合（同名者歸為一類）來化解上

❼　《三史同名錄·敘錄》。

❼　蓋指以字典部首及其下之字為順序。

述問題。學誠以爲列傳之類分組合，史家自有深意，豈能以巧術小數，穿鑿私智！三、解決之道，非如輝祖之編輯同名錄不可。將全史所載，毋論有傳無傳之人，凡有同名，詳悉考別，勒爲專篇，與《國語解》并編列傳之後。⓱

　　章學誠不愧爲史學理論大家。以異文翻譯同名或重新排列組合列傳，均不足以解決問題。輝祖「無補費精神」（章學誠轉述輝祖語。見學誠爲《史姓韻編》所撰之〈序〉文。）的實幹，必得學誠學理上的說明，其價值及貢獻始凸顯。

五、《元史本證》五十卷

　　《元史》二百一十卷，是明初宋濂、王褘率領史臣三十人分前後兩個階段，共用三百三十一天的時間纂修完成的。全書錯漏百出，當時已不滿人意，朱右、解縉等人即嘗糾補之。清初人邵遠平并改編本書，成《元史類編》四十二卷。錢大昕、趙翼亦嘗鑽研《元史》，考證其謬⓲。乾隆年間武英殿刊本《元史》，亦附有考證。然而，上述各著作，都不是糾謬證誤的專書。輝祖的《元史本證》五十卷則正係專門著作。這可見本書的價值。

　　輝祖修撰本書的動機，及何以名爲「本證」，他本人是作了說明的，他說：

⓱　章學誠，《三史同名錄·序》。

⓲　明人及清中葉學人對《元史》所作的研究，參拙著〈《元史》纂修若干問題辨析〉，《東吳歷史學報》，創刊號，一九九五年四月，頁153-180；邵遠平改編《元史》，參拙著〈《元史類編》之研究〉，《東吳歷史學報》，第三期，一九九七年三月，頁103-135。

> 予錄三史同名，閱《元史》數周，病其事跡舛闕，音讀歧
> 異·思欲略爲釐正，而學識淺薄，衰病侵尋，不能博攷群
> 書，旁搜逸事，爲之糾謬拾遺。因於課讀之餘，勘以原書，
> 疏諸別紙。……爰取陳第《毛詩古音攷》之例，名之曰《本
> 證》。**❼❹**

可見輝祖考證《元史》的動機，跟前人比，是沒有兩樣的。以子
之矛攻子之盾的作法，用原書不同部份互勘，稍可省力**❼❺**。但糾謬
效果仍是相當不錯的，因《元史》本身互歧別異的地方實在是太
多了。

　　本書始撰於嘉慶元年。《三史同名錄》草稿初成**❼❻**，輝祖便命
兒子繼培校錄《本證》的〈證名〉部份；〈證誤〉及〈證遺〉兩部
分，亦命隨手錄之。這時已是嘉慶四年。五年，《本證》初稿完
成。六年，令繼培重校之，成五十卷，并付梓。七年，梓成。**❼❼**又

---

❼❹　汪輝祖，《元史本證·序》。

❼❺　不遍考群籍以糾謬補闕，固然比較省力，但只要稍一翻閱《元史》的學者便當
　　察覺，即使僅要看懂本書，瞭解釐清內中各史事，也不是很容易的。一方面是
　　國人對元史本來就比較陌生，基礎知識不夠；再者，元史牽涉範圍絕不以中國
　　本土爲限；三者，蒙古色目諸部人名的翻譯（譯名）便常使人如墮五里霧中，
　　莫得究竟。輝祖要不是先作《三史同名錄》而對元史掌握了基本知識的話，
　　《元史本證》其實是很不好寫的。於此亦可見輝祖對元史及《元史》用力之深。

❼❻　草稿初成於何年，未得確知。然章學誠嘉慶三年曾爲本書撰序文一篇，故草稿
　　初成，應不晚於是年。

❼❼　本段敘述，乃據《本證》輝祖的自序；又參《夢痕錄餘》相關年份各條。拙著
　　〈汪輝祖先生年譜〉把輝祖始著手撰《本證》一事繫於〈嘉慶三年〉條下，誤；
　　應繫於〈嘉慶元年〉條。

本書嘉慶壬戌（七年）刊本全書之末，有「男繼壕校字」，則本書可說是汪氏三父子通力合作的結果。⓻⓼

《本證》內容計分三部份：〈證誤〉二十三卷，一千八百餘條，糾史事之誤也；〈證遺〉十三卷，一千餘條，補史事之遺也；〈證名〉十四卷，九百多條，列舉同一人之不同譯名也。⓻⓽輝祖曾就此三部份在自序中稍作說明，此或可視爲本書之體例。他說：

> ……遂彙爲一編，區以三類：一曰〈證誤〉，一事異詞，同文疊見，較言得失，定所適從。其字書爲刊寫脫壞者，弗錄焉⓼⓪。二曰〈證遺〉，散見滋多，宜書轉略，拾其要義，補於當篇。其條目非史文故有者，弗錄焉⓼⓵。三曰〈證名〉，譯無定言，聲多數變，輯以便覽，藉可類求。其漢語之彼此訛舛者，弗錄焉⓼⓶。

⓻⓼ 參一九八四年北京中華書局版《元史本證》的〈點校說明〉，頁2。

⓻⓽ 《三史同名錄》旨在列舉不同人之同一名字，《本證》正好相反：列舉同一人之不同譯名。兩書互讀，則由元人姓名所造成之困擾便得其解。三部份條目數額之統計，乃據上引《元史本證·點校說明》，頁3。

⓼⓪ 意指參稽《元史》其他部份以糾正史事之誤載；至若文字校勘上的問題，則不予處理。

⓼⓵ 意謂：只就原有條目中之遺漏史事作補充；至若該有之條目而《元史》不予設立者，則不予補充。

⓼⓶ 「漢語之彼此訛舛者，弗錄焉」。此語頗費解。《本證》（卷四十四，〈證名〉八，武宗至大元年）〈赤因帖木兒〉條，或可提供若干線索。「赤因帖木兒」之異譯爲「赤斤帖木兒」。然據《元史》卷二十七、二十八〈英宗紀〉、卷二十九〈泰定帝紀〉及卷三十二〈文宗紀〉，「帖」應作「鐵」。輝祖不之改，逕作「帖」，此大抵即所謂「漢語之彼此訛舛者，弗錄焉」（不予處理）歟？又至大三年，〈左丞幹只〉條，內中「幹亦」亦當作「幹赤」，輝祖亦不之改，其理正同。

輝祖自序中，尚有兩端與體例有關，茲一併摘錄於後。一、凡斯數端（證誤、證遺、證名），或學先以明後，或引後以定前，無證見則弗與指摘，非本有則不及推詳。二、凡以《元史》本書互證，爲己見所未及者，悉采錢大昕《考異》案詞分隷各卷❽❸。

對本書作評價并予以肯定的，最早應係爲本書撰序文之錢大昕，其次似係周中孚。周氏《鄭堂讀書記》卷十五〈《元史本證》五十卷〉條著錄本書，并據錢〈序〉及汪〈自序〉撰寫提要。《元史學》作者李思純亦稱譽本書❽❹。然而，《本證》也存在不少缺點。一、不檢證他書而誤斷史事❽❺。二、翻檢《元史》不周，并妄疑。三、輝祖本人主觀推斷致誤。四、《本證》句讀有誤，導致誤判。五、輝祖對《元史》原文理解有誤等等。然而，就全書來看，上述錯誤脫漏并不很嚴重，可謂瑕不掩瑜。❽❻

伍、結　語

就汪輝祖的史學思想及其史學著作做整體的研究，於今未見專著。筆者不揣謭陋，企圖作一突破。輝祖大半生佐幕，并任官四年；不然，其史學成就應更輝煌卓著。本文鈎稽爬梳汪氏各述作，抽繹他的史學觀念。其中歷史知識論、歷史記載論等等，都是相當

---

❽❸　可知本書亦吸收了前人研究成果，非僅係＂本證＂而已。

❽❹　《元史學》（台北：華世出版社，一九七四），頁63。

❽❺　這是「本證」先天上的限制，無可如何！

❽❻　參〈點校說明〉，頁5-7。〈點校說明〉全文四千多字。對《本證》作了相當細膩的說明，可補本節之不足，宜并參。

可貴的卓見。至於姓名錄專著數種及《元史本證》一書之有功於史學界，更不待細表。

姓名錄專著中，如《廿四史希姓錄》、《逸姓同名錄》、《字同名錄》、《名字相同錄》，不見流傳，至為可惜！又元史之研究，除《本證》外，尚有《元史正字》八卷，亦未見有傳本！然而，《史姓韻編》、《廿四史同姓名錄》、《九史同姓名略》及《三史同名錄》四書已足使輝祖屹立於著述家之林而無愧。《元史本證》踵事增華，又其餘事耳。

《韻編》等姓名錄專著，依韻編次，今人尋檢不便；《本證》除參稽《廿二史考異》外，便不及他書，考證固未周延。此則不必諱言者。然瑕不掩瑜，不必以今日眼光責之；以《元史》各部份互勘，其事亦不易易。然則輝祖之史學成就固卓然偉矣！❽

---

❽ 李紀祥教授評論本文時提出三個很好的問題。有關浙東學術一點，上文已作出回應。另二個問題，茲稍述鄙見如下：一、輝祖一生的學術，可謂既著眼於史學，亦關注吏治之學。其實，輝祖一生泰半時間用在為生計奔波的佐幕生涯上。其吏治之學之成就表現在學術上者，厥為《佐治藥言》及《學治臆說》等的著作。此等著作雖大有功於佐治，然細究輝祖撰著的動機，乃純屬偶然（因他人之問難及後輩之所請而為之），非原先發宏願而欲藉此以留名後世、藏諸名山、傳諸其人者。至於所謂史學成就，乃特指其歷史姓名學工具書之編纂方面而言；《元史本證》當然亦有功於《元史》研究。然而，輝祖前半生以生計所累，其畢生史學成就即止於此而已，不似并世時賢，如章學誠、錢大昕、趙翼等學人之更有大成就也。至於上文所抽繹出輝祖之各種史學觀念，固屬可貴。然此等觀念，輝祖實未深入闡發，可說只是稍為觸及而已。此與并世學人章學誠體大思精之史學理論體系相比，何啻天壤！二、輝祖固然懷有學術經世的抱負。但個人認為其經世情懷并非十分濃烈。乾嘉盛世"天下太平"，很難刺激學人

陸、附錄：〈汪輝祖史學著述繫年〉

下文所述，除特別聲明外，皆根據汪輝祖自訂之兩年譜：《病榻夢痕錄》及《夢痕錄餘》。

乾隆四十五年，庚子（一七八〇），**五十一歲。**

纂《越女表微錄》五卷。此書未見，疑即爲上年（乾隆四十四年）山陰、會稽、蕭山、諸暨、餘姚及嵊縣三百五人節孝事蹟之彙編。按先生推兩母遺志，自乾隆四十一年以來即徵紹興府節孝事蹟，凡三百五人，呈浙江藩司轉飭各縣備案扁表。纂成於本年之《表微錄》，蓋本此。

乾隆四十八年，癸卯（一七八三），**五十四歲。**

《史姓韻編》六十四卷成，并撰自序。按先生接觸史籍，當始自乾隆五年十一歲時。是年先生父手授《綱鑑正史約》一冊，令日後讀之。至於購得正史《漢書》而讀之，則在中舉人（年三十九）之翌年，即乾隆三十四年旅京師時。（據《夢痕錄》，乾隆六十年條，〈家藏書目·自序〉）廣泛閱讀廿一史、《舊唐書》及《明史》，則更晚至乾隆四十二年之後矣。經歷十有七月《韻編》稿初成；嗣後又據好友邵晉涵所寄予之《舊五代史》鈔本續有增訂。（《韻編·自序》）

產生非常濃烈的經世情懷也。（章學誠或係例外）要言之，輝祖歷史姓名學方面的著作也好，其《元史本證》也罷，雖蘊含若干學術經世的意味，但筆者認爲這只是其著作的"副產品"，并不是輝祖先有經世的強大企圖，而藉賴此等著作作爲工具而彰顯抉發之也。《元史本證》及歷史姓名學諸書的撰著動機已分別說明如上文。此中似嗅不出「由經世史學到考史之學的晚年轉向」的味道。

今年修成之《史姓韻編》即本此廿四史而彙編之人名索引也。

乾隆四十九年，甲辰（一七八四），五十五歲。

乾隆四十二年與先生締道義交之好友魯仕驥撰《史姓韻編‧序》。

乾隆五十年，乙巳（一七八五），五十六歲。

纂《續越女微表錄》一卷，附前錄之後。

乾隆五十二年，丁未（一七八七），五十八歲。

修改訂正前所彙錄之《九史同姓名略》。按九史指新舊唐書、新舊五代史、宋遼金元四史暨《明史》，共九種。先生乾隆四十二年讀《舊唐書》時，以其姓名間與《新唐書》詳略不同，即隨讀隨錄，用備參攷。嗣後閱讀其他正史，亦依循此法。除九史外，本有意自《史記》至《南北史》通錄成書。然至乾隆五十一年謁選時，仍未遑卒業。爰就九史之同姓名者，先為彙錄；本年（乾隆五十二年）備官寧遠，退食餘閒，取而訂之。

乾隆五十五年，庚戌（一七九〇），六十一歲。

《九史同姓名略》修成刊梓。舊纂《史姓韻編》六十四卷稿初成梓訖。

乾隆五十六年，辛亥（一七九一），六十二歲。

《九史同姓名略》七十二卷梓成。於是又摘二十四史同姓名者錄之。

乾隆五十七年，壬子（一七九二），六十三歲。

成《九史同姓名略》補遺四卷，并付梓。（參《九史同姓名略‧

跋》。）

乾隆六十年，乙卯（一七九五），**六十六歲。**

《廿四史同姓名錄》稿成。

嘉慶元年，丙辰（一七九六），**六十七歲。**

先生命兒子繼壕編《廿四史同姓名錄》總目十卷成、分編一百六十卷、《存疑》四卷、《遼金元三史同名錄》八卷。繼培、繼壕又分別編《逸姓同名錄》一卷、《字同名錄》一卷、《名字相同錄》一卷。先生摯友章學誠爲《史姓韻編》撰〈序文〉。（序文收入《章氏遺書》（台北：漢聲出版社，一九七三），卷八。）又學誠撰於本年之〈與汪龍莊簡〉亦論及《韻編》。（參拙著〈汪輝祖先生年譜〉，《東吳歷史學報》，第四期，一九九八，頁127，註❸❸）又纂《韻編》時，偶爾校訂正史目錄，成《正史總目》。本年著手撰《元史本證》。（參《本證》先生之〈自序〉。）

嘉慶二年，丁巳（一七九七），**六十八歲。**

取《廿四史同姓名錄》稿本重加覈訂，再錄再校。按錢大昕曾爲本書撰序文，收入《潛研堂文集》，卷二十四。

嘉慶三年，戊午（一七九八），**六十九歲。**

章學誠撰《三史同名錄·序》（〈序文〉收入章學誠，上揭書，卷八）。

嘉慶四年，己未（一七九九），**七十歲。**

繼培協助校補《三史同名錄》、《元史本證》二書。《本證》

一書，是年秋先生又再加修訂。

嘉慶五年，庚申（一八〇〇），**七十一歲。**

《元史本證》（初稿）修成。（據《本證·自序》）

嘉慶六年，辛酉（一八〇一），**七十二歲。**

四月，《三史同名錄》付梓。八月梓成（據《夢痕錄餘》。）令繼培重校《元史本證》，成五十卷，并付梓。

嘉慶七年，壬戌（一八〇二），**七十三歲。**

《元史本證》梓成。

嘉慶八年，癸亥（一八〇三），**七十四歲。**

撰《元史正字》八卷。令兒輩編寫《二十四史希姓錄》四卷、《讀史掌錄》十二卷、《過眼雜錄》四卷，皆平時隨手劄記者。又命繼培補輯舊所纂之《歷科會元墨》。纂《續越女表微錄》一卷（按此應為再續。）

嘉慶十一年，丙寅（一八〇六），**七十七歲。**

重纂《越女表微錄》。

評　論

李紀祥

　　黃教授對清代史學之研究向來關注，且已著述有成；繼章學誠、趙翼研究之後，現在集中於清代元史學及汪輝祖史學之研究，已先撰有四文一書，本文即爲其成果之延續。尤其在撰寫本文之前，先已撰成〈汪輝祖先生年譜〉作其根基，這是一個很好的治學程序之示範。亦誠如所言，在本文之前，似尙無對汪氏史學作出較全面而具體之研究者，有之，本文可謂第一篇。

　　全文共分五節，末附一〈著述繫年〉。特別是在第三、四節，我認爲特可以見出黃教授治學嚴謹所累至之功力，其中多有精釆析論，自文獻中精讀而出。綜合而言，我認爲這是一篇付出心力，精思撰寫，並意圖思考，提出見解之論文。尤其在寫作動機與關懷上，攸關黃教授本人切入汪氏史學的入口，這在其正文行文或注文中，皆可以感受到作者表露之心言，顯然本文並非無爲而作。另外，作者或者亦有一層深意，即他或思能藉此文以表彰先賢，發潛德之幽光；此點，猶存有清代浙東史學之遺風，善乎爲之繼者！因此，黃教授研究的，當是清代史學中的「汪輝祖」，而不僅僅是「元史學」或「工具編纂學」下的「汪輝祖」。

　　評者係以這樣的脈絡及眼光來看待黃教授之大文，如果有著（作者）寫作與（評者）閱讀上的座標差異，還請黃教授海涵。以下，即提出三點不成熟之思考作爲問題，來向黃教授請教：

　　1.汪輝祖一生的學術，要以「史學」還是「吏治之學」來評價
的分歧：我會這樣提，不是我自己的看法如此，而是基於兩項資
料，其一、汪氏之摯友章學誠曾命他的兒子章華紱向汪氏學「吏」；
其二、則是阮元所作的〈循吏汪輝祖傳〉中的看法。阮元在提到汪
氏著作時，說他「尤著者」為《學治臆說》與《佐治藥言》，側重
在其「為治之學」。而阮元另外稱汪氏的《史姓韻編》諸書為「名
姓之學」，恰與錢大昕、章學誠之稱道汪氏學為「史學」「人表之
學」「著述之學」的看法成一對比。此點分歧，不知黃教授有何看
法。

　　2.浙東學術與汪輝祖史學關係的再檢討

　　首先，是「史姓諸書」係「史學」抑或「工具之學」？黃教授
在正文中已經對張之洞《書目答問》不列汪氏之因，代作出了解
釋，也反駁了陳讓之論。此外，便是汪輝祖究竟有無受到「浙東學
風」或邵二雲、章學誠影響的問題。黃教授在頁194、195有討論之
言，特別是從「史姓諸書」的專業層面，十分精闢。但我想從文中
的其他層面，再度提出這個問題，也順便呼應到近代以來金靜庵、
錢穆、余英時、陳訓慈、何炳松、何冠彪、倪微遜等人已諍論過
的，「浙東學術」究竟有無的大問題。

　　(1)《漢書》是汪氏中年治史的第一部書，從這點來看〈古今人
　　　　表〉對他的影響，剛好可以印證章學誠說他的歷史姓名錄之
　　　　學是〈古今人表〉之脈絡，這應當是章、汪二人所相互印可
　　　　的。

　　(2)正文中提到汪氏「史書以載道為依歸」之說。這正好是章
　　　　學誠所最在意的，不僅是「史以載道，切於人事」，抑且

「道」亦須在「史」中求，此又見倆人交往中的唱和之同調
與同道。

(3)正文中頁187特別徵引了汪氏《夢痕餘錄》一段文字，即
「考覈異同，一字不敢放過」，此為「治心之學」；這點很
有意思，因為其中「王學之迹」隱然可見；而章學誠又恰好
自命自己之史學係由「陽明之學」承轉而來，這又可見汪、
章二人交往關係及不見諸於文字之相互談論學問之相互影
響。

因此，「浙東學術」與「汪氏史學」之關係，或「乾嘉學風」
與「汪氏史學」之關係，或可見微知著，有進一層為說之所在；至
少不會如梁啟超或胡適所言般，僅僅是「工具書」或「考據之學」
而已。

3.汪氏學術，由史姓諸書到元史學，是否標誌著一種由經世史
學到考史之學的晚年轉向，或仍其一貫之學？

這個問題，特可以自錢大昕的兩篇序文來看。在〈廿四史同姓
名錄序〉中，錢氏稱道汪氏著作為「史學」，為「著作」。但在
〈元史本證序〉中，則僅僅稱之為「考史」之作。抑且，汪氏在
《本證》自序中亦直言方法上係承自明代陳第《毛詩古音考》的影
響，已見學脈消息，坦承列屬於「考史」一路。則此是否顯示汪氏
晚年對「著述」之想法，已有轉向？

以上所提，所觀甚淺，皆不成其為問，特乃藉緣提出，向黃教
授以請益者。

美國史學思想中的「客觀的相關論」
（Objective Relativism）

張 弘 毅
國立台南師範學院社會科教育學系講師

一、前言：兩種「相關論」

個人因爲撰寫博士論文的關係，結識了著名的美國史學家韓牧（John Higham）❶，一九九六年底，再度就美國史學史方面的一些問題，寫信請教韓牧，並好奇地向韓牧求證有關他自己的史學立場。大約兩個月後，韓牧終於在百忙中抽空回信，信中有一段關鍵性答覆如下：

> 如同你〔筆者〕所揣測，我認爲自己是個客觀的相關論者（objective relativist），立場與〔美國〕社會科學研

---

❶ 韓牧（John W. Higham, 1920- ），威斯康辛大學（U. of Wisconsin）博士，成名作有二：討論美國移民史的《土地上的陌生人》（Strangers in the Land），及系統性論述美國史學思想與史學研究的《歷史》（History）。1971年起長期執教約翰霍普金斯大學（Johns Hopkins U.），1989年退休，目前爲該校名譽教授。

究委員會的第五十四號會刊及最近由艾坡比等人合著的書大
體上一致。❷

所謂「第五十四號會刊」（Bulletin 54）， 其封面標題爲「歷史
研究中的理論與實際：史學委員會的報告」（Theory and Practice
in Historical Study: A Report of the Committee on Histori-
ography）， 一九四六年由美國社會科學研究委員會（Social Sc-
ience Research Council）〔簡稱SSRC〕出版；至於「艾坡比等人
合著的書」，指的正是一九九四年出版後，引起歷史學界熱烈討
論，由三位女史家艾坡比（Joyce Applybe）、亨特（Lynn Hunt）
及傑考（Margaret Jacob） 聯合執筆之《歷史的眞相》（Tell-
ing the Truth about History）❸。

究竟什麼是美國史學思想中的「客觀的相關論」（objective
relativism）？ 答案顯然在韓牧信中提到的「第五十四號會刊」
及《歷史的眞相》，不過在討論「客觀的相關論」之前，有必要先
就相關背景提出說明。

自從一八七六年賀伯・亞當斯（Herbert B. Adams）於美國約
翰霍浦金斯大學 （Johns Hopkins University） 創設「歷史研討

---

❷ John Higham to Chang Hung-Yi, February 16,1997.

❸ Theory and Practice in Historical Study: A Report of the Committee
on Historiography, published in 1946, as Bulletin 54 of the Social
Science Research Council. 以下簡稱 "Bulletin 54"。
Joyce Applybe、Lynn Hunt and Margaret Jacob, Telling the Truth about
History. New York: W. W. Norton& Co., 1995.以下簡稱"Telling"。

課」（historical　seminar）以來❹，歷史的客觀性問題（objec-
tivity question），便成爲美國專業史家爭議不斷的焦點。早
期專業史家中的「科學派史家」（Scientific Historians）認爲
歷史研究可以經由科學的方法、客觀的態度，而達到完全的客觀
（complete objectivity），這種追求知識客觀性的理念，也爲後
起的科學派史家自詡爲高貴的夢想（the noble dream）❺，不過
這個「高貴的夢想」卻在二十世紀先後遭遇兩次挑戰，一次是一九
一〇年代崛起之「新史學家」（New Historians）及其主張的「相
關論」（relativism），另一次則是一九六〇年代以來衝擊學界的
「後現代主義」（postmodernism）， 二者都對歷史的客觀性，提
出了不同程度的質疑。

　　廣義而言，「後現代主義」也算是一種相關論，但是如果從歷
史知識比較，那它和「新史學家」主張的相關論卻有極大差異，因
爲新史學家雖然強烈批判「科學派史家」的歷史客觀性概念，指出
史家難免主觀、「絕對的客觀」不可能獲得，但基本上並不完全否
定歷史的客觀性。相反地，「後現代主義者」則從語言的不穩定性

---

❹　賀伯・亞當斯在約翰霍普金斯大學首創的「歷史研討課」，隸屬於該校「歷史
　　與政治科學研討課程」（Seminary of Historical and Political Science），
　　其性質類似博士後（post-doctoral）研究。Herbert B. Adams, Methods of
　　Historical Study（Baltimore: Johns Hopkins University, 1884），p.136.
　　W. Stull Holt, Historical Scholarship in the United States and other
　　essays（Seattle: University of Washington Press, 1967），p.8.

❺　"the noble dream" see Theodore Clark Smith, "The Writing of American
　　History in America, From 1884 to 1934", American Historical Review,
　　XL:3（April, 1935），439-449.

立論，認定史家無法或無意捕捉歷史的真相，從而否棄歷史的客觀
性。所以，「後現代主義」乃是一種「主觀的相關論」（subjec-
tive relativism），而「新史學家」則主張「客觀的相關論」
（objective relativism）──也就是本文討論的重點。

近二十年來，國內對於美國史學思想中的「相關論」著述並不
太多，重要者有孫同勛〈美國史學思想中的相關論〉、江金太〈歷
史相對主義〉，及黃進興〈歷史相對論的回顧與檢討：從比爾德和
貝克談起〉，其中江、黃二氏的文章主要是偏重分析相關論和介紹
反對相關論之學者的意見，但對相關論者在批判「科學派史家」之
餘，其實並不完全否定歷史的客觀性一節，則未有著墨，唯有孫同
勛〈美國史學思想中的相關論〉一文，對此有所評論，但在時間上
則以第二次世界大戰前為限❻。因此，本文將在這三位史學界師長
先進的研究基礎上，以「相關論」代表人物貝克（Carl L. Becker）

---

❻ 孫師同勛，〈美國史學思想中的相關論〉，方萬全、李有成編，《第二屆美國
文學與思想研討會論文集》（台北：中央研究院美國文化研究所，民國八十年），
頁3-22。

江師金太，〈歷史相對主義〉，江氏著，《歷史與政治》（台北：桂冠圖書公
司，民國七十年），頁1-63。

黃進興，〈歷史相對論的回顧與檢討：從比爾德和貝克談起〉，黃氏著，《歷
史主義與歷史理論》（台北：允晨文化公司，民國八一年），頁159-191。

關於對岸的「相關」論作，筆者並不清楚，手上唯一有的是南開大學歷史研究
所李劍鳴先生所撰，不過，該文只是大量引用 Robert A. Skotheim, ed.,
The Historian and the Climate of Opinion.（1969）寫成的介紹性文章：
李劍鳴，〈美國現代史學中的相對主義思潮〉，南開大學歷史研究所美國史研
究室編，《美國歷史問題新探：楊生茂教授八十壽辰紀念論文集》（北京：中
國社會科學出版社，1996），頁248-261。

先進的研究基礎上，以「相關論」代表人物貝克（Carl L. Becker）及比爾德（Charles A. Beard）的關鍵作品，與「第五十四號會刊」及《歷史的真相》等材料，並參考兩本頗具代表性的美國史學史——韓牧（John Higham）《歷史》（History）和納維克（Peter Novick）《那個高貴的夢想》（That Noble Dream）❼，試圖從「客觀性問題」的角度切入，探討二十世紀美國史學思想中的「客觀的相關論」。

二、貝克、比爾德與「客觀的相關論」

韓牧（Higham）在一九六五年出版的《歷史》中，將十九世紀末以來美國專業史學，區分為科學派史學（Scientific History）、新史學（The New History）、相關論（Relativism）及史學更新（The Renewal of History）等四階段，並將第一階段的「科學派史學」視為美國史學的正統（The American Orthodoxy）❽。韓牧稱「科學派史學」是「美國史學的正統」，應該有兩層意思，一是肯定「科學派史家」在十九世紀末的努力，使史學脫離文學、哲學，成為一門專業（profession），另外則是表示，其後的「新史

---

❼　John Higham, History: Professional Scholarship in America. Baltimore: Johns Hopkins U. Press, 1989（originally published by Prentice-Hall, Inc., 1965）.
　　Peter Novick, That Noble Dream: The "Objectivity Question" and the American Historical Profession. New York: Cambridge U. Press, 1988.

❽　John Higham, op.cit., p.92.

學家」對科學派史家的客觀性概念,就算有所批判或修正,但也並未完全加以否定。

「科學派史學」雖於一九一〇年以前盛極一時❾,但二十世紀初美國社會普遍存在的相關性(relativity)思潮,終使「科學派史學」的文化霸權爲之動搖,「新史學」及其「相關論」於是繼起成爲史學新典範❿,在「新史學家」(New Historians)中,對於歷史客觀性問題討論較多,影響力最大的,當然是大名鼎鼎,相關論的代言人貝克(Carl L. Becker, 1873-1945) 及比爾德(Charles A. Beard, 1874-1948)。

歷史相關論(historical relativism), 基本上崛起於一九一〇年代,激化於一九二〇年代,最後在一九三〇年代達到論爭的高潮,貝克與比爾德兩篇最具代表性的美國歷史學會(American Historical Association)主席演說辭就是在三〇年代發表,分別是貝克一九三一年的〈每個人都是他自己的史家〉(Everyman His

---

❾ 有關美國「科學派史學」,另見拙作,〈史家韓牧(John Higham)論美國「科學史學」〉,輔仁歷史學報,七期(1995),頁71-84.

以1910年爲斷限的理由是因「新史學之父」魯賓遜(James Harvey Robinson)1912年出版《新史學》(The New History),及之前1910年貝克(Carl Becker)發表其「相關論」文章〈超然與歷史寫作〉(Detachment and the Writing of History), 可說代表美國「新史學家」的崛起。

❿ 「歷史相關論」的興起和下列背景因素有關:美國社會南北文化的差異、一次大戰的衝擊、各學科的「相關性」思潮──如物理學的相對論(relativism)、哲學的實用主義(pragmatism)、文化人類學的「文化研究」、法學的實在論(realism)、 新聞學的詮釋報導(interpretative reporting)等。詳見:Peter Novick, op.cit., ch.5-ch.9.

Own Historian）， 以及比爾德一九三三年的〈書寫的歷史：一種
信仰的行爲〉（Written History as an Act of Faith）⓫。在這
兩篇演說中，貝克與比爾德對「科學派史家」的客觀性概念提出強
烈質疑，認爲歷史是一種相關的（relative），而不是絕對的（ab-
solute）呈現，史家撰寫歷史不可能「讓事實自己說話」，而歷史
寫作也都難免主觀。不過更值得注意的是，在這兩篇演說中，我們
看到了貝克與比爾德雖然對歷史的客觀性大加撻伐，但卻沒有完全
否定歷史的客觀性，同時，對於專業史家的「行規」——重視科學
方法、強調事實與證據等，也都未曾放棄，用韓牧（Higham）的說
法，貝克與比爾德是「客觀的相關論者」（objective relati-
vist）⓬。

貝克在〈每個人都是他自己的史家〉中首先說明，歷史有兩
種，第一種是曾經發生過的一連串眞實事件（the actual series
of events），這種歷史是絕對不變的， 第二種則是經確定（a-

⓫　Carl Becker, "Everyman His Own Historian", American Historical
　　Review, XXXVII（1932）, 221-236.

　　Charles Beard, "Written History as an Act of Faith", American
　　Historical Review, XXXIX（1934）, 219-229.

　　早在上個世紀末，就已有史家表達過一些「相關性」（relativity）的看法了。
　　一八九一年，著名的邊疆論史家特納（Frederick Jackson Turner）在〈歷史
　　的義意〉一文中指出：每個時代都試圖形塑它自己有關過去的概念，每個時代
　　也都參照它那個時期的各種狀況，重新改寫有關過去的歷史。

　　Frederick Jackson Turner, "The Significance of History", see
　　Frontier and Section: Selected Essays of Frederick Jackson Turner（N.J.:
　　Prentice-Hall, 1961）, p.17.

⓬　John Higham, op.cit., p.89.

ffirmation）並保存在記憶中的一連串觀念事件（the ideal series of events），這種歷史是相關的（relative），它會隨知識的增加或改進而改變；第二種「觀念的歷史」雖嘗試與第一種「眞實的歷史」符合一致（correspondence），但顯然難以辦到，尤其「觀念的歷史」，它縱使經「確定」並保存在記憶中，不過卻有或對或錯的可能❸。貝克一番說辭，無疑是否定「科學派史家」追求「絕對的客觀」——即上述第一種「眞實的歷史」——的可能性。

　　貝克在〈每個人都是他自己的史家〉中，雖展現強烈的「相關論」，但他終究不是意在「顚覆」專業史家的傳統，也不是要放棄歷史的研究與撰寫，因此，貝克在演說辭的最後，爲史家的首要職責（the first duty）做了一種「合」（synthesis）的聲明：

> 不受蒙蔽，注意他周遭的世界，是人的首要職責之一，……
> 去確立事實（To establish the facts），是永遠該做的
> 事，也是史家的首要職責；但是若去假設事實一經充份確
> 立，便能「爲自己說話」，那便是一種幻想。❹

可見貝克雖然一方面批判了科學派史家「讓事實自己說話」的迷思（myth），但卻也用嚴肅的態度提醒，「去確立事實是史家的首要職責」，畢竟，歷史可能失眞，卻不該虛構。

---

❸ Carl Becker, "Everyman His Own Historian", in Becker, Everyman His Own Historian: Essays on History and Politics（Chicago: Quadrangle Books, 1966, originally published in 1935）, p.234.& pp.245-246.

❹ Carl Becker, "Everyman His Own Historian", p.249.

貝克向來被認爲是「相關論者」中立場最激進的（radical），可是做爲一名專業史家，他卻依舊嚴守史學的基本「行規」。舉例來說，貝克在從事實際的歷史研究工作時，還是大量引用檔案文件等一手史料（primary sources）；貝克《紐約政黨史》一書的參考文獻，更把史料依一手史料、二手史料等分門別類❶，顯然貝克在史學方法這方面，是非常嚴謹客觀的。此外，貝克也強調證據（evidence）對歷史研究的不可或缺。

美國在第一次世界大戰結束後，掀起了有關「戰罪」問題（the "war quilt question"）的史學論戰，論戰雙方各有代表，舒密特（Bernadotte Schmitt）主張德國、奧地利應爲戰爭爆發負起責任，而巴恩斯（Harry Elmer Barnes）則提出反駁，認爲戰爭原因複雜，不可歸罪任何單一國家，兩派因爲爭辯激烈，甚至演出人身攻擊，互責對方是「親德派」或有「恐德症」，貝克於是寫信給其中一方的舒密特教授試圖勸解。貝克在信裡提醒舒密特，歷史論辯的關鍵在於證據，而非不相干的理由，貝克寫道：

> 你〔舒密特〕對戰爭起因所下的結論的有效性，並非⋯⋯取決於你到底想不想得到芝加哥大學教授職位的問題，而巴恩斯（Barnes）結論的有效性，也同樣不是取決於他是否有意去驚嚇因襲舊說者的問題。❶

---

❶ Carl Becker, The History of Political Parties in the Province of New York, 1760-1776. U. of Wisconsin Press, 1960.

❶ Peter Novick, op.cit., p.218.

　　貝克的「相關論」提出後，雖立即引來不少人的反對，但也得
到一位重要人士的大力聲援，那就是比爾德一九三三年的〈書寫的
歷史：一種信仰的行為〉。比爾德在這篇「美國歷史學會」主席演
說辭中，直陳史家在撰寫歷史時，對於事實的選擇與安排（selec-
tion and arrangement of facts），其實受到時代背景與環境的
影響，他認為一旦時代背景與環境改變，史家對「事實的選擇與安
排」也會隨之而變，比爾德還表示，事實本身不可能自己替自己做
選擇，事實必須依賴史家心中所想的而被史家選擇，到頭來，「從
事歷史寫作的史家們，因此都是有意識或無意識地在實踐一種信仰
的行為（an act of faith）」[17]。

　　比爾德雖將歷史寫作比喻成帶有主觀色彩的「信仰的行為」，
也認為「絕對的客觀」難以成就，可是他和貝克一樣，並未完全否
定歷史的客觀性，另一方面，比爾德仍然主張使用科學的方法研究
歷史，以探求正確的知識（accurate knowledge）。比爾德在演說
辭中呼籲：

> 難道我們必須放棄科學的方法嗎？答案當然是否定的……它
> 〔科學的方法〕是唯一能夠用來獲取有關歷史事實、特性、
> 情境及動向等正確知識的方法。……沒有了它，社會將沉淪
> 至原始的野蠻狀態。[18]

　　韓牧（Higham）分析「新史學家」及其「相關論」的特質時指

---

[17]　Charles Beard, "Written History as an Act of Faith", 220. & 226.
[18]　Ibid., 226-227.

出，新史學家其實是源自「科學派史家」的產物，只不過新史學家
接受了科學派史家的基本原則而不自知罷了；新史學家與科學派史
家其實都重視科學的方法，也都接納客觀性的概念，二者的差別在
於，科學派史家以為可以獲得完全客觀的歷史，而新史學家則雖然
承認歷史的客觀性，但是對於史家可以獲得完全客觀的歷史則並不
抱持希望❶。

　　從認識論的角度剖析，貝克與比爾德的相關論屬於實在論（re-
alism）──即承認客觀的真實性（objective reality），就如同
貝克在〈每個人都是他自己的史家〉中所說，確實有種「一連串真
實事件（the actual seriesof events）構成的歷史存在（它的存
在是一回事，史家對它的認知是另一回事，不能因為史家無法使
「真實事件」完全再現，就否定「真實事件」的存在）。另一方
面，貝克與比爾德的相關論也從來不否認純粹客觀的發現（purely
objective discovery）；哲學家曼德爾邦（Maurice Mandelbaum）
曾攻擊比爾德的史觀，指若按照比爾德的說法，就算是蘭克（Ran-
ke）那般「據實寫真」的史學作品，也沒有客觀的真相（objecti-
ve truth）可言，對此，比爾德提出反駁，並澄清自己「客觀」的
立場，比爾德說：

　　　蘭克的作品當然包括了客觀的真相、許多真相的陳述，當蘭
　　　克指出某人是在特定的某年某月某日誕生時，他當然陳述了
　　　一個有觀客觀事實的真相。❷

────────────

❶　John Higham, op.cit., p.104.& p.115.
❷　Peter Novick, op.cit., p.262.

納維克（Novick）在《那個高貴的夢想》一書中評析，一般反對「相關論」的人，其實常把它與懷疑論（skepticism）混爲一談，事實上，相關論與「懷疑論」有程度上的不同，二者雖然同樣反對「有一種人人都能接受之單一、客觀、絕對的眞實」，但是相關論並不像懷疑論那樣否認「眞實的存在或可知（the existence or knowability of truth）」❷。

身處法西斯主義高漲、國際局勢緊繃、意識型態對立的一九三〇年代，人們開始被迫須「站穩一個立場」，貝克與比爾德的「相關論」，自然承受極大的社會壓力，不但學術界質疑聲浪不斷，甚至認爲「相關論者」助長極權主義（totalitarianism）的氣燄，而一般人也將「相關論」誤解爲沒有原則、不負責任、恣意所爲的犬儒主義（cynicism）及虛無主義（ni-hilism）❷，不過，就在珍珠港（Pearl Harbor）事件後，「相關論者」開始尋求自我調整，從有走向極端的（radical）可能，退回溫和的（moderate）立場。

三、「五十四號會刊」—「客觀的相關論」立場修正

西方世界從一九四〇年代至一九六〇年代，在對抗極權主義的

---

❷ Ibid., p.263.

❷ Ibid., pp.282-292. 特別是 p.290. ，Samuel E. Morison 的意見。立場保守的史家莫理生（Samuel E. Morison）認爲，相關論主張的「歷史乃根據史家心中主觀的參照體系（frame of reference）而撰寫」，正是生活在獨裁政權下的史家唯一被許可的歷史撰寫方式，言下之意，極權國家的歷史寫作，無不根據獨裁者的主觀而從事。

政治現實中，產生了一種「確定」（certainty）的立場——即反對極權主義（antitotalitarianism）——從反對納粹（Nazi）到反對蘇維埃（Soviet），而美國社會各界也因此被全面動員，參與這場「民主」對「極權」的爭戰，於是在「確定」的時代氣氛中，學術界各種「不確定」的相關論勢衰，激進的異議份子也被排擠到社會的邊緣，「正統論」（Orthodoxy）蔚為風潮，然後「在一九五〇年代，史家幾乎可以就任何複雜的主題，達成一種持續性的一致（abiding consensus）」❷⑧。美國社會科學研究委員會（SSRC）「第五十四號會刊」（Bulletin 54）的出版，正可放在上述背景中理解，它雖然不見得代表「相關論者」與「科學派史家」就客觀性的問題達成一種「持續性的一致」，但最起碼表達「相關論者」對歷史的客觀性較過去更加「確定」，反映了「相關論者」在第二次世界大戰後的立場修正。

「第五十四號會刊」的出版有點戲劇性。成立於一九二三到一九二四年間的美國社會科學研究委員會❷④，一直有意拉近社會科學與史學的關係，而「新史學家」向來也主張史學與社會科學的合作，但是這種「科際整合」的觀點卻始終个見具體落實。到了一九

---

❷⑧　Ibid., pp.281-282.特別是p.320., 包斯馬（William J. Bouwsma）形容一九五〇年代是美國學術界的文藝復興時期。

❷④　美國社會科學研究會，簡稱"SSRC"，1923年發起，1924年正式成立，目的在促進社會科學研究，由七個不同學會選派代表組成，這七個學會包括：美國人類學會（AAA）、經濟學會（AEA）、歷史學會（AHA）、政治科學學會（APSA）、心理學會（ASA）、社會學會等（ASS）等。見「第五十四號會刊」正文前的介紹。

四二年十一月，社會科學研究委員會在紐約召開的一次會議中，總算決議設立一個「史學委員會」來討論「歷史研究與其他社會科學領域的關係」，這個委員會後來由比爾德等八位史家共同組成，並請威斯康辛大學（U. of Wisconsin）教授柯堤（Merle Curti）〔比爾德的學生〕擔任主席㉕。「史學委員會」的具體成績，就是編撰了「第五十四號會刊」。

依照原先規劃，「第五十四號會刊」應該把討論重點放在「歷史研究與其他社會科學領域的關係」，但是後來該會刊雖然對此也有討論，不過所占篇幅十分有限，反而「歷史思想的基本特質」（the basic characteristics of historical thought）」成爲中心議題，究其轉變原因，主要還是比爾德的影響，比爾德不但親自撰寫「第五十四號會刊」的第一章及第四章的一部份，還負責整合意見，編寫會刊最末的「建議事項」（propositions）㉖。

「第五十四號會刊」探討了幾個重要的問題，包括歷史的術語（historical terminology）、選擇的原則（principle of selection）及科學的精神（scientific spirit）等，通過這些問題的討論，可看出比爾德等人對客觀性問題，持著較過去樂觀肯定的態度。

比爾德在「第五十四號會刊」的第一章及第四章分別提及，認爲史家在撰述歷史的過程中，必須對遣詞用字小心謹慎，特別是

㉕ Bulletin 54, vii. 這八位史家包括：Charles A. Beard, Shepard B. Clough, Thomas C. Cochran, Louis Gottschalk, Jeannette P. Nichols, Richard H. Shryock, Alfred Vagts, Merle Curti.

㉖ John Higham, op.cit., p.130.

要注意歷史術語的使用，比爾德指出，由於人類的語言是建構的（constituted），因此史家如果不能嚴格定義，運用「正確的字眼」（exact words）撰寫歷史，將使歷史事實出現錯誤與不確定，比爾德強調，「歷史的術語因此是歷史寫作時的首要關切事務，……只有那些「缺乏敬慎之心從事寫作」的人，才有辦法避開有關術語的問題」❷⑦。

　　比爾德以「歷史」一詞為例，說明所謂的「歷史」可分成三種意函：「眞實的歷史」（history-as-actuality）是指曾經發生過，有關人類一切的言語思想及所作所為；「書寫的歷史」（written-history）則是有關部份或全部的「眞實的歷史」之系統性或片斷的敘述或總結；「紀錄的歷史」（history-as-record）則指由隸屬「眞實的歷史」的各種文件及回憶錄所組成，也是「書寫的歷史」寫作所應該或必須立基其上的❷⑧，比爾德在「第五十四號會刊」中指出，史家對不同種類之「歷史」的定義，應該清楚明白，他說：

> 在這裡，必須再次強調根本的差別，眞實的歷史（history-as-actuality）是一回事；試圖全部或部份描述眞實的歷史之書寫的歷史（written-history）則是另外一回事。❷⑨

再者，比爾德也以原因（cause）一詞提醒史家，當吾人用這個術

---

❷⑦　Bulletin 54, pp.105-107.

❷⑧　ibid., p.5.

❷⑨　ibid., p.12.

語解釋歷史事件時，所謂某事件的「原因」其實指的是「最重要的原因」（the mostimportant cause），而不是唯一的原因，換言之，史家用來解釋歷史事件的「原因」，其實是不完整、不絕對的❸。

「第五十四號會刊」接著以第二、三章的篇幅，探討史家從事歷史研究時「選擇的原則」（principle of selection）。一如「相關論」的基調，「第五十四號會刊」指出，史家不可能關心全部的往事（the entire past），他只能基於某種「假設」（assumption）的立場，從往事中選擇一些基本的（basic）、有意義的（significant）特殊事件來研究，也就是說，史家其實都依循著某種「選擇的原則」從事歷史撰寫，此外，「第五十四號會刊」還指出，史家的上述選擇又受到兩種因素的影響，而使得歷史撰寫的結果有異：第一，因為對人類行為理解的角度有所不同而異，例如史家若「選擇」接受馬克斯的理論，作品自然會傾向經濟決定論，如果受到新史學之父魯賓遜（James H. Robinson）的影響， 那麼就會依其主張，「選擇」結合社會科學來研究歷史；第二，因時代背景有所不同而異，如對美國參加一次大戰的原因，戰後有人解釋那完全是因為英國的宣傳誘使美國參戰，及軍火製造商欲藉戰爭謀財的陰謀導致，可是到了二次大戰前，在對抗極權主義的政治宣傳下，美國參加一次大戰的原因，卻轉而被推崇是為保衛自由民主而戰❸。

「第五十四號會刊」在上述議題中，一方面表達了相關論的基

---

❸　ibid., pp.110-111.

❸　ibid., pp.18-20.

本立場，同時卻也一再澄清，史家研究歷史時所作的「假設」與「選擇」，雖然都帶有主觀性，但這種假設是控制的假設（control1-ing assumptions），而史家的選擇也絕對不是一種任意武斷的（arbitrary）選擇，「第五十四號會刊」主張的是一種「客觀的相關論」，而非不負責任的相關論（irresponsible relativism）——即主觀的相關論❸。

　　「第五十四號會刊」又特別以美國內戰〔南北戰爭〕（The Civil War）原因的諸多不同解釋，進一步陳述史家雖因「對人類行為理解的角度有所不同」及「時代背景有所不同」而看法歧異，但是這並不表示歷史毫無客觀性可言。有關美國內戰原因的解釋十分龐雜，各種學說理論不一而足：例如內戰爆發後，南北雙方都有人以「陰謀論」解釋這場戰事，認為是有心人士刻意挑起爭端所致；南方史家向來企圖證明，內戰乃南方各州為了維護憲法，爭取「州權」，而不得不對中央政府發動的「憲政之爭」；北方史家則指稱內戰純為解放黑奴，是無法抗拒的衝突；至於比爾德則以經濟觀點分析，認為內戰是美國在工業化與都市化的過程中，「工業的北方」與「農業的南方」區域特性相背衝突的結果❸，對於內戰原因解釋的分歧，「第五十四號會刊」總結出十三點意見，其中重要觀點如下：一、史家欲尋求歷史的「普遍性」（generalization）既困難且危險，二、史家論史很難不受其出身背景因素的影響，三、內戰原因的解釋不但複雜且經常改變，很難得到一個簡單的解

---

❸　ibid., pp.21-22.

❸　ibid., pp.58-85.美國內戰原因的解釋，詳見該會刊第三章。

釋（simple explanation），四、不同時期的特殊關懷，構成研討內戰的不同假說（hypothesis），五、探究內戰「眞相」的不斷努力，成果豐碩，六、追求歷史的客觀性雖困難重重，而想要尋得科學的正確性（scientific exactitude）也不可能，但是透過分析內戰，仍能增益學者的智慧，增加對內戰及一切戰爭的瞭解❸。從美國內戰原因的討論可知，歷史事件確實會因史家的不同假設與選擇而出現不同的解釋，不過在「第五十四號會刊」的相關論者看來，同一事件出現不同的解釋，並非代表「歷史的眞相」不存在，所謂「不同的解釋」，事實上只是反映史家們探究歷史的眞相時，採取了不同的觀點（the points of view），「第五十四號會刊」宣稱：

> 有時，對同一問題的不同回答或許都是眞的，因爲，問題可能是從不同興趣之領域的觀點（the points of view）來提問。就像「高等法院爲何作此判決」的問題一樣，法學家、社會心理學家及歷史學家，都會提供不同但彼此相容的答案（different but mutually compatible answers）。❸

縱觀「第五十四號會刊」，基本上可看出它較過去的「相關論者」樂觀自信。比爾德在「第五十四號會刊」第一章的一開始便稱，歷史的重要性是任何其他學科不能忽視的，因爲所有的人文學科——包括史學及社會科學，都是眞實的歷史的一部份，歷史就是歷史，歷史才不是社會科學家所謂，「只是人文學科當中有關的一

---

❸ ibid., pp.85-92.

❸ ibid., p.111.

科學門」**㊱**。比爾德也重申，歷史是一門具備科學精神的人文學科，
而其「科學精神」的特質有六：

> 一、意識到歷史相關問題的存在及其性質，二、明瞭處理歷
> 史問題時史學方法的各種功能與限制，三、依循史學方法之
> 既定規則，小心選擇並提出有效證據，而有效證據必可支持
> 書寫歷史中任何部份的陳述及其內容結構，四、願意多方考
> 量證據再做選擇，五、認知個人確有社會經濟及其它方面的
> 偏見，並努力降低這些偏見的影響，六、只有經證據判定
> 後，才會做出結論或推斷。**㊲**

第二次世界大戰結束後，多數史家其實都能接受「相關論者」
對「科學派史家」的批評，但也認爲相關論者在否定歷史的客觀性
一事上，「腳步走的太遠」，以致令史學變得太具當代性（present
minded）**㊳**。在時代潮流影響下，「第五十四號會刊」於是倒退腳
步、修正立場，這一來，不同立場的史家，在戰後對客觀性問題的
認知差距於是較前縮小。史家韓牧（Higham）描述：

> 一九四〇年代末，在討論第五十四號會刊的熱烈氣氛中……
> 有個眾人視爲至理名言般的固定觀點，即歷史基本上是一種
> 說出有關過去眞相的努力……即使是相關論者……也承認，

㊱ ibid., p.7.& p.12.

㊲ ibid., p.134.

㊳ John Higham, op.cit., pp.89-90.

　　最重要的問題不是去界定歷史知識的可能性，而是如何更完
　　整地去獲得歷史知識的可能性。㊴

　　「第五十四號會刊」這種承認歷史最重要的問題，「不是去界
定歷史知識的可能性，而是如何更完整地去獲得歷史知識的可能
性」，正顯示戰後「客觀的相關論者」立場的修正，不過，這種立
場的修正，卻也是「客觀的相關論者」理論的極限，「客觀的相關
論者」在反對「主觀的相關論」之前提下，因此走到了本身史學理
論的盡頭（dead end）㊵。

　　也許可以這麼說，「客觀的相關論」在二十世紀上半葉「由左
至右」的修正過程，幾乎已道盡它史學理論的「眞相」，而在「第
五十四號會刊」出版後近半世紀的艾坡比（Appleby）等著《歷史
的眞相》，看來不過是「客觀的相關論者」在不同時空背景下的立
場重申。

四、《歷史的真相》——「客觀的相關論」立場重申

　　貝克（Becker）在一九三〇年代〈每個人都是他自己的史家〉
（Everyman His Own Historian）傳達之「歷史主觀性」，自一九
六〇年代以來，又有逐漸擴大的趨勢，借用納維克（Novick）《那
個高貴的夢想》一書中的用語，當代美國史學在多元論述架構下展

―――――――――――

㊴　ibid., pp.132-133.
㊵　ibid., pp.130-131.

現的主觀性，可謂是「每個群體都是它自己的史家」（Every　group its　own　historian）❹。的確，美國社會自一九六〇年代以來，「每個群體」對客觀性及歷史問題，似乎都有自己一套獨特的見解：新聞界與新左派學生（the　student　New　Left）對美國介入越南戰爭的官方說法（official　truth）不滿，而提出自身的報導或見解；傳統的弱勢團體如黑人與婦女，也重新解讀詮釋（美國）歷史；新左派史家（New　Left　Historians）則是既反對二次大戰後史家「持續性的一致」，也反對「相關論」的概念，宣稱「只要史家夠努力，就可不受背景與價值觀的影響，而見到事物眞實的那一面」；至於「後現代」（postmodern）思潮，更是全面衝擊社會各界，引發議論紛紛❹。一九四〇年代至一九六〇年代初期構築的「意識型態的一致」（ideological　consensus）至此宣告崩潰，普遍性的觀點（universalism）再次受到重創，「意識型態的混亂」（ideological　disarray）遂成為當代社會特質之一，在不確定（uncertainty）的年代，歷史的客觀性問題，因此再度引發史家的關切。

在如此高度相關的時代（highly　relativistic　age）❹，對於歷史客觀性的問題，自然有許多不同的意見，由三位女史家艾坡比（Joyce　Applybe）、亨特（Lynn　Hunt）及傑考（Margaret　Ja-

---

❹　Peter Novick, op.cit., p.469. 該書第十四章標題。

❹　ibid., ch.13-16.

❹　John Higham, "The Limits of Relativism: Restatement and Remembrance", Journal of the History of Ideas, vol.56, no.4（oct., 1995）, 669.

cob）合撰之《歷史的眞相》（Telling the Truth about History），
基本上代表一種對知識客觀性抱持適度懷疑，但態度樂觀的論述。
三位女史家在《歷史的眞相》導論中，開宗明義的宣示：

> 在這本書裡，我們懷抱一種健康的懷疑主義（healthy ske-
> pticism），對於那些從多元文化取向（multicultural a-
> pproach）探究人類歷史，並已奠下基礎的研究工作，我們
> 給予喝采。但是對於伴隨當代相關論〔後現代主義〕的犬儒
> 主義（cynicism）及虛無主義（nihilism），我們則拒絕接
> 受。❹

《歷史的眞相》一方面「懷抱一種健康的懷疑主義」，同時又「拒
絕伴隨當代相關論的犬儒主義及虛無主義」，簡單的說，就是反對
「後現代主義」或「主觀的相關論」，而站在「客觀的相關論」之
立場。

　　《歷史的眞相》共分三卷，第一、二卷主要是藉十八世紀以
來，學者對「歷史、科學及國家」的論述，分析知識的絕對主義
（absolutisms）如何被建構及解構，以及不同程度的「相關論」
（relativism）如何出現。第三卷則是三位女史家針對一九六〇年
代起，各領域的「絕對主義」相繼被推翻，而歷史的客觀性也遭到
嚴厲質疑，提出她們的反駁與見解，並試圖建立一個學術的新理想
國（a new republic of Learning）❺。不過回首二十世紀美國史

---

❹ Telling, p.4. 出版資料詳見❸。
❺ Telling, p.239. 該書第三卷標題。

學的發展，三位女史家試圖建立的「學術的新理想國」，實在不算
「新」，因爲她們的史學觀點，大致上和半世紀前的「第五十四號
會刊」如出一轍。

以認識論的傾向爲例，《歷史的眞相》與「第五十四號會刊」
同樣採取「實在論」（realism）的立場。三位女史家引用美國哲
學家皮爾斯（Charles S. Peirce, 1839-1914）的話說，實在論者
「會將事物的眞實概念與事物本身做一區別……以便從兩個不同的
觀點（points of view）來考量這同一事物；在眞確判斷過程中，
思考的直接目標就是眞實（the reality）」⓸。在「實在論者」
眼中，歷史本身是一種「眞實」，而史家對歷史的認知則是一種
「觀念」，歷史認知可能失眞，但並不影響歷史眞實的存在。

三位女史家進一步指出，她們的實在論是屬於務實的實在論
（practical realism）。「務實的實在論」強調：第一、反對「後
現代主義」所稱之「語言不穩定性」，務實的實在論者認爲，文字
的意義既不會只存於人的腦海中，也不會緊附外在世界的客體而永
遠固著於眞實（fix reality），文字是具有溝通、回應的性質，
就像語言與客觀世界互動過程中形構的語言慣例（linquistic con-
ventions）一般，語言、文字的「慣例」，使其仍能做爲尋求知識
客觀性的工具，第二、主張人類的記憶（memory）能夠證實過去的
存在，而歷史修復記憶，滿足了人類的根本需求，第三、務實的實
在論者重視檔案紀錄，他們寧可容忍某種程度的不確定性，也不放
棄搜尋檔案紀錄中之證據的機會，因爲通過翻閱檔案紀錄，可以

⓸ Telling, p.250.

「看出」不翻檔案就無法明白的[歷史]事件的模式**❹**。

　　《歷史的眞相》也如同「第五十四號會刊」一樣，重新審視客觀性問題，並提出了所謂客觀性的新論（a new theory of objectivity）。「客觀性的新論」係指，承認史家都有主觀的立場、任何研究都不可能中立（科學家亦是如此）、不同群體的探求眞實者（truth-seekers）彼此會有衝突，然後在此一認知基礎上，展開歷史的研究與撰寫。並且客觀性的新論「不強調做不到完全客觀或全然令人滿意的因果解釋，但卻要強調有必要盡可能的做成最客觀的解釋」**❹**。客觀性的新論最重要的觀點還包括，區分視角（perspective）與詮釋（interpretation）的不同，三位女史家指出：

> 對於某些批評歷史的人來說，〔歷史事件〕不同詮釋的提
> 出，正表示歷史知識的有效性不可能確定。……然而，不同
> 的視角與不同的詮釋應該有所區分。……史家不同的詮釋可
> 能相互排斥，但他們不同的視角則不會相互排斥。……視角
> 不是意見（opinion）；視角是指看事情的觀點（point of
> view）……讓我們想像有一屋子的人目睹了一場激烈的爭論。這
> 些人有利的觀察點（vantage points）的總和，可帶給我們
> 有關爭論較完整的情景，但他們目睹的這件事並不會因爲看
> 的人多而有所改變。
>
> ……如同當代一位哲學家中肯的見解，「客觀並不是要

---

❹ Telling, pp.247-251.& p.258.

❹ Telling, p.229.& p.254.

求採取上帝的視角，那是不可能的」。**⑭**

三位女史家還舉例說明，「時間本身也是一種視角」：十九世紀史家在討論美國移墾拓荒的「西進運動」時，都將焦點放在那些「白人先驅者」身上，但今天則重視在「西進運動」時，受侵略而失去土地的印第安人與墨西哥人的遭遇**⑩**。上述兩種「視角」的總合，因此可帶來對早年美國移墾拓荒的「西進運動」更完整的瞭解。

《歷史的眞相》與「第五十四號會刊」在許多方面是一致的，例如二者都是因應時代變局的作品、同樣表現出溫和的「相關論」立場、也都接納「實在論」觀點，二者較不一樣的地方，是《歷史的眞相》把論述焦點放在強調「主觀論」（subjectivism）的危險，而「第五十四號會刊」則僅視「主觀論」或「主觀的相關論」爲不切實際**⑪**，或者也可以這麼說，《歷史的眞相》是「客觀的相關論者」針對後現代主義的衝擊作出的回應，而「第五十四號會刊」則是「客觀的相關論者」對「科學派史學」觀點的重新考量。《歷史的眞相》確非有意證明什麼，它只是在後現代思潮衝擊下，重申了「客觀的相關論」的立場罷了。

三位女史家所抱持的「健康的懷疑主義」及其內容，自出版以來就有不少史家撰文批評，特別是「後現代」陣營學者的攻擊最是猛烈。女史家史考特（Joan W. Scott）在一篇文章中稱《歷史的

---

⑭ Telling, pp.254-257.

⑩ Telling, p.264.

⑪ John Higham, "The Limits of Relativism: Restatement and Remembrance", 674.

眞相》是一種「道德說教」（morality tale）──有關善良的力量
（務實的實在論史家）對抗邪惡的力量（後現代主義者）的故事，
史考特質疑《歷史的眞相》其實在許多問題上都沒有提出答案，譬
如《歷史的眞相》在最末一章「歷史的未來」中，對於今後美國國
史的撰寫，雖然指出多元文化論（multiculturalism）的思考角
度，但是「要怎樣才能成就一種可以讓人接受的〔歷史撰寫〕共同
標準（common standards）呢？」，三位女史學家除了呼籲國家
應主動推行符合多元文化精神的「肯定行動」（affirmative ac-
tion）並積極作爲外，似乎不見有什麼具體的辦法❷。韓牧（Hi-
gham）形容，《歷史的眞相》就學術標準而言，有些膚淺，是一種
介於「政黨政綱」（party plat-form）與「個人論辯」（indivi-
dual argument）之間的文章❸。

　　《歷史的眞相》其實不是完全沒有作爲，只是因爲三位女史家
試圖在紛爭不斷的時代中，找出大家都能接受的「中間立場」，不
料，卻反而引來其立場「左右兩端」學者的不滿與批判。對於批評
者的說法，三位女史家倒是表現了她們一貫樂觀的態度，三位女史

---

❷ Raymond Martin, Joan W. Scott& Cushing Strout, "Forum on Telling the
Truth about History", History and Theory, vol. 34, no.4（1995）, 329 &
334.
Telling, p.301. 「肯定行動」（affirmative action）爲美國大學院校給予
少數族裔、婦女保障名額的措施。

❸ John Higham, "The Limits of Relativism: Restatement and Remembrance",
669.
John Higham to Chang Hung-Yi, February 16,1997.

家以「單一的」論調指出：

> 如果我們的作品〔《歷史的眞相》〕不能產生一種統一的圖
> 像——即令新舊知識融合（integrated synthesis）——並
> 因此讓韓牧（Higham）感到困擾，我們懇求他能容忍，……
> 美國史學中的融合者（the synthesizers）將會在期待中出
> 現。……我們關於擴展歷史知識的可能性，以及繼續持守經
> 修正的客觀標準 （modified standards of objectivity）
> 之樂觀精神，將引領我們朝向成就女性主義與多元文化學術
> 之明確的底線前進。[54]

五、結語：歷史知識的光譜

如果將十九世紀末以來，美國專業史家對客觀性問題的態度，轉繪成下圖所示的「歷史知識的光譜」，那麼「客觀的相關論」（objective relativism）大致上是站在一種「中間偏左」的立場，而「科學派史學」中的「客觀史學」（objectivity-in-history）—即強調｜據實寫眞」的客觀歷史，則是站在「中間偏右」的立場：

(Left) Relativism		Scientific History (Right)	
subjective relativism	objective relativism	objectivity -in-history	law-in -history

---

[54] Joyce Appleby, Lynn Hunt& Margaret Jacob, Response, Journal of the History of Ideas, vol.56, no.4（1995）, 679.

在光譜中，最靠右端的「科學派史學」（Scientific History）中的「法則史學」（law-in-history）——即主張尋求歷史中的普遍原則或定律（law）——已於二十世紀初遭一般史家否棄，至於光譜中最靠左端的「主觀的相關論」（subjective relativism）或後現代主義（postmodernism），雖為當代史學帶來反思的良機，但它否定知識客觀性與語言穩定性的說法，目前仍是多方爭議，難為一般史家接受。因此多數史家的立場，主要還是「游移」於「科學派史學」中的「客觀史學」與「客觀的相關論」兩者之間。

　　一九三〇年代「相關論」爭議最激烈的時刻，不少美國史家其實對於自己的立場並不確定，芝加哥大學（U. of Chicago）的教授史考特（Arthur P. Scott）坦承，「星期一、三、五我支持其中一個學派，但星期二、四、六則支持另一個學派」❺❺，史考特教授的話，正可反映一般史家面對客觀性問題時「游移」的立場，或說是採取了溫和的態度（moderate attitude）。 不過，史考特教授的「游移」，也或許和「相關論」並非一套有系統的史學理論，以致讓人捉摸不定有關。

　　納維克（Novick）在《那個高貴的夢想》一書中指出，歷史相關論者其實在理論方面，從未提出一套有系統的哲學論證，他們的史觀只是針對傳統有關客觀性的論述，表達一系列的批評而已，借用法國人類學家李維史特勞斯（Claude Levi-Strauss） 的隱喻，相關論者是一種喜歡在家裡修修補補的人（the bricoleur）❺❻。

---

❺❺　Peter Novick, op.cit., p.251.

❺❻　ibid., p.133.

從貝克、比爾德到「第五十四號會刊」、《歷史的眞相》，「客觀
的相觀論」確實缺乏一套有系統的哲學論證，只不過批評「客觀的
相觀論」的人──如威廉斯學院（Willams College）的教授史密
斯（Theodore Clark Smith）， 又何嘗不是如此呢？當代史家似
乎大多選擇了或左或右的「中間立場」，不過身處如此「不一致」
的後現代世界，想要選擇一個眞正的「中間立場」，恐怕不容易。

評　論

孫同勛

　　基本上我很同意張先生的看法，那就是在《54號會刊》寫文章的各位先生對史學研究的看法與《史學的眞象》三位女史家的看法是一致的，都是張先生所稱的objective relativism客觀的相關論。張先生在得到這個結論之前，他對這兩本書的相關部份作了很深刻也很正確的分析。其實如果我們考慮到史學的性質與專業史學的地位，這些史家以及其他極大部份的史家恐怕也很難持有其他的看法。他們都是專業史學家，都受有嚴格的專門訓練，都以主觀爲戒。他們雖然知道歷史研究有些主觀性，但要他們因此而承認歷史研究就是完全主觀的，毫無客觀性可言，他們也很難同意，因爲這不但與他們的專業訓練與研究經驗相反，也將使普遍的歷史知識成爲不可能，史學將不存在。可是另一方面，他們也不能不承認歷史研究有些主觀性，不可能絕對客觀。在這種情形下，他們勢必要重新界定客觀性，使它既能容納主觀性而又不完全推翻史學是可以提供一些系統知識的一個discipline。這就是客觀相關主義的來源。客觀相關論者仍然認爲過去是可知的實存(knowable reality)，但是無人能知其全體。後人只能從某個觀點看過去的一面。這個觀點的選擇是主觀的。但一旦選定此一觀點後，他的訓練與治學方法可使他的觀察不至完全受主觀的左右，這就是客觀的相關論。張先生在他的論文中指出這點，確是很難得的。但是另外，我也要指出這

篇論文的一個論證上的缺陷。張先生用了相當長的篇幅來說明三〇
年代Charles A. Beard與Carl Becker的相關論，但是卻未說明他
們的相關論與1946年出版的《54號會刊》的立場有何關係。《54號會
刊》的論文作者中沒有Becker；而寫文章的幾個人是否全與Beard
的意見相同，張先生都未論及。除此之外，《54號會刊》與《歷史的
眞象》的撰寫動機並不一樣，這也影響到兩者對史學性質的看法。
《54號會刊》是代表針對社會科學的衝擊，企圖調合史學與社會科
學爲一的一種努力；而《歷史的眞象》則是針對後現代主義對歷史
客觀性的否認，而試圖重新界定歷史的客觀性，重新爲歷史的學術
性定位。因此，前者受實證主義的影響遠比後者爲大，事實上Beard
從來就沒有正面否認過史學的科學性。以上不成熟的意見提出來，
請張先生參考，也請大家指教。

文化史家 Johan Huizinga （1872-1945）的史學

張 淑 勤

輔仁大學歷史系副教授

序 言

荷蘭文化史家Huizinga在史學界是位獨特的人，他細緻且敏感的心靈和略帶憂鬱（melancholy）的氣質都反映在他的著作上。他除了在史學理論與史學實踐有所創新之外，對於當代的文化現象及「現代性」（modernity）也提出了批評。以Huizinga最具代表性的史著《中世紀的凋零》（***The Autumn of the Middle Ages***）來說，它「聲色」俱全、廣度和深度兼備，是 本很具魅力的作品。在這本書裡，Huizinga將他的史學理論巧妙的實踐在其中，饒有趣味。他將自己的「歷史感覺」（Historical Sensation）、「歷史想像」（Historical Imagination）、「形塑」（Formgivring）、「歷史趣味」（Historical Interest）、「視覺印象」（Visual Image）全應用在此書中。藉著上述若干理論，Huizinga把自己溶入中古晚期的環境與思維裡，將十五世紀前後的尼德蘭及法國地區人民的心態及精神以「再創造」（Re-creation）的形式（Form）

栩栩如生的展現出來。

筆者寫這篇論文的動機，除了在於捕捉Huizinga的「歷史感覺」、「形塑」、「歷史趣味」、「視覺印象」等一系列的理論外，也將會提及他的陶成背景和文化批評。

壹、陶成背景

造成Huizinga特殊性的原因，部分與他的陶成背景有相當的關係。他的父親在他年幼時捨棄了Huizinga家族長久以來身為孟諾派（Mennonites）的牧師身分，成為格寧根（Groningen）大學的生理學教授。小Huizinga並未因此而對生理學發生興趣，卻和他哥哥一起收集起古幣來，爸爸也不時搜集古代銅板給他們。自幼起，當他用手去觸摸這些古物時，便已感覺到「過去」（Past）是可以被召喚回來的，而他也一直有一種渴望——想要和「過去」直接接觸。

在1879年，當Huizinga還只是一個七歲的小男孩時，目睹了大學生們表演的歷史化妝遊行，這一幕是他一生中令他印象最為深刻的情景之一。在Huizinga的自傳中他作如此描述：「這是我所見到的最美妙的遊行，而當時的我立即和過去有了直接的接觸，這種經驗就是我所謂的『歷史感覺』。」❶

除了對古老事物的濃厚情感之外，Huizinga非常喜歡藝術，尤其是對古典音樂和美術有所偏愛，這也是為什麼他在史著中喜用聲

---

❶ Huizinga, J., **Mijn Wegtot de historie** (Leiden, 1946), pp. 43-44.

音和圖像來描繪歷史的原因。巴哈（J. Bach）、布拉姆斯（J. Brahms）、莫札特（A. W. Mozart）、貝多芬（L. V. Beethoven）都是他所崇敬的音樂家。Huizinga在萊比錫（Leipzig）大學唸書的時候，出入音樂廳和歌劇院的次數頻繁，特別是對華格納（R. Wagner）的樂劇極為著迷。他曾經形容自己對「過去」的感受，就像他在聆聽音樂時了解音樂及音樂家的感悟。❷在哈倫（Haarlem）中學擔任歷史教師之際，他往往會在課堂黑板上畫圖，特別是畫歷史古蹟給學生看，他總希望告訴學生「活生生」的歷史。Huizinga也曾辦過幾次的畫展，認識了許多的畫家，更與身兼藝術史家和畫家的維斯（J. Veth, 1867-1925）成為莫逆之交。在維斯過世之後，Huizinga於1927年出版了《維斯傳記》（*Veth-biografie*）。在這本傳記中，他表達了自己對藝術的看法，也成為歐洲畫家必讀之書。❸在維斯傳中，Huizinga嚴厲地批判了荷蘭在1880-1890年代的藝術運動（Tachting & Negentig）。這項運動是指：藝術到底是什麼，及有關新藝術（Art Nouveau）中，注重在藝術表現上採用曲線和不對稱的線條、多樣化而有激盪性的風格；形式結構、空間色彩上都與荷蘭傳統藝術的合理性截然不同。在1899年，他一口氣寫了四篇有關藝術運動的文章，並發表在《史紀》（De Kroniek）期刊上，Huizinga表達了他希望新、舊藝術整合的期許。❹

---

❷ Huizinga, J., Men and Ideas: History, The Middle Ages, the Renaissance (New York, 1966), p. 54.

❸ Tollebeek, J., De toga van Fruin Denken over geschiedenis in Nederland (Amsterdam, 1990), p. 202.

❹ Ibid.

　　儘管Huizinga自幼就對中古騎士抱著濃厚的好奇，然而在青年時代卻開始學習希臘文、阿拉伯文、俄文，甚至到萊比錫唸梵文、古愛爾蘭語。這顯示了他對語言學的喜好及天分。1897年，他得到格寧根大學的博士學位，論文題目是《梵文劇中的弄臣》（*On the Court Jester in Sanskrit Drama*）。讓他必須一本正經地面對歷史研究，是因爲他在哈倫中學作歷史教師達八年之久。在同時期，他也曾在阿姆斯特丹大學擔任了兩年的歷史義務講師。Huizinga在這段時間，除了繼續發表了很多有關印度文學和宗教的論文，終於出版了他的第一本歷史著作《哈倫的起源》（*Opkmst van Haarlem*），這是一部成功的著作。由此，他被提名爲格寧根大學的歷史教授。不過，他的提名還是受到了很多的爭論，荷蘭歷史界爲之驚訝不已。

　　在大學就職的學術演講中，Huizinga發表了他對史學思想中之美學因素的觀點。在此，他認爲研究歷史和藝術創作之間有著一個共同的基礎，即意象（Image）的表現和形塑（Form Giving）。❻

　　終其一生，Huizinga常自謙自己沒有閱讀什麼歷史書，但卻常作「白日夢」。又特別喜歡到鄉間樹林獨自漫遊散步、神遊天地之間，他極爲享受這種漫遊時的心靈狀態。❼或許，他這種獨自散步神遊的經驗，提供了他日後能「接觸」中古人民「在絕望與意亂情迷之喜悅之間擺動的心靈」的情境之中。「在絕望與意亂情迷之喜

---

❺　Ibid.

❻　Haskell, F., **History and Its Images** (London, 1993), p. 468.

❼　Huizinga, op. cit., p. 9.

悅之間擺動的心靈」是Huizinga形容中古人心態的特性之一。❽

　　1915年，他轉到荷蘭學術界最負盛名的萊頓（Leiden）大學任職終身教授，直到1942年納粹黨入侵荷蘭暫時關閉大學爲止。在任教期間，他參與了討論有關歷史學科的領域問題。Huizinga用了大量的文學、文化人類學、藝術、比較語言學、心理學、神學和神話的理論來討論歷史學，這些論點在當代都屬於另類的聲音。他這種舉動激發了英國WarburgInsitute及法國年鑑學派的靈感。❾

　　關於歷史學科是藝術還是科學的爭論上，在1924年瑞士出版商出版他的《伊拉斯莫斯》（***Erasmus and The Age of Reformation***）時，由Huizinga寫給德文翻譯者Werner　Kaegi的書信內容來看，可得知他站在「科學」派這一邊。他認爲歷史寫作如果是純粹藝術形示就不算完美，研究歷史該是科學式的，但又不能將歷史化約成純科學方式。❿對於Huizinga這樣的看法，筆者認爲他表達的不夠清楚。

　　荷蘭被德國侵略的早期，由於Huizinga一直堅持學術自由而被安置於Michielsgostel的集中營裡。爾後，他在1942年被放逐到一個叫De　Sterg的小村子中，不准他回到萊頓去，那時他已經是七十歲的老人，健康情形不良，視力差到幾乎失明，但他還在爲自己的著作《遊戲的人》（***Homo Ludens***）作英文的翻譯工作，直到1945年2月離開了人世。Huizinga留下了豐富的著作，後來被集成九大

❽　Ibid.

❾　Tollebeek, op. cit., p. 210.

❿　**Verzameld Werken van Huizinga** (Harrlem, 1948-53), dl. IV, p. 372-378.

卷，以荷蘭文出版了《Huizinga著作選集》（Vergameld Werken van Johan Huizinga）。其他較知名的著作則單本發行七本，並譯成英、法、德、義等各國文字。現行可見到之英文版本計有：*Erasmus and the Late of Reformation; Man and Ideas, History, the Middle Ages, the Renaissance; Homo Ludens: A History of the play Element in Culrure; The Autumn of The Middle Ages*。

貳、史學（Historiography）

Huizinga基本上是位反實證主義者，雖然他從來沒有反對嚴謹的史學研究方法。即使在《中世紀的凋零》中，他大多利用文學和藝術作品爲寫作資料，但他的《哈倫的起源》及《十七世紀的尼德蘭社會和文明》則是使用大量的原始檔案和文獻，當他接觸到老檔案時，Huizinga是完全熱情地投入於歷史細節的研究。⑪

在格寧根大學和萊頓大學教書時，他對學生一再強調原始資料的重要性及對資料的批判考證，他也親自觀摩皮倫（H. Pirenne）的實踐研究班（De Cours Pratiques），並以研討課（Seminar）的方式授課。Huizinga也透過佛萊堡的哈曼（G. Heymans）教授結識了狄爾泰（W. Dilthey）、溫德爾班（W. Windelband）和里科特（H. Rickert）等人，當時的Huizinga立刻發現自己的想法與這些「哲人」是相似的（Huizinga歷來一直稱呼他們爲哲人）。他完全

---

⑪ Ibid., pp. 41-42.

同意史學應該從普遍的自然科學方法研究方式中解放，而這種認同則直接影響到他的史學原則。㈠歷史之特殊性（Individalization）；㈡歷史之不可掌握性（Weerbarstigheid）。也就是說，歷史不能被系統化和體制化。**⑫**

　　Huizinga認為，史家一方面要認清歷史的特殊性，另一面也要認知到歷史普遍性的抽象脈絡，歷史是統一性、多樣性、特殊性及普遍性的辯證體。終其一生，Huizinga都反對一些學者把史學看成是社會學及自然科學的一部分，他最擔憂的是把史學簡化了，把史學的複雜性與深度性給減弱了。他也警告歷史演化論者、歷史形式主義論者和歷史決定論者。因此，Huizinga對蘭普烈希特（K. Lamprecht）和史賓格勒（O. Spengler）的理論並沒什麼好感。對蘭普烈希特在《德意志史》（***Deutsche Geschichte***）中所表現的社會進化論式的歷史進程，以及他比較重視物質經濟因素的歷史發展之意義，無法為Huizinga所認同。史賓格勒對人類文化有著共同之規律的理論，對Huizinga來說這是他的魯莽，史賓格勒已經將歷史形態學轉變為神話了。**⑬**

　　Huizinga指出，研究歷史的人使用簡化的方法來處理歷史，就像漁夫捕魚時只想到用網來打魚一樣，史學研究是不能簡化的。**⑭**他也曾經教授過農業發展史和資本主義史，可是他完全拒絕接受以經濟為主的歷史決定論和歷史唯物論——歷史唯物論就是典型的簡

---

⑫ Tollebeek, op. cit., p. 207.

⑬ Huizinga, **Men and Ideas**, pp. 60-61.

⑭ Verzgameld Werken, dl. V, pp. 268-269.

化史學，它簡化了心靈與物質原因之間複雜的交互關係。**⓯**對於歷史心理決定論，他一向只相信少數的心理學理論即使在這心理學日益昌盛的時代。至於心理分析學派，Huizinga則將它看成是危險的神話，他認為所有的歷史決定論都太簡化人類的心態了。**⓰**

參、歷史感覺（Historical Sensation）和歷史想像（Historical Imagination）

　　Huizinga史學的獨特性就在於他的「歷史感覺」理論。他認為當一個史家在一開始去「重新創造」歷史時，史家心靈上的「想像」就產生了。想像（Imagination）不是幻想（Fantasy），想像也不是一個很嚴密的邏輯過程。但是，歷史知識不只是使用以批判為基礎所建立之史料的邏輯上產生的，它可能是偶然的，不完全是理性的。這種「不理性」同樣也存在於藝術作品的創作或是當你欣賞美景時的感覺。這也是一種美學能力，這種能力可以增強歷史的清澈性（Aanshouwelijke），而這種能力在歷史想像中是必要的條件。想像的最終目的在於清晰和聯想，藉著想像引發對「過去」的再創造，這也可以說是喚起過去的「意象」（Image）。**⓱**想像的觀念是Huizinga美學的終極，讀者也可以藉由史著喚起他們的歷史想像。Huizinga在當代史家中，找到比利時的歷史學家比倫為代表。在比倫的《比利時史》（***Histoire de Belgique***）一書當

⓯　Ibid., dl. II, p. 174-175.

⓰　Ibid.

⓱　Ibid.

中，尤其是書的前兩冊中，比倫雖然沒有詳細描繪人民的生活，也沒有描繪歷史遺跡，但是比倫卻能喚起歷史想像。在閱讀這樣的史著時，讀者可以連續地引發與過去直接接觸的感覺，即便這種感覺是純粹的學術層次。⑱這就是「歷史感覺」。

　　筆者在此也舉一例說明之。布洛克（M. Bloch）在《史家的技藝》（*Apologie pour l'hisoire ou metier d'historien*）一書當中，他曾提到史學的「詩性因素」（poetic element）、「史學本身的美感喜悅」以及「史學不可抗拒的迷人之處」，⑲應該就是布洛克的歷史感覺和歷史趣味。布勞岱（F. Braudel）也有歷史想像。當他在檔案室裡，直接閱讀、目睹又觸摸到最真實的（Athetic）原始檔案時，他的欣喜和對歷史的接觸感也該是「歷史感覺」的表現。歷史知識的本質是可以表現在史家對過去事物之景物的「感覺」或「接觸」上，也就是說，意象的引發。

　　Huizinga認為，了解歷史的元素就在於「歷史感覺」，或者也可以說是「歷史接觸」（Historical Contact）、「歷史想像」、「歷史視覺」（Historical Vision）。但是，所有的這些「歷史感覺」，並不是一種宗教情感式的或是對大自然的崇畏之情，或者是對形而上學的認識。「歷史感覺」的對象不是可以解釋或是可以理清的，也不是在特定形式下的人物，包括他的生活或是思想，真正和過去作歷史接觸的是真實的信念。這種「歷史感覺」可能只是

---

⑱　Huizinga, **Men and Ideas**, p. 53.

⑲　Bloch, M., Apologie pour l'hisoire ou metier d'historien (Paris, 1984), pp. 21-22.

透過古老檔案中的幾行字，或是一首老調中的幾個譜調音符所引發的。但是，它又不是從歷史書本中特別安排的一些字眼，它根本上是超越歷史書本的。❷⓪「歷史感覺」也不一定是來自於高階層文化（High Bourgeoisie Culture），或是一件顯著有名的事蹟上，這種感覺更可能是從任何過去發生的微小事物上所引發的。❷①

此外，這種「歷史感覺」不是所謂的「重新經驗」（Re-experiencing）。重新經驗是心理學式的，而歷史感覺可以在剎那之間有了精神上的敏銳感覺，這種感覺可以直接地接觸到過去。再者，這種感覺也不同於德國新唯心主義派的「神入（或同理）」（Nackfuhlen）。「神入」或「同理」是持續的對過去的經驗；但是，「歷史感覺」卻是剎那間立即的與過去產生深度的接觸，在那一刻，時間的界線已然消失不見。總之，這種感覺是美學的敏感。自己已經不再是現在的自己，自己已經觸摸到歷史事物的本質，並藉著「歷史感覺」活在過去的眞實中。❷②

Huizinga自己也認爲描述「歷史感覺」不是一件容易的事情，因爲它是一種神秘及秘密的感受。用具體的文字表達，不但不容易、也不夠完美。Huizinga認爲，「歷史感覺」也可以立即消失的無影無蹤，「一個人要能察覺『歷史感覺』的細緻，是需要『歷史感知』的」（To understand historical sensation, you need historical sense）❷③；這一句話是Huizinga機智幽默的表現。

---

❷⓪ Huizinga, Men and Ideas, p. 54.

❷① **Verzameld Werken**, dl. VI, p. 231.

❷② **Verzameld Werken**, dl. II, pp. 566-567.

❷③ Hugenholtz, F. W., Huizinga's historische Sensatie als onderdeel van

在1905-1906年間，Huizinga爲了寫《哈倫的起源》而閱讀了大量的檔案，好幾次在檔案室中，他就很清楚的意識到「歷史感覺」。他形容那是一種品質（Quality）、一種眞實感，那一種感覺遠遠超過理性，它不在只是理性的只爲得到歷史知識而已，歷史想像已成爲一種基本動力。但是，這種想像力的眞實性絕大部分來自於原始眞跡檔案（Athetic Archives）或是藝術眞跡，它不可能來自於於藝術複製品或是微卷檔案資料。❷❹

肆、歷史趣味（Historical Interest）

Huizinga並沒有專文討論「歷史趣味」，筆者從他的自傳《我通往歷史之路》（*Mijn Weg tot de Historie*）及其它的論文綜合其見得知，「歷史趣味」是一種對古老事物的特別品味，以及了解古老事物的熱切渴望。浪漫主義醞釀了對古代的懷舊感（Nostalgia），這種懷舊感增添了歷史想像的力量，浪漫的精神挑起對過去遙遠又陌生事物之嚮往。「過去」不再是爲對「現在」的回顧，歷史的每一個時期都是獨一無二的特別存在。Huizinga認爲只有透過浪漫的眼睛，才能看到歷史的趣味。

這種史學樂趣不是有目的性的，Huizinga不認爲「過去」是爲了「現在」的緣故。簡言之就是：歷史不是爲服務現在。Huizinga說：「我愛過去是爲了過去本身」（J'aime le passe pour lui-

---

het interpretatieproces(Amsterdam, 1979), p. 208.

❷❹ Ibid.

meme）。㉕

　　Huizinga非常反對年代錯誤式的（Anachronistic）歷史，他擔憂一些史家使用現代的眼光來解釋過去。例如：荷蘭曾經引發一場學術辯論，博物館中的陳列品，是因其歷史價值或是藝術價值？Huizinga為這場辯論下了結語：不要把兩種價值分立，要強調陳列物品帶給人類的賞心悅目才是最重要的事。㉖從這一個例子，可以看出Huizinga對趣味的看重。

　　年代錯誤式的歷史和為現實服務的史學，容易使史家具有目的論的取向，將會導致史學為政治或社會服務的結果。在目的論式的史學中，只能看到一個歷史邏輯和一條歷史之路，這就根本上限制了史學的無限寬廣，歷史學中應有很多的可能性（possibility）。㉗

　　太強調「現在」的重要性，使Huizinga對當代史學感到悲觀。

　　歷史趣味是對過去產生的一種陌生、奇怪而又被吸引的感覺，這是一種奇妙的感覺之組合。這種感覺，或許就像一個人獨自到遙遠、陌生的異國去旅行吧？這也許是Huizinga不喜歡治當代史的最主要原因。在當代——由於年代太近——始終找不到陌生奇異的感覺。

㉕　**Verzameld Werken**, dl. IV, p. 338.

㉖　**Verzameld Werken**, dl. II, pp. 559-569.

㉗　Ibid, pp.239-240.

伍、形塑（Vormgeving, Formgiving）

歷史既然不是複製過去，而是通過想像的再創造，那麼史家如何去實踐再創造呢？又如何去實踐歷史想像呢？Huizinga認為想像的過程是為了「形塑」，史家要把過去形塑成「形式」（**Form**）。為了解過去並反思自己的文化，史家必須掌握到歷史的「形式」。透過「形式」，歷史才能說話。以文化史為例，它常以社會現象的「形式」出現，但這並不是說文化史應服從於社會學，文化史將現象視為它自己的重要意義。文化史家不只描繪他所設計的「形式」之輪廓，而且要藉視覺的聯想，將現象著色。基於此，偉大的文化史家始終是歷史形態學家，他是生活形態、思想、習俗、知識、藝術等背後「形式」的尋覓者。文化史家的主要貢獻，便在於他創造了文化的形態，並形塑了歷史。❷❽不過，史家在形塑的過程中，必須要謹慎小心。以「中世紀」這個概念來說，「中世紀」本身就已經是一個概念，此概念則產生在他自己的精神上，乃超越了史家的控制。如果史家硬要給它一種普遍的概念，如「文藝復興」或「巴洛克」。又例如，我們一想到「中世紀」，就認定它是「上古」與「近古」之間的時代。所以，Huizinga喜歡用特殊型的形態學（Morphology）來解釋文化史。了解文化史主要是去認出它的精神，文化是精神的方式，文化賦於過去價值。精確的說，「形塑」的活動就是文化精神的活動。歷史是文化經驗，是在於不斷的形塑「過去」。因此，歷史不再是複製品，是史家以自己所設計的「形式」

---

❷❽ Huizinga, **Men and Ideas**, p. 59.

來創造歷史。㉙

　史學思想家會對傳統提出質疑，也形塑「過去」的歷史知識。因此，「提出問題」也是形塑的基本。當Huizinga見到歷史學成為一種現代工業產品，製造了成堆的「過去」的贗品，變成一種商品文化之時，他再也輕鬆不起來了。歷史知識透過各種報告、評論、媒體成為一種刻板的知識累積之時，歷史就成為這種複製體制下的犧牲品，這是反人格化的（Gedepersonliserde）㉚，最基本的問題是史家不再提出質疑，確只顧忙著整理編輯資料，然後湊成一本著作或論文，這種方式使得歷史沒有風格和形態，而導致這種現象的主要問題在於史家的人格，史家至少是不應該取悅讀者或是刊物。㉛

　Huizinga看到太多的歷史研究者，只顧藉著歷史分類來整理編輯的歷史事實，卻沒有任何「形塑」，他認為沒有「形塑」就沒有真正的歷史。

　1920年以後，Huizinga便非常希望藉著文化史來尋找歷史的真實性。他反對完全詩意化的歷史，不贊同歷史是藝術，歷史研究所要追尋的是歷史的真相。基於此，他開始批評當代的「文學式歷史」（belles-letters, Historische-bellettrie）。這一種以文學為本質的歷史，歷史將僅是一種點綴。Huizinga批判文學式的歷史，對它根本不感興趣，認為這樣的歷史只是在編寫精彩的故事。這種寫作形式只能使歷史更商業化，成為一種激情式的歷史。就如

㉙　Tollebeek, **op. cit**., p. 204.

㉚　Ibid.

㉛　Ibid.

同某些浪漫派的學者，只重視煽情而不重視歷史的眞相，而使得歷史所應具有的智性、純淨、冷靜和沉著全都被犧牲掉了。❸

史學在文化中都有它自己的形式，對於「過去」之意象的了解是透過史家一再重新去創造。但是，當文化淪爲次文化（Subculture）時，歷史文化就在被分割的文化中支離破碎了，歷史不是神話而是眞相。在此，Huizinga引用歌德（Goethe）的句子來表達他的意思：「當一個紀元在衰微之際，所有的趨勢都呈現出主觀；但另一方面，當所有的事物在走向成熟而將形成爲另一個新紀元時，所有的趨勢是呈現著客觀的。」（Alle im Ruckschreiten und in der Auflosung behriffenen Epochen sind subjektiv, dagegen aber haben alle Vorschreitende Epochen eine objektive Richtung）❸

陸、歷史視覺（Historical Vision）

Huizinga一直相信研究歷史的基礎是「歷史感覺」，但它可能瞬間消失不見，更何況這種經歷不是每一位史家都具有的特質。不過，歷史感覺可常隨著對「過去」的視覺而來，它也需要藉著理性來補充。藉由整理事實，結構的描寫來相互建立實現理性。簡單地說，就是形塑「過去」。這當中，史家所扮演的角色是製作人而不是複製機器。❸

---

❸ **Verzameld Werken**, dl. II, pp. 559-569.

❸ Huizinga, **Men and Ideas**, p. 50.

❸ **Verzameld Werken**, dl. VII, pp. 184-185.

「歷史感覺」最容易從視覺而來，歷史感覺會使身體感官產生強烈的感覺。《中世紀的凋零》是一部可以使人感到栩栩如生的中古印象之作，而這部作品之所以使人動容的原因，不僅只是由於Huizinga的美妙文采，更重要的是因爲他應用了「歷史視覺」。

Huizinga認爲，雖然視覺的利用是常用在歷史研究上佔決定性之初始階段，但視覺意象的應用是極爲重要的。他舉例，通常人們如何去想像埃及文化呢？答案是極爲肯定的；是由於人們的心中浮起圖像式的印象，如金字塔、藝術作品。如果沒有哥德式的藝術印象在心中，也難一時建立中古的普遍形象。Huizinga又舉了比利時畫家老布魯格（Brueghel de Elder）的畫作爲例；他指出，透過布魯格的畫了解十六世紀低地國的歷史、文化，比透過閱讀大量十六世紀歷史課本直接的多。是布魯格的畫作，引領人們進入歷史。❸❺

Huizinga寫作《中世紀的凋零》的靈感來自何處？他作了以下的回憶：

> 約在1907年的夏天，我太太往往需要花上一整個下午照顧小孩子，而我則常到格寧根的郊外去散步……就這樣，在一個星期日的下午，突然有一種觀念來到我的心中；十五世紀左右的中世紀並不是預示一個新時代的來臨，但卻顯露出一個已褪色的、日薄西山的時代。這由范艾克（Van Eyke）及其同時代之藝術家的作品中看得到，從他們的作品見不到北方

---

❸❺ Huizinga, Nederland's beschaving in de zeventiende eeuw (Amsterdam, 1965), pp. 211-213.

文藝復興的曙光，相反地是中世紀精神的衰微。❸❻

十五世紀初尼德蘭藝術大師們的作品中，所表現的到底是溫和、安靜、寧靜的虔誠，還是光彩、絢麗又奪目的壯觀呢？初瞥大師們的經典時，是純淨、單純又虔敬的，但是再仔細看畫中人物的表情，他們臉上強烈的個性不是中古畫作的特質。

范艾克的畫作新鮮亮麗的就像是剛剛完成一般，例如他爲妻子所作的肖像畫：她的臉多麼銳利！又例如根特市祭壇畫中的夏娃的人體像：不自然的文雅和天眞，這是她爲了告訴大家她那沒有企圖式的嫵媚和情欲。❸❼

是什麼原因使得十五世紀初期的北方畫作少了眞正的「和諧」？Huizinga認爲是畫中的裝飾和花紋太多，「自然」已不存在，有的卻是奢華及刻意經營的爭勝。這種「不和諧」也顯示在法蘭德斯（Flanders）的壁毯畫上。在范艾克的另一幅畫作《聖母和大祭司》中，大祭司羅林（Rolin）的祈禱看來十分迂闊，聖母背後的景象和事物都任范艾克的激情縱情奔放。整個畫中的裝飾繁複，抹殺了平靜與和諧的統一性。❸❽此外，Huizinga也用「墮落」、「頹廢」、「瀆聖」和「大膽」來形容傅格（Jean Fouguet）的畫作《聖母和聖嬰》。在這幅畫中，聖母裸露了她那球形般豐滿的胸部。❸❾

---

❸❻　Huizinga, **Mijn Weg**, pp. 49-51.

❸❼　Haskell, op. cit., pp. 478-480.

❸❽　Ibid., p. 481.

❸❾　Ibid., p. 485.

在同時代的建築上，也展現出過分的細節裝飾，這些都是Hu-izinga所謂的「精神和思想的印象化」。也就是說，藝術家所表達的感覺和時代的風格與精神有著密切的關係。

Huizinga以「歷史視覺」所得到的論證，質疑了布克哈特（J. C. Burckhardt）關於中世紀的觀點。布克哈特在《意大利的文藝復興時期之文明》一書中，對中世紀有下列這樣的描述：「在中世紀，人類的意識，不論是自省或對外界的觀察，都是隔著由信仰和幻想、幼稚與偏見所編織成的紗幕來向外看。」❹Huizinga則認爲，是布克哈特自己的照相機被他自己的紗幕遮住了。❹

柒、文化批評（Culture Critic）

自1930年代起，當代的社會、經濟和政治變遷使Huizinga成爲文化的批判者。Huizinga史學理論的一部分及文化反思成爲反極權的體系。他的史學理論、文化史著及文化批評三者關係交織在一起。當他見到令他不悅的大衆俗文化、主觀主義的崛起、政治束縛文化以及反歷史的成長時，他疾聲吶喊；自由的史學不再是人們的理想，歷史服務於政黨或宗教讓他憂心忡忡，尤其是馬克斯主義和極端的民族主義史學傷害了Huizinga的心靈。他擔心唯物史觀者，特別是史達林主義成爲強烈的教條、法西斯黨或是德國民族社會

---

❹ Burckhardt, The Civilization of the Renaissance in Italy: An Essay (Oxford, 1987), p. 81.

❹ Huizinga, **Men and Ideas**, p. 261.

黨，使史學臣服於極端的民族主義之下。Huizinga痛批這種病態文化將導致史學毀滅性的命運。

反歷史思想在當時也快速地傳佈著——這些是對歷史主義的反應。當一切的文化都被放在歷史的角度來考量時，反歷史主義就被提升了。歷史主義老早就埋下了相對主義的因子，因為歷史主義早已影響到當代的思想模式。Huizinga很了解歷史主義的下場，但他也很擔憂反歷史主義會失控。對Huizinga來說，歷史主義本身所產生的相對性，是因為它早已經失去了自己的形式（Form），不能形塑自己的形態。另一方面，激烈的反歷史主義會導致文化陷入險境、以及「去歷史化」（di-historilize）。❷

Huizinga在文化批判中，顯示了他對倫理價值的重視。曾組織反德國之反猶主義，並在比京布魯賽爾發表了系列的演講。這一系列的演講，後來集成為《明日的陰影》（*In de Schadwen van Morgen*）這本書。他曾說：「我們很清楚自己活在一個妖魔鬼怪出入的世界，這使我們身心倍感困擾」。❸文明自身會導致自己的廢墟——這也是他對「現代性」的著名批判。

1940年，Huizinga在萊頓大學又作了一系列的演講，講題全都是有關大國的極端民族主義與小國的愛國主義的比較。在這當中，他表達了為小國做辯護的立場。然而，就在他演講後的兩個月，荷蘭也遭遇到小國處境的經驗。

他認為世界上普遍的正義都已式微了，科學的洞見被踐踏、知

---

❷　Tollebeek, op. cit., p. 223.

❸　**Verzameld Werken,** dl. VII, p. 318.

識的理想被拒絕、藝術也少了自由，所有健康的文化都消失了。此時，他將史學以文化人類學的方式來作文化批評，這也該是《遊戲的人》（*Homo Ludens:A Study of the Play Element in Culture*）這本書的由來。在這本書中，Huizinga研究了不同文化的遊戲以不同的形式來發展，並分析了遊戲規則的發展。

Huizinga心中理想文明的典型，是十七世紀的荷蘭共和國文明。在《十七世紀的尼德蘭社會與文明》（*Nederland's beschaving in de zeventiende eeuw*）一書中，他表現出他對尼德蘭共和國的喜愛。當十七世紀歐洲各地正忙於建立中央集權的時代，尼德蘭共和國卻有著自己獨特的政治形式，這種政治形式是由和諧的攝政團體所組成。當其他歐洲地區正處於巴洛克文化昌盛之際，荷蘭文化卻是自由的文化，是謙虛、寬容、和諧的中產階級文化。這種社會沒有對比的尖銳社會階級，也沒有地方容得下極權主義。中產階級文化有著理性的特質與實在性，這種文化美德造就了當時的美好文化。**❹**

在《十七世紀尼德蘭社會與文明》一書的背後，到底是否蘊含著以古鑑今的象徵意識呢？如果答案是肯定的，那麼就違反了Huizinga自己所強調的「歷史趣味」了。

尾　聲

要去了解像Huizinga這樣一位心靈敏銳又細緻的史家，是一件極不容易的事。他九大卷的荷文集冊要一一仔細閱讀是費力費時的

---

❹　Ibid., pp. 279-310.

工作，目前筆者並未能完成這份工作，希望自己以後有機會能完成。筆者在寫這一篇論文之時，對於Huizinga的「要了解歷史感覺（Historical Sensation），你需要歷史感知（Historical Sense）」的隱喻式詼諧不禁多次莞爾不已，這或許也是筆者的「歷史趣味」。不過，Huizinga也對筆者做了寬容的眨眼（Wink as Winking）。

評　論

周　樑　楷

　　閱讀本文，不難發現張教授對Huizinga特別喜愛。這種情感不只是歡喜Huizinga的作品和思想，更重要的是，歡喜他的生命意識。本文洋溢著張教授與Huizinga之間心靈的交流。研究史學史，若能認知前輩史家的生命內涵，的確值得讀者嘉許。

　　本文強調Huizinga重歷史的感覺、想像力、興趣以及視覺。毫無疑問地，本文已掌握了Huizinga的基本取向。我個人喜歡稱呼這種取向為新觀念論（neo-idealism）。其實，不僅Huizinga屬於這種取向，而且張教授也是以這種取向處理本文的問題。

　　本文還有一些問題似乎還未說明清楚，在此特別提出以便討論：

　　⑴頁255提起Huizinga的史學站在「科學」派這一邊。但全文卻又不斷突顯Huizinga之重歷史想像力……等等觀念論的史觀。這兩者之間如何處理呢？本文應多加解釋。

　　⑵頁255和頁259提起Huizinga對年鑑史家Bloch和Brandel均有啓發性的靈感。然而，依個人所知，年鑑史家應屬新實證論（neo-positivism），他們的歷史知識論與Huizinga之新觀念論應該互不相容。Bloch和Brandel研究歷史時難免也運用歷史想像力，但這是任何史家所有的經驗，我個人建議本人不必要涉及Huizinga與年鑑史家的關係。

　　⑶頁260提起Huizinga所謂之「歷史感覺」異於德國「新唯心

主義」（即本人所謂之新觀念論，之「神入」（Nackfuhlen）。
個人以爲本文討論得不夠明確詳實，不妨多舉Huizinga的歷史作
品爲實例。又頁256曾提到Huizinga的思想與德國狄爾泰、溫德爾
班、里科特等人的思想「相似」。既然如此，這些人都是十分重視
「神入」的。可見，Huizinga和這班人的關係尙待釐清。

　　(4)頁265，引歌德之名言，可惜沒解釋清楚。

　　(5)頁269，本文說Huizinga批判「現代性」。可惜也未說明。

　　最後，個人建議本文分析Huizinga的思想時應把握西方史學的
脈絡，尤其有主歷史主義（historicism）和新觀念論的來龍去脈。
另外，在突顯Huizinga的思想時，不妨就他的作品多舉實例，以
便讀者能更眞切得知Huizinga的思想和生命意識。

美國人口普查表原稿的運用：以匹茲堡地區華人洗衣業的發展與分佈爲例，1880-1950

王　秀　惠

中國工商專校國貿科助理教授

壹、前　言

　　十年一次的美國人口普查表報告所提供的多項統計數字向來是重要的研究資料。尤其在六零年代美國黑人民權運動之後，促使學術界如火如荼地展開針對美國境內不同族群及移民社區的研究。由於族群及移民遺留下來的文字書面的資料不夠完整，利用人口普查表的統計結果便成爲極爲有用的輔助資料。但是有些原始收集到的資料，並不能完全被量化，以數字呈現出來。因此重新檢閱人口普查表原稿（Manuscript Schedules of the Census），可以找出一些數字之外的歷史原貌。

　　然而人口普查表原稿的使用有所限制，鑒於保障受調查人的隱私權，必須隨著時光流逝而逐漸開放。現行法律規定人口普查的原稿必須保存七十二年使得對外開放。美國國家檔案局（The United

States National Archives）負責將這些原稿製成微卷，供人查閱。不幸地是1890年那一期的原稿，在1921年的一場大火中被焚毀了。目前最新開放的一期是1920年的原稿。通常各大城市的市立圖書館（Public Library）會擁有一套該州的原稿微卷，置於一個專門收集該州歷史的圖書室。❶有些大型市立圖書館的該州圖書室，同時提供家譜（genealogy）的查詢。位於華盛頓的美國國家檔案局則儲存有全美各州的原稿微卷。

　　本文首先將介紹人口普查表及其歷史變化，再詳細針對人口普查表原稿所涵蓋的內容逐一說明。文章第二部份則是以匹茲堡地區的華人為例，說明如何抽取人口普查表原稿中所提供的相關訊息，配合其他的文獻，探討華人洗衣業的發展與分佈，以及該業與當地經濟成長和社會變化的關聯。

貳、人口普查表之緣起、蛻變、及調查工作的執行

　　從建國之初，美國政府根據憲法第一條第二款的規定，在1790年作了第一次的人口普查。此後每十年續作一次人口普查，據此提供基本資料，重新分配國會議員的席次。❷1850年之前，人口普查

---

❶　這種圖書室稱為某某州室（如 California Room ，Pennsylvania Room，或是 New York Room）。

❷　黑奴解放之前，自由人與奴隸是分開計算。後者只被計算為五分之三個人，亦即所謂的 Three-Fifths Compromise。在1865年根據憲法第十三條修定案（The Thirteen Amendment），廢止這一條規定。見Margo Anderson Conk, The United States Census and Labor Force Change: A History of Occupation

之執行，並不是由聯邦政府統一辦理的例行工作。起初是由地方的保安官（marshals）來辦理；1850年開始變成由人口普查辦事處（Census Office），僱用臨時人員進行調查。但這一段時期所謂的人口普查辦事處，都是每十年的調查工作到來時才成立，一旦調查工作結束後就解散了。直到1902年，國會通過法案，才建立一個永久性的專業單位——人口普查局，將其附屬在商務部（Department of Commerce）之下，統籌計劃和督導人口普查工作的事宜。

　　人口普查所涵蓋的地區，時有更迭。印第安人的區域或保留區（Indian Territory or reservations），直到1890年才歸入人口普查的範圍。阿拉斯加與夏威夷兩地於1959年成為美國版圖之後，在下一期的人口普查表第一次出現。因為幅員廣闊，人頭的計算，難免會出現低於實際人數。早期的普查表就無法涵括一些人口居住分散過廣的地區。

　　在戰亂時期或是戰後重建期間，人口普查工作也出現許多錯誤。最明顯的一次，就是南北戰爭期間。在1870年的人口調查中，南方數州的人口數，比起前十年而言，增加的比例非常微小。相較之下，到了1880年時，人口變化增加極大。顯然戰爭引起的兵荒馬亂與戰後社會百廢待興，造成普查工作的困難。❸

　　從1850年起，除了人頭的計數之外，還增加一些與社會和經濟

　　Statistics, 1870-1940, (Ann Arbor, MI: University Microfilms International, 1978), p. 9.

❸　Donald B. Dodd, compd., Historical Statistics of the States of the United States: Two Centuries of the Census, 1790-1990, (Westport, CT: Greenwood Press, 1993), pp. 469-470.

特質相關的普查內容。普查時詢問與登錄方式也多所修正，尤其是牽涉到因為個人判斷不同而產生差異的問題。例如，在此之前的調查方式是，詢問戶長在某一年齡層範圍之內的人口有幾人。1850年之後就改爲直接登錄家庭裡每一個人的年齡。對於職業登記，則是記錄職業名稱，不再是由訪查人員分類農、工、商等類別。至於如何分類的工作，事後再由人口普查局內的人員去處理。❹待調查工作人員走訪轄內所有的家庭，人口普查局根據這些用手書寫登錄在表格上的原稿（Manuscript Schedules），整理統計後將之發表。

參、人口普查表原稿的內容

一般圖書館所收集的人口普查表，每期都有數冊至十數冊。每一冊有數以百計的統計表格，主要涵蓋幾個大類：人口、農業、礦業、工業、商業，漁業。最先開辦的調查是在1790年，由人口部份起始。有關工業的部份，則是於1810年，附隨在人口部份的調查，一起進行。直到1840起，才有關於農業、礦業、商業和漁業等類的普查。❺

本文將只針對人口部份的普查表格內容加以介紹。人口普查原稿的表格，包含下列的項目：居住地址，姓名，個人特質（包括種族膚色、性別、年齡）與戶長的關係，公民情況（移民年數和入籍

---

❹ Conk, op. cit., pp. 9-10.

❺ Carroll D. Wright, The History and Growth of the United States Census, (Washington, D. C.: Government Priting Office, 1900), pp. 84-5.

與否），職業（名稱，工作地點，失業與否及月數），健康狀況，教育程度（能否閱讀、或口說英語，入學年數），出生地別（包含本人及父母）。各期表格的問題都有一些差異，例如1860年曾詢問擁有奴隸的數目，但此一問題在後來的人口普查裡就不再出現了。

　　因爲本文後半部的研究主要採用1880至1920年的四期人口普查原稿，作者特別將這四期的表格問題加以條列比較。這四期中的差異，主要存在於1880與1900年之間。1900，1910，1920年的三期人口普查原稿裡的問題，大致相雷同。在1880年的人口普查原稿曾詢問新生嬰兒的月數以及一些關於身體健康的狀況，如最近是否生病，暫時性或是永久性的殘障，後者如聾啞視障或是精神異常等。1900年以後的人口普查原稿沒有以上的問題，卻增加一項問題，詢問婦女生過多少小孩及存活數。

　　人口普查的問題經常是反映當代所關心的議題。例如十九世紀末，移民和不同的族群團體成爲重要的社會問題，因此1880年起的人口普查問卷裡，就問及父母的出生地點。1900年則詢問能否使用英文，移民美國的年數，以及是否入籍美國。此外，從1870年開始，在人種膚色的問卷分類中，除原有的白種，黑種，和黑白混種之外，增列華人與印第安人。1890年起，又增加日本人。❻有趣的是，當第一次大戰之後，反對移民的聲浪高漲，國會最終在1924年通過新修定的移民法規，以減少移民數目。是次法案規定，依據1890年的人口普查結果，設定某個比例爲此後各國移民美國的配額

---

❻ Ibid., p. 93.

（Immigration quota based on national origins）。❼

　　雖然美國人口普查的問卷所涵蓋的層面甚廣，應用於研究華人的歷史發展時，卻遭遇許多的困難，必須非常謹慎所採用的資料。首先，因為語言的隔閡，造成人口普查工作人員與華人受調者之間溝通不良，以致於有些項目空白，沒有登錄下來。有些華人誤解人口普查人員與移民局有所關連，回答問題時，含蓄而保留；或是礙於自身的非法移民身分，避不露面，造成低估華人的人口總數。也有一些錯誤是肇因於文化上的差距。例如華人的姓氏（Last Name）與名字（First Name）的順序顛倒；或是在回答與戶長的關係時，調查人員將同鄉關係誤解成宗親的關係。

　　最大的問題則是在1882年排華法案開始施行之後，許多華人進出美國是使用造假的身分，即「紙仔」或「紙面兒子」（Paper Son）。所謂「紙仔」，是指有些具有合法身分在美國居留的華人，可以申報他們在國外出生的子女，而將子女接往美國同住。這類身分的華人，雖然不一定真有子女出生，卻往往利用回國的機會，在回美國時，向移民局謊稱有新生的子女，未來再這將此一子女的空缺，高價賣給意欲赴美工作的人。運用這種造假身分來美者，必須更改其原有的姓氏或實際的年齡，以求符合所頂替的人士，由移民局手中得到一紙合法的身分文件。❽經過這種運作之後，所呈現在

---

❼　有關此項法案的討論與政治運作，參閱Margo J. Anderson, The American Census: A Social History, (New Heaven: Yale University Press, 1988), pp. 140-9.

❽　許多有關華人的歷史研究中，探究 "紙面兒子" 的由來與影響，例如參閱 Betty Lee Sung, The Story of Chinese in America, (New York: Collier Books, 1967), pp.97-100.

人口普查報告中的資料，並不確實。反映在人口普查報告中的華人
人口特質，因而受到嚴重的扭曲。

肆、匹茲堡華人洗衣業的發展與分佈

一、研究方法

　　雖然人口普查報告原稿裏，有關華人的姓氏、年齡、移民年
數，或是與戶長的關係，可能不能反映事實的情況。但是住址以及
是否從事洗衣業，卻是比較客觀，不會造成太大的誤差。本項研
究，主要是依賴人口普查表原稿中住址與職業兩項資料，再搭配匹
茲堡地區的電話簿兩項史料，篩選出華人的部份。其中人口普查表
原稿總計採用四個年代的部份：1880、1900、1910、和1920。❾因
此在1920之前，有關匹城華人洗衣業的成長及地理分佈之變遷，主
要是以人口普查表原稿，配合電話簿有關洗衣店行號及其處所，交
叉比對。1920之後至1950，則因相關年代的人口普查表原稿尚未開
放，只以電話簿爲主。匹茲堡地區的電話簿，有一特殊之處。在商
業類別中的洗衣店之欄，有一分欄爲「華人洗衣館」(Chinese La-
undry)，條列華人洗衣館的店名與處所。在缺乏人口普查表原稿的
佐證之下，電話簿的這項行業欄，成爲非常重要的線索。誠然，人
口普查表和電話簿的資料收集人員對華人這樣的少數族群所收集整
理出的資料，其正確程度影響本文的研究甚大。但是當電話簿的商
店分類裡，會特別列出“華人洗衣館”一欄，可見編輯整理人員意

---

❾　1890 年的人口普查原稿已被大火焚毀。

識到該行業的存在與其特殊性。因此，若能審慎的分析比對這些資料並適當地加以選擇與詮釋，可以描繪出匹城華人洗衣館的數量變化和地理區位，再由其中探究華人洗衣館的發展，及其和當地社經變化有著如何的互動關係。

人口普查表原稿的使用方式，主要依賴一套聲音的索引，稱之為soundex，來查詢姓氏（Last name），由此得到一個代號。❿再由此代號去查詢名字（First name），即可得到意欲尋找之人物的初步資料，如性別、出生地、國籍，和在原稿裡的頁碼。但是在本研究中，並非有已知特定的人士要查詢，因此只要找到似乎合於中國姓氏的代號即可，而不必繼續去查詢名字。從這套聲音索引收集到所欲查詢的華人在原稿裡的頁碼之後，再回歸到人口普查原稿的微卷裡找到手稿裡記載的該位人士之完整資料。

作者是以下列的幾種方式為篩選華人洗衣業者的基準。第一、姓氏：當華人的姓氏以英文拼音表示時，較之於美國社會裡的其他族群之姓氏為短，因而在檢視人口普查原稿時，易於挑出華人的部份。⓫這個法則不盡然正確，此時可再以後續的兩種方式，加以求證；第二、出生地為中國或加州或有些為賓州；第三、國籍為中國。經過這三道篩選的手續之後所收集的華人資料裡，最後再挑選出職業欄登載為洗衣業者。其中，不論是登記為洗衣館之擁有者，合夥人，或是洗衣工人，皆歸類為從事洗衣行業者。同為一戶，不論人數多寡或身分差異，即記錄為一個店址。

---

❿ 每一個姓，取其第一個字母為其代號的首字，再將之後出現的第一個母音各定有一個數字代碼。

⓫ 作者將華人之姓氏，條列出一個清單，詳見附錄。

　　一旦收集到洗衣館的位置所在，就可以在地圖上點出其地理區位。每個地理區位在1880年至1920年間大致是以人口普查原稿的區（Ward）來劃分。分別華人洗衣館集中在某一區位與否，主要是以華人洗衣工的數目與該區的總人口數之間的比例來判斷。

二、匹城華人洗衣業的發展

　　匹茲堡自南北戰後，經濟的發展逐漸由早期的礦業和輕工業，轉向重工業，尤其是鋼鐵業，鋁業，和玻璃製造等工業建設所需的基本材料。十九世紀末葉以來，快速的工業成長，吸引了數以萬計的東歐和東南歐洲地區的移民，進入這類行業的工廠。

　　相對於該城其他族群或移民人數的暴增，華人的增加算是極為有限的。由於1882年美國排華法案通過之後，嚴屬地限制華工的出入美國國境。東部內陸城市的華人，初期主要是由西岸地區遷移過來。二十世紀之後，才有一些由紐約或是其他東岸都會區輾轉而來。下表是從1880 年起七十年間華人人數的變化。

表一　　匹茲堡地區華人數目變化，1880-1940

範圍／年份	1880	1890	1900	1910	1920	1930	1940
匹茲堡市	25	115	182	236	306	296	141
Allegheny 郡	25	126	290	333	444	425	246
西賓州*	25	141	332	415	534	507	294

*匹茲堡市位於Allegheny郡。西賓州地區包含四個匹城所屬或是鄰近的郡：Allegheny, Beaver, Washington，和Westmoreland。吳劍雄先生的博士論文中以及他在《海外移民與華人社會》一書所指涉的匹茲堡地區大致都是屬於西賓州的四個郡所涵蓋的範圍。參閱吳劍雄，《海外移民與華人社會》（台北，允晨文化出版公司，民國82年），頁212，❸。但是在本文中，因為查詢人口普查原稿時，主要以匹茲堡市所在的Allegheny 郡華人洗衣工為主，因此所得出的數目會較吳先生的研究人數為少。

運用前述依姓氏聲音爲索引的查閱方式,作者總共由1880,1900,1910,1920四期人口普查原稿過濾出如下數量的華裔洗衣工人作爲本研究的主角人物。1880年有二十五人,洗衣館的位置都位於匹茲堡市內。1900年共有兩百六十人,其中的一百七十七人在匹城市區內,八十三人則散佈在匹城外圍的Allegheny郡裡。十年之後,1910年的人口普查原稿,作者尋得三百一十二個華衣工。其中有兩百一十八人在匹城市區內,九十四人則散佈在城外圍的郡縣裡。在1920年份的人口普查原稿,則找到三百九十人,就中有兩百六十七人次屬於匹茲堡市內,其餘則散見於Allegheny郡裡。

在匹城地區,早期的華人洗衣館,可以溯自1870年代中期。1875-76年該期的匹城商業電話簿裡,首次出現五家由華人所經營的洗衣館。其中由 Hong Lee 所開設的洗衣館特別加注有以下的字句:Chinese Laundry from California〔由加州來的華人洗衣館〕。以上五間洗衣館的店址,不是在匹城市中心,就是在附近地區。其中一間位在一家旅館(Central Hotel)的隔壁。數年之後,在1880年的人口普查原稿上,並對照 1880-81年份的商業電話簿,華人洗衣館已經成長了五倍,達到二十五家。直到二十世紀之初(1900),不斷地蓬勃發展,使得衣館的數量續增至六十三家。另外,尚有五十三家分佈在鄰近市區(即Allegheny郡地區)。

美國東岸的華人集中於洗衣業的原因,有幾項社會與經濟的因素。十九世紀末,華人東移之後,他們的職業侷限於服務類型的行業,如洗衣館、餐館、雜貨店等。這類的行業,多以小本經營,投資額從數百到三、四千元。只要經由個人辛勤勞動的積蓄,或是親屬合夥,即可自己開業,不須仰賴老闆的面色。而且洗衣館的經營

方式，毋需熟練的英文，也不用專業技術或教育。由於適合當時社會變化與家庭的需求，隨著華人的往東移動，華人洗衣業也陸續在美國東部與中部地區迅速發展起來。麥禮謙，《從華僑到華人：二十世紀美國華社會發展史》〈香港，三聯書店有限公司，1992〉，頁80－82。

從1875年到1900年期間，匹城華人洗衣館的持續成長，可能與華人進入此一行業的時機有關。當時華人從事清洗衣物的工作似乎早於美國白人的機器洗衣廠。在1890年代，一份介紹匹城仕紳名人生平的出版物裡，提及一位染坊兼清洗廠的業主（Charles Pfeifer），先由染坊起家，漸漸擴及清洗衣物。而其中的原由之一是，「在匹茲堡，除了華人所經營的之外，並無其他的機器洗衣店。Pfeifer 先生因而開了一家洗衣廠，附屬於他的染坊。」Pfeifer 還特別由東岸聘請一位有經驗的白人洗衣師父（Charles Pine）。❷以商業的觀點而言，這段文詞顯然有些鄙視華人的意味，認為中國人所開的小店鋪式的洗衣館不成氣候；但重要的是，由中可以見出當時可能尚無白人從事有機器操作的洗衣業，其意欲跨足此一行業，以與華人洗衣館互別苗頭的境況。

二十世紀前半葉，華人洗衣業的發展，時有起落，不再如十九世紀時期的快速成長。1900至1910期間，衣館的數量由六十三減少到四十三，再緩慢地恢復到1920年的五十八間。這種轉變乃因受制於白人大型洗衣廠的發展。大型洗衣廠的成長，可以由人口普查表

---

❷ Biographical Review: Containing Life Sketches of Leading Citizens of Pittsburgh and the Vicinity, (Boston, Biographical Review Publishing Company, 1897), Vol. 24, p. 146.

的洗衣從業人員（尤指在機器洗衣廠工作，包含華人與非華人）的
數量變化中表現出來。由表二可以見出在1900 至1910 年的這十年
間，人數的成長幾近一倍，由一千八百餘人暴增至三千四百餘人，
算是二次大戰前從事洗衣工作之人數最多的時期。但是如前所述，
華人洗衣館的數量卻不增反減。其中之受制情況極為明顯。

表二　匹茲堡洗衣從業人員數量的變化，1880-1950

年份	1880	1900	1910	1920	1930	1940	1950
人數	434	1873	3428	3085	3394	1722	5311

資料來源：Census Reports, 1880-1950, Maunfactures: Reports
Principal Industries-Laundry.

　　接續而來的1910到1920期間，可能因為歐陸的一次大戰之關
係，由歐洲移民美國的潮流為之中斷，甚至一些已在美國的歐洲移
民在這個時段趕回祖國，使得許多工業的勞動工發生短缺的現象。
洗衣從業人員的數量也稍有減少。這個變化似乎帶給華人洗衣館一
個喘息的機會。

　　一次大戰之後的經濟復甦帶動整個洗衣業的蓬勃發展。不論是
機器洗衣廠或是小型手工洗衣館都擴張迅速。不僅洗衣工作的勞動
人力持續增加，華人洗衣館的數量，在1920年代的這段期間，由五
十八家銳增至一百二十九家。但是1929年的股市大跌以及隨後數年
的經濟大蕭條和四零年代的二次大戰爆發，對華人洗衣館的發展衝
擊不小。一方面，老一輩的華人逐漸凋零逝去；另一方面，新生代
的華人，人數過少，也不願從事艱苦卻利潤微薄的洗衣工作。有些

年輕的一代，反而利用戰時的特殊情況，加入一些從前很少開放給少數民族的工作行列；甚至參加與戰事相關的工作，如械具製作、造船等。到大戰結束之後，由1950年的匹城電話簿的商店分類欄顯示，只剩六十五家華人洗衣館。

針對華人洗衣館的增減，作更進一步的分析時，可以發現其他重要的訊息。作者將每十年與下一個十年開始時的華人洗衣館，相互比對，列出店址相同和不同的衣館。再據此區分那些衣館屬於已倒閉，新開業，或持續經營三種類群，並計算出倒閉率，開業率，和持續率。

表三　匹城華人洗衣館的持續、倒閉、開業數目變化，1900-1950

年　　　　　代	1900-10	1910-20	1920-30	1930-40	1940-50
A.　起始數目	63	43	58	129	107
B.　結束數目	43	58	129	107	65
C.　持續家數	14	16	30	63	66
D.　倒閉家數	49	27	28	66	41
E.　開業家數	na	29	43	94	50
持續率 (C/A)	22.2%	37.2%	51.7%	48.8%	61.7%
倒閉率 (D/A)	77.8%	62.8%	48.3%	51.2%	38.3%
開業率 (E/A)		67.4%	74.1%	72.9%	46.7%

所謂的「持續」之意，是指一家華人洗衣館，不論經營者的變化如何，在十年間仍然在同一地點或同一個里（census wards/tracts）之內持續經營。至於「持續率」的算法，則是計算十年下來，持續經營的店家數目，在十年之初起時的店家總數中所佔的比

率。「倒閉」的定義,是指一家華人洗衣館的店址,在下一個十年的人口普查稿或是電話簿的名單中消失。其中的情況可能是倒店或是遷出匹茲堡市區的範圍。「倒閉率」的算法,是計算十年下來,倒閉的店家數目,在十年之初時的店家總數中所佔的比率。「開業」的定義,是指一家華人洗衣館的店址,在下一個十年的人口普查稿或是電話簿的名單中第一次出現。「開業率」的算法,是計算十年下來,新加入的店家數目,在十年之初時的店家總數中所佔的比率。⓭

　　從上表中的數據,可以解讀出一些華人洗衣館的特質。首先,「持續率」隨著時間的進展,除了在經濟蕭條的三〇年代之外,大致上是保持上升的景況。其中的意義顯示,許多華人洗衣館維持在同一地點,達十年以上。這種與鄰近社區保持長久而穩定關係的特色,顯然是小型企業的重要經營策略之一。第二,在「倒閉率」方面,由1900年至1920年的二十年間,華人洗衣館倒閉的比率,竟然超越經濟大蕭條的三〇年代,從77.8%和62.8%的高比率逐漸緩降至十數年之後的百分之五十左右或是百分之五十之下。這種現象,正呼應本文前段曾經提及的歷史事實,即1900年至1920年的期間,因為匹城從事洗衣工作的人員總數有快速的成長,尤其是白人大型機器洗衣廠的擴張,使得華人洗衣館備受壓制,才會在這段期間出

⓭ 以十年為一期的計算方式,可能會出現低估開業或是倒閉比率的情況。例如有店家在1901年開業,但在1903年即倒閉。同樣地,在計算"持續率"時,也可能低估店家持續經營的年限。例如當一家洗衣館在1901年開業,持續經營到1919年結束。但是在以十年為一期的計算方式之下,會被算成是在1900-1910年期間的新開店家,在1910-1920年期間,則被算成是倒閉店家。

現如此之高的倒閉率。最後，有關「開業率」的變化，除了1940年
至1950年間，其趨勢大致與持續率的增減情況同步，顯示當華人洗
衣館擴展時，不但新加入的洗衣館增加，舊有的洗衣館也繼續營
運。反之亦然，當華人洗衣館的發展萎縮時，固然新加入的洗衣館
減少，連舊有的洗衣館也不易維持經營。唯一例外的時期是在二次
大戰的那些年間。不見新成員加入，舊有的洗衣館勉力維持，使得
這一時期出現五十年間最高的持續率。究其緣由，主要就是老成凋
謝，新人不繼。這個現象在吳劍雄先生有關匹兹堡華人社區和華埠
的研究已有深入的說明。根據他的調查，許多華人因爲1882年排華
法案限制華工的出入，而沒有回過中國，獨身至老；或將家庭留在
中國，沒有兒女同在美國。少數在匹兹堡有家眷的華人，彼此之間
不是來自祖國的同一地區就是屬於同一姓氏。尤其余姓宗族佔了當
地華人總數的六成以上，造成第二代的華人，同姓彼此不相通婚。
年輕一代的華人，因此更容易在就學就業之後，離開匹兹堡。❹

　　以洗衣館的地理分佈趨勢來看，可以見出在這七十餘年之中發
展的路徑。在1870和1880年代，華人洗衣館最初的發跡之地，集中
在城中心（downtown）或附近一英哩之內的範圍（以下稱爲第一
區）。但在1890年代時，可能由於房租過高或是白人洗衣廠的競
爭，城中心及其附近的一些華人洗衣館卻漸次停業。大型洗衣廠通
常多位於城市外緣地帶。但是在許多交通便利或人潮來往的定點，
尤其是城中心，會提供門市店面，供客人放送待洗衣物或是提領乾

---

❹　見吳劍雄，《海外移民與華人社會》（台北，允晨文化出版公司，民國82年），
　　頁195-196, 200。

淨的衣物。⓯面對機器洗衣廠紛紛在城中心設立門市定點，小型規模的華人洗衣館所受到之衝擊想見而知。

1890年代左右，當華人洗衣館逐漸由城中心撤出的同時，其往城北和城東發展的跡象也明顯起來。往城北區域開業的洗衣館，仍然承襲第一區的模式，集中在該區的一些商業區域附近（以下稱爲第二區）。⓰往城東發展的洗衣館，在十九世紀的末葉，有快速的成長（以下稱爲第三區）。⓱這是因爲匹城的住宅地區逐漸向東開發。

南北戰爭之後，在匹茲堡的都市發展過程中，住宅區域起了一些變化。戰前，匹茲堡的中上階層人士，大多住在走路距離可以達到城中心的地區。如同當時美國其他的大城，匹茲堡城中心是工商業匯集，同時也是住家辦公合一，兩者沒有明顯的區分。但是從1870年代開始，工業化的腳步不斷加速。高漲的土地成本，商業大樓的興建，在在都使得城中心不再適宜住家之用。此外，新式交通

⓯　例如 Allegheny Steam Laundry（蒸汽動力洗衣廠）的廠址是位於城北的郊區，但在城北的商業區 Federal Street，城中心 Smithfield Street，以及南區的 Carson Street 等地都提供有門市店面。另一家洗衣廠，Barnes Brothers Laundry，在1890 時宣稱是西賓州地區最大的機器洗衣廠，同樣地在城北區，城東區，和城中心，各有收送衣物的門市地點。Allegheny Steam Laundry 部份，見 R. L. Polk & Co. and R. L. Dudley's city and Business Directory of Pittsburgh, 1885, Business Section 下 "Laundry" 欄；Barnes Bros. Laundry 部份，則見於 J. M. Kelly's Handbook of Greater Pittsburgh, (first annual edition, Pittsburgh: J. M. Kelly Co., 1895), Business Section, p. 5.

⓰　在1906年之前，城北之區稱爲Allegheny City，與匹茲堡市算是雙子城。兩城在1906年合併，統稱爲匹茲堡市，該區改稱爲Northside。

⓱　城東地區包括 Oakland, Shadyside, East Liberty, Larimer, Highland Park 等區域。

運輸工具，如電車（trolley）、汽車等，使得中上家庭陸續遷出城中心。⑱在1890年與1900年的十年間，城中心地區流失了百分之三十五的原有人口，並減少了百分之二十六的住宅區。⑲住家人口的外移對於洗衣業的影響自然不小。

相對於城中心的的居住人口流失，城東的住宅區則逐步擴大。華人洗衣館對人口變化的反應，再度顯現出來。當1890年間，城東地區的居住人口較此之前增加了近七成。華人洗衣館也出現多達二十一間，其中並有數家的規模較大，是由三人或四人一起經營。⑳

然而，向東擴張的現象在1900年代卻停頓下來。城東地區的華人洗衣館不是關閉，就是集中在該區的某些地方，如瀕臨東區和東北區的Penn大道。正如華人洗衣館會循著人口流動的軌跡向東發展，他們的白人競爭者也展開相類似的行徑。在1905年該期的城市

---

⑱ 參見 Ethel Spencer, The Spencers of Amberson Avenue: A Turn-Of-The-Century Memoir, (Pittsburgh: University of Pittsburgh Press, 1983), pp. xvi-xix.該書是Spencer 女士追朔其父系和母系的先祖，並回憶其幼年到成長之後的家族變化。其父生前擔任鋼鐵大王卡內基的機要秘書。她的家庭在世居匹城城中心數十年之後，於1870年代中期搬到城東的Shadyside。

⑲ Joel A. Tarr, Transportation Innovation and Changing Spatial Patterns in Pittsburgh, 1850-1934, (Chicago: Public Works Historical Society, 1978), p. 17.

⑳ 華衣館的數量是根據作者收集到1900年的華人資料庫之中，屬於城東地區的區號（Ward Number）所統計而得。作者將區號為13, 14, 16-22的這些區（Ward）歸類為城東地區。1910年之後，因為原來與匹茲堡市算是雙子城的Allegheny City，在1906年兩市合併，統稱為匹茲堡市，區號重新編排，因而改以4, 7-8, 10-14 等區定義為城東區。

商業電話簿分類欄的洗衣館類，共列出46家中西洗衣館，其中的百分之四十是位於城東地區。㉑於東區Oakland起家的East End Steam Laundry成立於1889年。不到一年的時間，它已經雇用二十個人，並且在全市擁有四十五個門市據點。㉒這類機器洗衣廠發展速度之驚人，由此可見一斑。

　　倒是華人洗衣館在匹城北部沿河岸地區穩定地進展，開始超越城東地區的成長。到1910年，在沿河區域的兩個區（Ward），有九家華人洗衣館，總共十五個工人。例如二十八歲的Yee Mon Lipp和他二十一歲的堂弟 Yee Wee，一起在聯邦街（Federal Street）1209號經營一家洗衣店。另外，有叔侄關係的Un Gen 和 Un Esin，兩人年紀都已過四十五，在 E. Robin Street和Sandusky Street的街口，合力開設一家洗衣館。Yee Hee則雖是一人獨立經營洗衣店，但是該住址還有另一對白人夫婦和他們的房客，一起同住。Shen Lee向一戶人家分租一個店面，獨自開業。㉓不論是往東或是往北發展，二十世紀以來，華人洗衣館地理分佈的走勢是，逐漸遠離城中心的商業區，往其他小型商業地段和住宅區發展。

　　此一趨勢，在地理分佈上所顯露出的另一個特質，就是除了前述的城東和城北的集中區之外，也逐漸擴散到從前少有華人去開設

㉑　The R. L. Polk & R. L. Dudley's Business Directory of Pittsburgh, (1905), p. 1929.

㉒　Industries and Wealth of Pittsburgh and Environs, (New York, 1890), p. 96.

㉓　1910 年人口普查原稿賓州Allegheny 郡（County）匹茲堡市編號：035-0586-0185, 036-0591-0413, 036-0595-0184, 036-0603-0014。

洗衣館的區域。利用水運之便，匹茲堡的兩大河域附近有許多的工廠沿河而設。工廠的工人就近在廠房附近定居。東北方沿著Alleg-heny 河南岸的一些社區，以及城南地區沿著Monongahela河兩岸的幾個鄰里，屬於移民工人或是其家庭所居住的範圍。❷這些地區從1910年起，都出現第一家或陸續有其他華人洗衣館的開設。舉例而言，從1910年的人口普查原稿裡，King Fong 和另外兩個合夥人在東北方 Hill District 的Bedford大道設立第一家華人洗衣館，開業營運。Lee Yee和Sam Gee各自在Hazelwood區域的第二大道擁有一家洗衣館。Young Wuai的洗衣館自1910年份在Lawrenceville區域的Butler街成立後，持續經營到1930年代。❷

進入二次大戰後，一些歷經十數年或二十餘年經營的洗衣館，卻在這段期間顯現疲態，陸續歇業。Fung C. Quil女士一家四口，曾經在1920年的人口普查原稿出現。她和丈夫所經營的洗衣館位在城市東半部，離匹茲堡大學不遠的地方。在三零年代的匹城電話簿上，他們的洗衣館，遷到更東邊的East Liberty。在這新地點的附近，也有一家華人洗衣館，初起於1920年左右，是由Wah Y. Sing和Jim Yee一同合夥開設。到了三零年代，已經轉手，由Charlie Yee頂下這家洗衣館。但是這兩間衣館，都在四十年代 結束營業。❷種現象，不僅出現在匹城東區。在二十世紀初期，曾經一度繁

---

❷ 包含Allegheny 河區域的Hill District和Lawrenceville，以及Monongahela 河區域的Hazelwood和Southside。

❷ Fong 的編號是024-0342-0268；Yee 的編號是031-0473-0033；Gee的編號是032-0480-0011； Wuai的編號是028-0402-0138。

❷ 有關Fung Quil女士的資料，見1920年人口普查原稿賓州Allegheny郡匹茲堡市，

華的城北區，同樣在此時逐漸顯露淒涼的景象。當地的商業地段，如Federal Street，W. Lacock Street，和Sandusky Street，曾經位於其上的華人洗衣館陸續關門。到了1950年的城市電話簿中，只存留一間。匹茲堡華人洗衣館的發展，至此已到強弩之末。

再以發展過程中，所集中區域的族群組成來研究，出現了一些關於華人洗衣館的客戶之特色。因為華人洗衣館大多是二至三人，至多不超過五個工作者的小型規模，客源主要以鄰近地區為主。以此推論，華人洗衣館所集中地區的人口特質，應該可以反映其客戶之特質。作者將前述華人洗衣館集中的城東地區和城北地區所對應的區（Ward）登錄下來。再找出各個區在人口普查表內有關該區人口的出生地別。所謂「出生地別」，可以分類為三種：第一類、父母皆是美國出生的本地人（Native Whites of Native Parents），第二類、父母是國外出生的本地人（Native Whites of Foreign Parents），第三類、國外出生的移民（Foreign Whites）。

從下表的數據分析，華人洗衣館的客源似乎是逐漸由第一類轉移至第二類。客戶的族群屬性歸類於世居美國的當地人之部份，由1900年的百分之四十，在二十年之後，減少為約百分之三十五。與此相對照地，是移民，尤其是移民下一代，在華人洗衣館集中區的比例提高。移民下一代的比例，由1900年約百分之三十三，增加到百分之三十五。此外，在移民部份，也稍有增長。雖然年份之間比例的差距不是很大，但是轉變的趨勢卻是穩定而持續的。

026-0371-01-35。Wah Y. Sing 與Jim Yee 分別是 022-050-11-46 和 022-050-11-47。

表四　華人洗衣館集中區的人口出生地別

年份＼類別	土生父母之 土生白人	移民之土生 下一代	國外出生之 移民	女　　性
1900	40.0％	32.9％	21.6％	49.5％
1910	37.6％	33.7％	22.4％	50.4％
1920	35.4％	35.0％	22.5％	48.6％

　　至於華人洗衣館爲何在其客源上會產生如此的轉移，作者以爲有兩種原因。首先，來自於白人洗衣廠的競爭是造成這個轉變的一大動力。在本文前部份之表二，曾述及1900至1910年間，洗衣工人（包含華人與非華人）的數量成長幾近一倍，是二次大戰前從事洗衣工作之人數最多的時期。但是華人洗衣館的數量卻不增反減。此外，十九世紀末在城東地區有快速的成長。但是進入二十世紀之後，城東地區的擴張步伐，逐漸緩慢。顯然華人洗衣館的發展在受到限制後，由原來的本地出生白人客戶轉向開發新的地區，尤其是移民或是移民下　代所聚集的區域。例如當洗衣館擴散到從前少有華人去開設的區域，如Hill District，Hazelwood，和Lawrence-ville 等區域，這些都是移民工人或其家庭所聚集的住所。

　　另一個因素則可能是移民下一代的經濟力逐漸提升，可以負擔得起將衣物送外漿洗。一個有關匹茲堡義大利籍和波蘭籍移民的研究，以住家和工作的變動頻率來衡量移民生活改善的狀況。該研究發現，自1910年代起，這些移民的居住地以及工作的持續性逐漸增加，顯示移民及其下一代職業固定，並且擁有房產的比例提高。

㉗移民或其下一代的經濟能力改善，必然有助於支付衣物送洗的服務，而使他們成為華人洗衣館的客源。

　　針對客源的議題，本文也探究華人洗衣館的集中與否與當地女性人數之多寡的關係。對於華人從事洗衣業的緣由，有一些不同的解釋。其中之一認為，早期西部開發時期，開墾者不是單身，就是不帶家眷。一些白人礦工雇請印第安或墨西哥裔的女人在溪流或池塘邊清洗衣物。雖然代價偏高，但比起耗費數周將髒衣物送到夏威夷去，省事很多。在缺乏女性操作一般家務如清洗工作的情況下，同在礦區工作的華人，曾替白人礦工洗衣。事實上，早在十九世紀中葉華人前往美國西岸開挖金礦時期，就已經有一些華人開設洗衣館。最早的華人洗衣館是開在礦區附近。因為這項便利，印第安人和墨西哥裔女人的洗衣工作就漸漸由華人取代。㉘

　　如果初期美國西部地區華人洗衣館林立的原因，是缺乏女性從事家務勞動，則這種歷史景況與匹茲堡地區相去甚遠。檢視匹茲堡

㉗　John Bodnar, Roger Simon, and Michael P. Weber, Lives of Their Own: Blacks, Italians, and Poles in Pittsburgh, 1900-1960, (Chicago: University of Illinois Press, 1982), pp. 201-203, 211-33, 237-59.

㉘　參見 Betty Lee Sung, The Story of Chinese in America, Their Struggle for Survival, Acceptance, and Full Participation in American Life (New York: Collier Books, 1967), p.190.另一有關華人進入洗衣業之解說，則謂十九世紀末，在美國西岸的華人，受到許多的歧視與迫害，最後只有選擇白人不願從事的工作，如洗衣、餐飲，或是僕傭。見 Rose Hum Lee, The Chinese in the United States of America (Hong Kong: Hong Kong University Press, 1960), p. 13, 35; S. W. Kung, Chinese in American Life:Some Aspects of Their History, Status, Problems, and Contributions (Seattle: University of Washington Press, 1962), p. 180.

華人洗衣館集中的區位裡，女性人口的比例並沒有出現特別低的情況。從表四的數字來看，當地的男女比例相當，屬於合理範圍。這足以說明在一般東部城市，華人洗衣館的設立與缺乏女性是無關的。❷⁹

五、結　語

美國人口普查表的調查工作，發展至今，已經達兩個世紀。各種學門運用這項資料所作過的的研究不計其數。許多的經濟史或社會史家針對新的疑問，利用這項材料，匠心獨運，引用新的研究方法，得到不同於以往的成果。但是在研究上，提出新的問題，並尋求扎實而有憑據的研究方法，仍是一個值得繼續努力的方向。

本文大致介紹美國人口普查表原稿的問卷表格內容及其運用在華人洗衣業的的發展。雖然這項史料有關華人部份的正確度，值得商榷；其所涵蓋華人的數目也可能過低。但是經過審慎的篩選，還是可以過濾出合理可採信的資料。進而針對這些資料適當地加以詮釋，描繪出匹城華人洗衣館的數量變化和地理區位，並探究華人洗衣館的發展與當地社經變化之間的互動關係，讓部份歷史的原貌得以還原。

---

❷⁹ 在東部城市，華人洗衣館的擴展，雖然與缺乏女性人口沒有明顯關連，作者以爲卻與女性家務勞動性質的改變，以及衣著流行款式有重要的關係。參見拙著 No Tickee, No Shirtee: Chinese Laundries in the Social Context of Eastern United States, 1882-1943, (Ph. D Diss., Carnegie-Mellon University, 1996), Chapter 3.

附　錄

華人姓氏之可能英文拼音方式一覽表

AH阿	AU歐				
BAI白	BEN	BENG	BING		
CHAN陳	CHARLES	CHARLEY	CHARLIE	CHAW	
CHENG張，章，鄭		CHIU趙	CHOU邱	CHOW周	
CHOI(Y)蔡		CHU朱	CHUNG鍾		
DICK					
ENG英					
FIN	FONG方	FOO(K)	FUNG馮		
GEE	GET	GIT	GONG	GUY	
HARRY	HEE	HING興	HON	HOP	
HORN	HO何	HUNG洪			
JOE周					
KAN簡	KAO高	KEE	KIM	KIN	KING景
KUNG龔					
LAI黎	LEE李	LEUNG梁	LEUN呂	L(A)EW劉	LIE賴
LAU劉	LIN林	LUI雷	LUM林	LUNG龍	
MA馬	MAN文	MAK麥	MON	MOY梅	MU穆
NAH	NG吳，伍	NON	NOR	NUN	
PAN彭	PING平				
O	ON翁	OTT			
QUIL	QUONG				
SAM沈	SANG	SHEEN	SHING成	SING	SONG
SO(O)蘇	SOONG	SUE	SUN孫	SUNG	

TAN譚　　　TENG　　　TOR　　　TOM　　　TON

TONG唐 湯 TORN　　 TU杜

WAH華　　　WAI韋　　　WEE　　　WONG王 黃 WOO吳 伍 胡

YAO姚　　　YEE余　　　YEN甄　　　YEW姚　　　YIN應　　　　YING英

YIP葉　　　YONG翁　　　YOUNG楊　　YU余 虞 兪 YUE

YUNG容

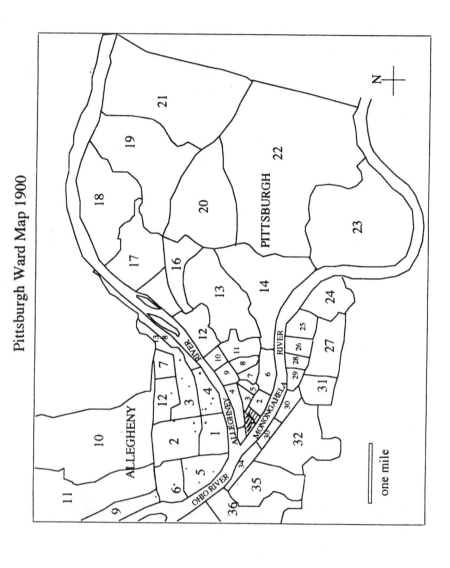

Pittsburgh Ward Map 1900

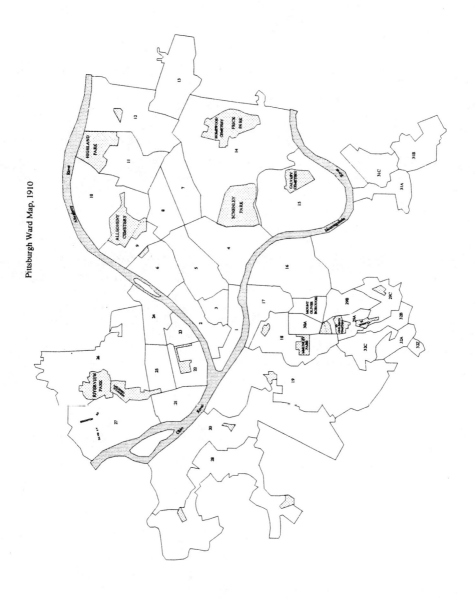

Pittsburgh Ward Map, 1910

評　論

魏　良　才

主持人，各位史學界的先進，各位女士，各位先生：

很榮幸能有機會參加今天的研討會，同時拜讀王教授的論文。當初會議主辦單位邀我擔任王教授這篇論文的評論人時，我感到非常的猶豫，因為我對王教授論文所探討的主題沒有深入的研究。我認為最適合評論王教授這篇論文的人是我以前在中央研究院的同事吳劍雄教授，可惜吳教授已經在五年多以前病逝。好在我曾有機會拜讀過好幾篇吳劍雄教授所寫的有關美國華僑的論文，而我個人對美國的華僑以及僑社也有興趣，所以就大膽地接下了這個任務。我不敢以評論人自居，只能說把我自己拜讀王教授這篇論文的感想以及不成熟的建議，提供王教授參考，同時就教於各位學術界的先進。

王教授這篇論文最大的特色是除了相關的專書外，主要是利用美國人口普查表原稿以及匹茲堡地區的電話簿探討1880－1950年間匹茲堡地區華人洗衣業的發展與分佈情形。我們知道在社會學的實用調查研究中，人口普查數據與電話簿都是非常重要的原始資料；但這兩種材料也十分枯燥，使用者除了要有對學術的執著外，更要有耐心。王教授在這篇文章中所作的努力，值得欽佩與肯定。文中未能對華人洗衣館為洗衣館為何會在這匹茲堡及其他華人社區出現的歷史背景作較一完整的介紹，是一缺憾。

我們知道早期在匹茲堡以及美國其他華人社區，中國人最先從事的職業就是開設洗衣店，至於餐館則是後來才逐漸出現的。對於造成此一現象的原因，吳劍雄教授在〈一個海外華人社區的興起與沒落：十九世紀末、二十世紀初美國賓州匹茲堡地區華人的經驗〉這篇文章中，融合了著名的華裔社區學者李玫瑰（Rose Hum Lee）的論點，提出了他自己相當完整而具有說服力的解釋：

㈠投資少、風險小。只要自己租一間店面，買一個熨斗，一些肥皂，立即可以開始營業。生意好時請一、二名助手，不好時可以自己身兼老板與工人。

㈡身為洗衣店的老板，象徵有社會地位，在鄉親面前很體面。

㈢心理上感到滿足，雖只是小本生意，但自己是老板，不必看別人臉色。

㈣完全自主，不必擔心失業問題。

另外一個很重要的因素是中國人是一個有韌性的民族，對環境有很強的適應力。華人在美國到處受到排斥，白人僱主受到工會威脅不敢僱用，所以華人只好設法如李玫瑰所說的「在白人社會經濟結構的外圍創造一道全新的補足性的職業建構。」洗衣店以及餐館都是這種社會環境的產物，因為在初期這兩種行業都不必和白人競爭，因此也不會受到白人的排斥。

拜讀了王教授的論文，使我對十九世紀末至二十世紀中葉，華人洗衣業在匹茲堡地區的發展與分佈情形有了較深入的了解。我也建議，各位在看王教授這篇論文的同時，如果能看看吳劍雄教授的文章，可以有助於了解王教授論文中所提到的一些相關的歷史背景。

對於王教授的論文，我也有幾點小小的建議，提供王教授參考：

一、P.277倒數第10行中提到「阿拉斯加與夏威夷兩地於1950年成爲美國版圖」。這裡在時間上有誤（可能是筆誤）。正確的時間是1959年。阿拉斯加在1月3日加入聯邦成爲第49州，夏威夷在8月21日成爲第50州。因此建議將這一句改爲「阿拉斯加與夏威夷兩地於1959年加入聯邦之後……」。

二、P.286最後一段的前半段中提到「一次大戰之後的經濟復甦帶動整個洗衣業的蓬勃發展。不論是機器洗衣廠或是小型手工洗衣館都擴張迅速。不僅洗衣工作的勞動人力持續增加，華人洗衣館的數量，在1920年代的這段期間，由五十八家銳增至一百二十九家。但是過度的擴張，終於造成1929年的股本大跌以及隨後數年的經濟大蕭條。」這一段的最後一句有點問題，因爲容易使人誤解成1929年的股市大跌以及其後的經濟大蕭條是因爲華人洗衣館數量的過度擴張而造成的。因此我建議將「但是過度的擴張……對華人洗衣館的發展衝擊不小」這二句改成「但是1929年的股市狂跌所造成的三〇年代經濟的萎縮以及二次大戰的爆發，對華人洗衣館的發展衝擊不小。」

三、建議如果可能的話將附錄中的華人姓氏英文拼音一覽表加列中文，以便對照。

四、其他文字上的一些小問題：

(1)P.276，第7行，國家檔案館改成國家檔案局，使與P.1一致。

(2)P.279，第4行，「不再存有了」改成「被刪除了」或「不再出現」。

(3)P.279，第2段最後1行，「存活下來的孩童數」簡化成「存

活數」。

(4)P.290，第1段最後2行，「想見而知」改成「可想而知」。

(5)P.290，第2段第4行，「末葉階段」，「階段」二字可以省
　略。

(6)P.291，**⓲**第4行，「主要秘書」改成「機要秘書」。

(7)本文中提到年代，常用國字大寫的「零」，如「二零」、「三
　零」或「六零」年代。建議將「零」改爲阿拉伯數字的「○」或
　改稱「二十」「三十」或「六十」年代。

以上謹將我個人拜讀王教授論文的心得和淺見，就教於王教授
以及各位學術界先進。謝謝！

國家圖書館出版品預行編目資料

史學與文獻(二)

東吳大學歷史學系主編.-- 初版.— 臺北市：
臺灣學生，1998 [民 87]
面；公分

ISBN 957-15-0921-3 (精裝)
ISBN 957-15-0922-1 (平裝)

1.史學 – 論文，講詞等

607   87015697

史學與文獻(二)

主 編 者：東 吳 大 學 歷 史 學 系
出 版 者：臺 灣 學 生 書 局
發 行 人：孫　　善　　治
發 行 所：臺 灣 學 生 書 局
　　　　　臺 北 市 和 平 東 路 一 段 一 九 八 號
　　　　　郵 政 劃 撥 帳 號 0 0 0 2 4 6 6 8 號
　　　　　電 話 ： (0 2) 2 3 6 3 4 1 5 6
　　　　　傳 真 ： (0 2) 2 3 6 3 6 3 3 4
本書局登
記證字號　：行政院新聞局局版北市業字第玖捌壹號
印 刷 所：宏 輝 彩 色 印 刷 公 司
　　　　　中 和 市 永 和 路 三 六 三 巷 四 二 號
　　　　　電 話 ： (0 2) 2 2 2 6 8 8 5 3

定價：精裝三五〇元
　　　平裝二八〇元

西 元 一 九 九 八 年 十 二 月 初 版

臺灣學生書局出版
史 學 叢 刊